Practice Teaching Guide of
Public Management

公共管理实践教学教程

孟川瑾◎主编

经济管理出版社
ECONOMY & MANAGEMENT PUBLISHING HOUSE

图书在版编目（CIP）数据

公共管理实践教学教程/孟川瑾主编. —北京：经济管理出版社，2015.1
ISBN 978-7-5096-3430-1

Ⅰ.①公…　Ⅱ.①孟…　Ⅲ.①公共管理—高等学校—教材　Ⅳ.①D035

中国版本图书馆 CIP 数据核字（2014）第 237583 号

组稿编辑：宋　娜
责任编辑：宋　娜
责任印制：黄章平
责任校对：超　凡

出版发行：经济管理出版社
　　　　　（北京市海淀区北蜂窝 8 号中雅大厦 A 座 11 层　100038）
网　　　址：www. E-mp. com. cn
电　　话：（010）51915602
印　　刷：三河市延风印装厂
经　　销：新华书店
开　　本：720mm×1000mm/16
印　　张：14.75
字　　数：281 千字
版　　次：2015 年 1 月第 1 版　　2015 年 1 月第 1 次印刷
书　　号：ISBN 978-7-5096-3430-1
定　　价：48.00 元

前　言

写本书的初衷源于自己几年的本科教学体验以及与公共管理专业学生深度座谈之后的感慨。自己总结一下，发现公共管理专业教学总体来说存在两个问题：一是讲课内容上，课程主要以理论性、描述性和介绍性为主，具体实践太少。使得学生临到毕业与理工科学生相比，总感觉缺少些什么，找工作面临压力。即使工作后也发现自己的动手能力较弱。二是在讲课方式上，基本是教师讲授，学生听讲和记笔记。即便是案例教学，通过45分钟的课堂讨论也基本讨论不出什么有价值的东西来。这样的教学模式效果不够理想，不利于充分培养学生观察问题、分析问题、解决问题的能力，导致所培养出的学生难以适应工作岗位的需要。

针对以上问题，尤其是公共管理专业的学生今后如何面对社会的转型，如何从全面提高学生的素质和能力出发，增加实践教学的有效性，我们编写了这本《公共管理实践教学教程》。

那么什么是实践呢？传统对于实践的定义就是实习、调研、参观、访谈等。诚然，这些是实践的一些方面，但是对于学生而言，很多时候这些实践内容都流于形式，而且这些实践内容所学到的知识可以通过其他渠道获得。我认为真正好的实践有以下两个特点：

一是基于理论。有一种观点认为，理论太枯燥，大学里面应该多学实际操作，弱化理论学习，因为学了没什么用，这也导致了"读书无用论"的泛滥。这其实不是理论本身的原因，而是在讲授过程中理论与实践脱节。莱温（Kurt Lewin）曾经说过"没有比理论更实用的了"（there is nothing so practical as a good theory）。理论是经过几十年甚至上百年前人实践的总结和升华，你说理论重要不重要呢？因此，本书在撰写的时候首先是理论，然后才是实践的内容。

二是能增加学生的动手能力。笔者认为的实践不是传统的实习、调研、访谈等内容，而是能够"增强学生动手能力"的学习内容。由于这些学习内容有理论的支撑，能够使得学生在面对具体任务时游刃有余，即便某些操作性的技巧暂时不会，但由于有了这些基本能力，能让他们很快地学会新的操作技巧。本书主要讲述了几个公共管理及其相关领域的通用能力，主要包括：信息获取能力（第二

章 信息检索）、绩效评估能力（第三章 数据包络分析）、项目计划能力（第四章 项目计划）、组织管理能力（第五章 模拟听证）。涉及专业方面的能力就不在本书赘述，因为对不同专业的学生有不同的要求。比如，公共预算与财政管理、政府部门会计与审计等操作性课程等。

总之，"实践就是能够增加学生动手能力的理论知识"。理论有助于学生转变思维方式，实践有助于学生提高动手能力。

"没有理论的实践是盲目的，脱离了实践的理论是贫瘠的。"这是笔者对于实践教学一直秉承的观念。

本书一共五章，具体章节的思路安排如下：

第一章情境设计。本章是总论，告诉教师和学生基于"建构主义的学习"应该是怎样的。相对于传统的教学方式，"教"与"学"都应该做出彻底的改变，后面几章内容的教与学都应该以这种模式进行，只有这样的教学模式才能真正提升学生的能力。

第二至五章是按照以"项目"为核心的逻辑编排的，因为如今的社会，大部分的事情是以项目为单元完成的，不管是做一个课题、完成一次教学任务还是参加一个营销活动等，都是一个项目。

第二章信息检索。本章是围绕项目开展前应具有的信息检索能力，告诉读者如何查询和订阅与项目有关的信息，如何检索数据库以及一些常见的检索技巧。

第三章数据包络分析。本章是围绕项目结束后的绩效评价能力，告诉读者如何进行非营利组织的绩效评价，尤其是针对公共管理专业毕业生，今后将有很多人就业于政府部门或非营利组织，这种方法是最适合的。重点讲述了这种方法的核心理念、特点、局限性，以及如何进行具体的操作和结果解释。

第四章项目计划。本章是围绕项目管理中的项目计划展开，除了项目管理的基本知识以外，本章还重点讲解了项目计划的几个主要内容，包括项目范围、进度、质量、成本、风险管理。学完本章内容后读者应掌握如何在有限的资源约束下，运用系统的观点、方法和理论，对项目涉及的全部工作进行有效的管理。

第五章模拟听证。本章是一个项目的完整模拟。本章内容不仅体现了第一章基于构建主义的教学模式的变化——"学生自主学习，教师引导"的思想，还希望学生通过对于模拟听证基础知识以及前几章内容的学习，去实现一个完整的模拟听证项目，包括：模拟听证之前如何搜索资料？模拟听证之后如何进行效果评价？如何把握安排模拟听证中的时间、进度等？如何去组织和进行模拟听证？

在具体结构上，每章都含有以下几个部分：

【基本要求】提出本章应该学到的基本知识和应该具有的基本能力。

【问题导读】带着推荐的几个问题去学习本章的内容。

【理论基础】本章的理论及实践知识。

【本章小结】本章内容的总结。

【扩展阅读】其他和本章核心内容相关的重要知识点。

【实践操作】自己动手去完成本章的实践。

【参考资料】其他和本章内容相关的一些推荐知识点。

本书由孟川瑾主编，全书由孟川瑾拟定框架结构并编写第二、三、四章；江晓军、孟川瑾编写第一章、第五章。初稿完成后，由孟川瑾统稿。

本书在编写的过程中，借鉴和参考了国内外相关专家、学者和实践者的研究成果，在此对本书所列参考文献的作者一并表示由衷的谢意。同时，还要感谢中南大学同事和经济管理出版社的帮助和支持。最后感谢中南大学"2014 年中南大学本科课程考试改革试点"项目的大力支持。

由于作者水平有限，编写时间仓促，所以书中难免有疏漏和错误，恳请广大读者批评指正。

孟川瑾

2014 年 7 月 24 日

目　录

第一章　情境设计

【基本要求】

通过本章内容的学习，应当掌握情境设计的基础理论，包括建构主义理论以及情境学习理论，理论的学习促进教师"教"和学生"学"的理念彻底转变以及方法的更新。此外，通过对本章基础知识和案例的理解与实践操作，要逐步熟悉情境设计的内容、程序和要求，学会情境设计的基本技能训练。主要培养和发展学习者的理论认知能力、总体规划与设计能力，从而达到独立观察问题、深度分析问题和灵活解决问题的目的。

【问题导读】

请读者带着以下问题进行本章的学习：

- ● 从老师和学生的角度，情境教学法和传统教学法分别有什么区别？
- ● 你平时上课时，遇到过哪些不同形式的情境教学方法？
- ● 你所遇到的情境教学方法中，哪种方法收获最大？
- ● 情境教学设计时需要注意哪些问题？

【理论基础】

第一节　情境设计的基础理论

随着现代社会的不断发展进步，人们对于公共事务的参与意识逐渐增强，这对公共管理教学提出了新的要求，要求今后毕业的公共管理专业学生不仅要懂得相关的理论，同时还要有能运用这些理论知识处理各种公共管理相关问题的能力。

此外，公共管理的教学内容涉及广泛的公共管理实践，这都要求教师须将深奥的理论知识同现实公共管理活动相结合，在教学过程中，改变传统的课堂讲授方式，灵活运用案例教学、情境模拟等新方法。而这些新方法背后有更为深刻的理论背景及哲学背景，对于这些背景的了解有助于更好地理解情境设计的目的，而不至于使其流于形式。

一、建构主义理论

1. 建构主义定义

建构主义作为一种新的认知理论，它的兴起是近 20 年来的事情，瑞士著名心理学家皮亚杰（Jean Piaget）因其创立的关于儿童认知发展理论，被看作是当代建构主义理论的最早提出者。皮亚杰认为："知识不是客体的复制品，也不是主体心中既存之先前形式的意识。由生物的观点来看，它是有机体和环境间之互动形成的知觉建构；由认知的观点来看，它是思维和其客体间之互动形成的知觉建构。"[①]

建构主义源自关于儿童认知发展的理论，由于个体的认知发展与学习过程密切相关，因此利用建构主义可以比较好地说明人类学习过程的认知规律。皮亚杰认为，儿童是在与周围环境相互作用的过程中，逐步建构起关于外部世界的知识，从而使自身认知结构得到发展。

建构主义认为主体、情境、协作和资源是促进教学的四个条件。

（1）学习是以学生为中心的学习。学习的主要目的是为了满足自身求知的需要。在学习过程中学生主动搜集并分析有关的信息和资料，对所学习的问题提出各种假设并设法加以验证。同时在学习过程中从事自我监控、自我测试、自我检查等活动，判断或检测其学习行为是否有效或是否达到预期的效果。学习者在整个学习过程中扮演重要的角色，处于主导地位，而教师在整个学习活动中处于从属地位，起辅导、引导、支撑、激励的作用。[②]

（2）学习情境要与实际情境相结合。学习是一个积极主动的建构过程。在这一过程中，不可避免地要受到当时社会文化因素的影响；学习者可以通过多种渠道，如听、说、读、写等活动，发现和感知他们的生活环境，并在头脑中去建构

---

① Piaget J. The construction of reality in the child ［M］. Routledge, 2013.

② 魏凤军，武瑞之，郭清云. 基于建构主义学习理论的《包装材料学》网络课程辅助教学模式 ［J］. 包装工程，2004（4）：116–118.

自己独到的理解。知识的学习和传授重点在于个体的转换、加工和处理，即知识是由学习者自己构建的，而不是由他人传递的，是个体把外界刺激所提供的信息整合到自己原有认知结构内的过程。

（3）知识的建构是与社会互动的结果。知识的建构并不是任意的和随心所欲的。在建构知识的过程中必须与他人磋商并达成一致，并不断地加以调整和修正，这种建构发生在与他人交往的环境中，是社会互动的结果，它强调学习者个人从自身经验背景出发，建构对客观事物的主观理解和意义，强调人的学习与发展，发生在与其他人的交往和互动之中。

（4）注重教学环境的设计。教学环境的设计主要是为教育者提供丰富的资源，教学环境包括学习环境和学习情境。学习环境是学习者可以在其中进行自由探索和自主学习的场所，它是一个支持和促进学习者学习的场所。学习情境是指为学生提供一个完整、真实的问题背景，以此为支撑物启动教学，使学生产生学习的需要；同时支撑物的表征、视觉本质又促进了学习共同体中成员间的互动、交流，即合作学习，驱动学习者进行自主学习，从而达到主动建构知识意义的目的。

2. 建构主义对师生角色的定位

基于建构主义的教学理念，教师和学生的角色定位不再是传统教学方式下的定位，主要变化表现在[①]：

（1）教师是学生建构知识的忠实支持者。教师的作用从传统传递知识的权威转变为学生学习的辅导者，成为学生学习的高级伙伴或合作者。教师应该给学生提供复杂的真实问题。他们不仅必须开发或发现这些问题，而且必须认识到复杂问题有多种答案，激励学生对问题解决的多重观点，这显然是与创造性的教学活动宗旨紧密吻合的。

此外，教师必须创设一种良好的学习环境，学生在这种环境中可以通过实验、独立探究、合作学习等方式来展开他们的学习。教师必须保证学习活动和学习内容保持平衡。教师必须提供学生元认知工具和心理测量工具，培养学生评判性的认知加工策略，以及自己建构知识和理解的心理模式。教师应认识教学目标包括认知目标和情感目标。教学是逐步减少外部控制、增加学生自我控制学习的过程。

（2）教师是学生建构知识的积极帮助者和引导者。教师应当激发学生的学习兴趣，引发和保持学生的学习动机。通过创设符合教学内容要求的情境和提示新旧知识之间联系的线索，帮助学生建构当前所学知识的意义。为使学生的意义建

---

① 张东辉. 建构主义学习理论的启示［J］. 科技信息（学术版），2007（16）：407-408.

构更为有效，教师应尽可能组织协作学习，展开讨论和交流，并对协作学习过程进行引导，使之朝有利于意义建构的方向发展。

（3）学生是教学活动的积极参与者和知识的积极建构者。建构主义要求学生面对认知复杂的真实世界的情境，并在复杂的真实情境中完成任务，因而，学生需要采取一种新的学习风格、新的认识加工策略，形成自己是知识与理解的建构者的心理模式。

建构主义教学比传统教学要求学生承担更多的管理自己学习的机会，用探索法和发现法去建构知识的意义。在建构意义的过程中要求学生主动去搜集和分析有关的信息资料，对所学的问题提出各种假设并努力加以验证。要善于把当前学习内容尽量与自己已有的知识经验联系起来，并对这种联系加以认真思考，联系和思考是意义建构的关键。

3. 基于建构主义的情境设计

建构主义认为，学习总是与一定的社会文化背景即"情境"相联系，情境设计就是设计与当前学习主题相关的、尽可能真实的情境。而在传统的课堂讲授中，由于不能提供实际情境所具有的生动性、丰富性，不能激发联想，难以提取长时记忆中的有关内容，因而将使学习者对知识的意义建构发生困难。

而现代的教学就要突破传统课堂的这种局限性，让学生在实际情境中或者通过多媒体设计的接近实际的情境下进行学习，可以利用生动、直观的情境有效地激发联想，唤醒长期记忆中有关的知识、经验或表象，从而使学习者能利用自己原有认知结构中的有关知识与经验去同化当前学习到的新知识，赋予新知识以某种意义；如果原有知识与经验不能同化新知识，则要引起"顺应"过程，即对原有认知结构进行改造与重组。

一般来说，基于建构主义学习理论的教学过程设计模式可分为三个阶段：

（1）准备阶段。包括教学目标分析、学习者特征分析、学习内容分析三步。这三步共同决定了学习任务，学习任务是整个模式的核心，所有步骤都围绕学习任务而展开。

（2）教学互动阶段。包括学习情境设计、自主学习策略设计、学习资源设计、认知工具设计、管理与帮助设计、总结与强化练习。前五步紧紧围绕学习任务形成双向循环体系。这一阶段是整个设计过程的重心，也最能体现"以学为中心"的特点。

（3）评价与修改阶段。包括学习效果形成性评价、总结性评价、修改三步。评价是修改的基础，是教学设计成果趋向完善的调控环节。显然，该模式充分体现了学生的认知主体作用，因而其突出的优点是有利于学生的主动探索、主动发现，有利于创造型人才的培养。

　　该模式的中心是"学习情境设计"。"学习情境设计"是为学生主动建构创造必要的环境和条件（提供学习的外因）。

二、情境学习理论

　　情境学习是由美国加利福尼亚大学伯克利分校的让·莱夫（Jean Lave）教授和独立研究者爱丁纳·温格（Etienne Wenger）提出的一种学习方式。在莱夫和温格看来，学习不能被简单地视为把抽象的、去情境化的知识从一个人传递给另外一个人；学习是一个社会性的过程，知识在这个过程中是由大家共同建构的；这样的学习总是处于一个特定的情境中，渗透在特定的社会和自然环境中。[①]

　　情境学习理论认为，学习不仅仅是一个个体性的意义建构的心理过程，更是一个社会性的、实践性的、以差异资源为中介的参与过程。知识的意义连同学习者自身的意识与角色都是在学习者和学习情境的互动、学习者与学习者之间的互动过程中生成的，因此学习情境的设计就致力于将学习者的身份和角色意识、完整的生活经验以及认知性任务重新回归到真实的、融合的状态，由此解决传统学校学习的去自我、去情境的顽疾。

　　简单来说，情境学习是指在要学习的知识、技能的应用情境中进行学习的方式。也就是说，你要学习的东西将实际应用在什么情境中，那么你就应该在什么样的情境中学习这些东西。比如，你要学习游泳，就应该到游泳池里去学习，而不是光看电视里面如何教。再如，你要学习讨价还价的技巧，就应该在实际的销售场合学习，因为这一技巧最终是用在销售场合的。

　　在莱夫和温格 1991 年出版的代表作《情境学习：合法的边缘参与》（Situated Learning：Legitimate peripheral participation）中，他们提出了三个核心概念[②]：

　　（1）实践共同体。它所指的是由从事实际工作的人们组成的"圈子"，而新来者将进入这个圈子并试图从中获得这个圈子中的社会文化实践。

　　（2）合法的边缘性参与。合法性是指实践共同体中的各方都愿意接受新来的不够资格的人成为共同体中的一员；边缘性指学习者开始只能围绕重要的成员转，做一些外围的工作，然后随着技能的增长，才被允许进入圈子的核心做重要的工作。参与是指在实际的工作参与中，在实际操作中学习知识，因为知识是存在于实践共同体的实践中，而不是书本中。

　　（3）学徒制。学徒制也就是采用师傅带徒弟的方法进行学习。

---

　　① J. Lave Situating learning in communities of practice［J］. Perspectives on socially shared cognition，1991（2）：63-82.

　　② J. Lave，E. Wenger Situated Learning：Legitimate peripheral participation［M］. Cambridge University Press，1991.

显然，其情境学习理论强调两条学习原理：第一，在知识实际应用的真实情境中呈现知识，把学与用结合起来，让学习者像专家、"师傅"一样进行思考和实践；第二，通过社会性互动和协作来进行学习。

莱夫和温格指出，情境学习"并不是一种教育形式，更谈不上是一种教学策略"，因而不太适用于学校教育。但其理论逐渐为大家所接受并应用于学校教育，情境学习与学校教育相结合的形式，不断被研究者和实践者开发出来。诸如英语、社会科学等学科的教学，都开始采用情境学习的方式。[①]

三、情境教学法

1. 情境教学法的概念

情境教学法是指在教学过程中，教师有目的地引入或设计具有一定情绪色彩的、以形象为主体的生动具体的场景，以引起学生一定的态度体验，从而帮助学生理解教材，并使学生的心理机能得到发展的教学方法。[②]

教学情境是"情"与"境"的融合，这里的"境"是指教学环境，它既可以是一个用实物或多媒体设计的具体环境，也可以指教学双方的关系；"情"是指在"境"中的教学双方人物之间的情感交流、思维互动。因此，情境教学法成功的关键是要形成教师与学生的互动。

情境模拟教学在培养学生的实际工作技能和对工作环境的适应性方面成效明显。这种方法是通过设定一定的工作场景，让学生扮演不同的角色，结合教学内容，学生们可以按照各自的角色开展具体的活动和工作，把抽象的知识形象化。这种方法，一方面，通过模拟生活工作场景，使同学们身临其境，加深了印象，为他们将来从事相应的工作培训技能、积累经验；另一方面，在模拟过程中，在具体的场景里处理问题可以培养学生敏锐的判断力和决断能力。

2. 情境模拟教学的特征

一般来说，具体特征可概括为以下四点：

（1）实践性。情境模拟教学不同于传统的课堂教学，传统的课堂教学侧重于专业知识的学习，教师往往侧重于概念的阐释和方法的介绍，学生则只能是被动地吸纳和机械地领会。而情境模拟为学生提供了一个模仿真实的实践平台，让学

---

① 在这里值得一提的是，情境学习理论所依赖的哲学基础应当呈"情境理性"（Situated rationality）的知识观。哈贝马斯在1994年出版的英文版《后形而上学思考》一书中正式提出"情境理性"的概念。情境理性最核心的思想就是人类的理性总是嵌入在具体情境里的，并随着情境的变化而变化；先验的、抽象的、普适的理性是不存在的。每一种情境都是人类在某一个特定的时空点上发生着的认知过程与人生体验。所以正如哈贝马斯所言，情境理性最讲究的就是学习者之间相互采取一种理解对方的态度进行充分的对话和交流，不断扩大个人"局部时空的知识"。

② 赵丽君. 情境教学在英语教学中的应用 [J]. 呼兰师专学报，2001，17（1）：91-92.

生在亲身体验中自觉地将理论知识与实际操作结合起来，以培养学生处理问题的各种能力。

（2）动态性。学生在情境模拟中自始至终是活动的主体，教师只起组织、指导的作用。学生全程的参与促使学生充分调动他们各种能力。他们需要通过自己观察去发现问题，在理论知识的指导下分析问题，在分工合作的情况下解决问题。

（3）交互性。在情境模拟体系中，教学过程的信息流不再是单向或双向信息的传递，更多地表现在学员之间多对多的交流方式，成员之间的交流更加频繁，如图 1-1 所示。在模拟活动过程中，学员占据主动地位，学员的参与程度高，而教师的作用则主要是"教练式"的启发和引导。情境模拟通过分配学生轮流扮演不同的角色，体验不同角色所面临的问题，以及思考问题和分析问题的逻辑，有助于培养学生今后解决实际问题的能力。

（4）协作性。当今社会日益重视团队协作精神，情境模拟为培养学生的团队意识、增强合作精神提供了有效的途径。在模拟活动中学生之间通过相互探讨、相互补充、相互沟通来共同提高团队的能力。

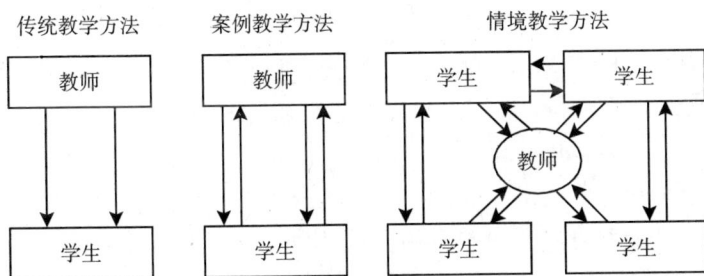

图 1-1 不同教学方法的比较

3. 教学情境设计的原则

情境设计应该遵循以下几个原则[①]：

（1）目的性原则。一个好的教学情境是为一定的教学目标服务的。情境不是摆设，也不是为了赶时髦的点缀品。就相关内容的教学而言，情境的设计不仅仅是为了调动学生的学习积极性，还应当在后面的教学中发挥一定的导向作用。情境的设计更是来源于与教学有关的问题，一定是问题导向的，是为了解决某一个

① 赵恩芳. 新课标 新困惑 新思考 对新课程背景下高中数学课堂有效教学的思考 [J]. 中国科技博览，2009（21）：46-47.

具体问题为目的的。

（2）全程性原则。教学情境的设计不等同于传统意义的新课引入。情境不仅在讲新课前发生作用，它在整个教学过程中都能持续激发、维持、强化和调整学生的认知活动、情感活动和实践活动，在教学的全过程中发挥作用。

（3）全面性原则。教学情境的设计不仅仅满足某一方面的需要，同时，要为情感教学、认知教学和行为教学服务。

（4）挑战性原则。教学情境的设计应该具有促进学生产生继续学习的愿望，有利于学生潜能的挖掘。情境设计要有利于学生的思考。情境设计不要只是求一时热闹、好玩，只考虑到观赏性，要能够使学生通过教师设计的情境发现其中所蕴含的信息，进而提出相关的问题。教师设计的教学情境要具有一定的难度和坡度，适合学生的实际水平，能造成一定的认知冲突，保证大多数学生在课堂上处于积极的思维状态。

（5）真实性原则。真实性是认知性、情感性和实践性的保证，学习情境越真实，学生主体建构的知识越可靠，越容易在真实的情境中起作用。因此，情境设计要注意结合学生实际，贴近学生生活，教师要将教材上的内容通过现实生活中熟悉的事例，以情境的方式在课堂上展示给学生，以此拉近与生活的距离，逐步培养学生的公共管理意识。

（6）可接受性原则。情境的设计要考虑学生能不能接受，要设计合适的"路径"和"梯度"，便于学生将知识和技能迁移到具体的情境中去解决问题，由近及远、由浅入深、由表及里。

4. 情境教学的意义

在公共管理的教育中，最早是由美国亚利桑那州立大学（ASU）的 Campell 和 Tatro 两位教授为公共管理教育实践设计了一种"将真实世界的情境与学生的学习进程相结合"的课程体系。这就是国外所采取的情境模拟教学法的最早雏形，后来西方国家在培训公务员的过程中也逐渐开始大范围地运用此教学方法。[①]

目前，在国内公共管理的教学组织过程中，所使用的仍然是以传统的教学模式为主。这些教学模式由于不能很好地体现公共管理教学的特点，导致教学效果不够理想，所培养出的人才也难以适应工作岗位的需要。因此，根据公共管理教学的特点进行教学模式的创新显得尤为重要。众所周知，教学方法的运用主要取决于教学内容和教学目标。公共管理教学内容涉及公共管理专业的各个方面，具有较强的实践性。教学目标也包括两个方面，即培养学生的专业知识水平和专业

---

① 常伟，吴建南，邹连东. 情境模拟法应用的几个核心问题——以绩效管理教学为例［J］. 高等教育研究，2007（4）：60-62.

技能。而实践性的知识和专业技能培养的最好方法就是通过情境教学。

目前，我国实践教学中的情境教学也在各个学校逐步展开，但是关于情境设计方面的实践还没有一套规范的程序，本章尝试对此抛砖引玉。

在教学中引入情境教学，具有以下意义：

（1）有利于培养学生的自主学习能力。在传统的教学活动中，学生是知识灌输的对象，是知识的被动接受者，而在情境教学中学生是学习的主体，学生既当学生又当老师，这种师生角色的互换与互动，可以激发学生的热情。情境教学要求学生积极参与到教学过程之中，成为教学过程的重要角色。同时，情境教学要求学生进入主题描述的特定情境和角色去思考问题、寻求答案。通过这一环节去联系其先前的相关知识和理论，可以有效地提高学生分析问题、处理问题的能力和表达与沟通的能力，能有效地架起理论与实践之间的桥梁。[①]

（2）有利于培养学生的团队意识与合作精神。在情境教学中，通过教师有意识的引导，让学生自己去查阅资料，通过个体独立或群体合作的方式对问题进行分析和判断，积极寻求多种解决方案。情境教学不仅有利于使学生成为一个真正的学习主体，而且有利于学生积极参与到团队中学会与他人合作，在合作中沟通，在沟通中增进合作，提高学生的团队意识与合作沟通能力。[②]

（3）有利于开发创造性思维。在传统的教学中，非智力因素和深层直觉基本上是被排除于教学内容之外的，但它们却往往是创造性思维的源泉，在个人及其社会生活中发挥着巨大作用。教学环节中如果缺少对这一内容的关注，对培养学生的管理和决策能力来说是一个重大损失，而情境教学能够在这一方面起到较好的辅助作用。

（4）有利于促进教师的教学水平。在情境教学中，教师不仅要系统地传授知识，还要善于组织、控制整个教学过程。这就要求教师既具有渊博的理论知识，又具有丰富的教学实践经验，并能将理论与实践融会贯通，这对教师的知识结构、教学能力及教学责任心提出了更高的要求，增加了教师的压力和动力，迫使教师不断努力提高自己的知识水平、积累情境素材、提升教学技能。

---

① 王永凤. 案例教学法在高校思想政治理论课教学中的运用［J］. 人力资源管理（学术版），2009（7）：68-69.

② 崔惠民. 公共政策学案例教学存在的问题及对策建议［J］. 产业与科技论坛，2009（5）：163-164.

第二节 情境设计的类型与形式

情境设计是指设计有利于学生对于主题意义理解的情境。但它实际上是一个很宽泛的概念，包括在课堂上运用各种有助于教学内容的录音、录像、文字资料、多媒体、网络资源、课堂参与等各种方式。建构主义认为，学习总是与一定的社会文化背景（即情境）相联系的。情境就其广义来理解，是指作用于学习主体，产生一定情感反应的客观环境。从狭义来认识，则是指在课堂教学环境中，作用于学生而引起积极学习情感反应的教学过程。[①] 设计情境是学习者实现意义建构的必要前提。

设计情境成为教学设计最重要的内容之一，它要求我们将传统的教学设计改变为设计情境化的学习环境。针对特定的学习目标，将学习内容安排在情境化的真实学习活动中，让学生通过参与真实的问题求解等实践活动而获得更有效的学习。[②]

一、情境设计的类型

一般来说，情境设计的类型可以分为以下几种：

1. 真实性情境

真实性情境是指学生直接参与到生活中真实的场景中去，一般是指学生的实习或社会实践活动。让学生亲临现场，在工厂、田间、野外等真实的生活与工作场景中学习知识，运用所学知识解决实际问题。

在真实情境中进行现场范例教学是理论联系实际的一种方法。设计真实情境，可以让学生亲临现场，直接面对需要解决的实际问题，使所学的知识得以运用，并在运用中加深对知识的理解。学生可以在真实的环境中施展自己的才能，体会面临具体问题的考验，在不断思考中提高解决实际问题的能力。

教学中的真实性情境教学主要是实地观摩，通过到工厂、社区参观来体验真实的场景。比如：学生直接去××社区观摩社区选举过程，体会社区管理中的不同主体在其中发挥的不同作用。

---

① 杨建国，于跃. 建构主义与多媒体课件情境的设计 [J]. 西安政治学院学报，1999 (5)：94-96.
② 朱宏. 情境教学法在警务英语口语教学中的应用 [J]. 科技信息，2008 (35)：216-217.

2. 问题性情境

一般来说，问题性情境的主要方法是指案例教学。教师通过案例的情境提出一个现实中 "不协调"的问题，比如，社区管理中出现的居委会、业委会、居民大会、街道办事处相互之间的权利与关系，在理论上可能很容易区别，但是在现实中屡屡出现问题，其中的矛盾之处可以由教师设计问题给学生，诱发其好奇心和求知欲，点燃思维的火花。

设计问题情境就是在教材内容和学生求知心理之间制造一种"不协调"，把学生引入一种与问题有关的情境的过程。这个过程也就是"不协调—探究—深思—发现—解决问题"的过程。"不协调"必须要质疑，把需要解决的问题有意识地、巧妙地寓于各种各样符合学生实际的知识基础之中，在他们的心理上造成一种悬念，从而使学生的注意、记忆和思维凝聚在一起，以达到智力活动的最佳状态。

设计问题情境宜围绕教学目的，注意培养学生发散性思维与创新意识，且难度适中。问题可以来源于教材或者学生生活的实际。

3. 虚拟性情境

虚拟性情境一般是指由教师和学生共同设计一个模拟现实的情境来满足教与学的需要。一般包括一些危险、不易或不宜真实接触的必修教学内容与学习内容。譬如学生创建模拟听证进行演练，因为实际参与听证的机会可能不多，或者实际参与听证受到参与成本高、参与主题不合适等种种原因制约难以实现，那么利用模拟听证的这种虚拟性的情境也可以达到教与学的目的。但要求虚拟情境要尽可能地反映真实的情境，虚拟情境不是虚假情境，本章后两节的内容主要是基于虚拟情境的情境设计。

此外，根据情境创设的依托点的不同，我们也可把教学情境分为以下几种（见表 1-1）：

表 1-1　情境设计的类型

情境设计的类型	主要内容
借助实物和图像创设	实物：主要是指模型、标本以及实验、参观等 图像：板书、画图、挂图、幻灯、录像、电影、电脑等电化教学手段
借助动作（活动）创设	操作：通过让学生操作学具可以使许多抽象知识变得形象直观 表演：比如小品或课本剧等 活动 演示
借助语言创设	声情并茂的朗读 绘声绘色的描述 贴切精彩的比喻

续表

情境设计的类型	主要内容
借助新旧知识和观念的关系和矛盾创设	在旧知的基础上引申和发展起来 在旧知的基础上增加新的内容 由旧知重新组织或转化而成的
借助"背景"创设	作者介绍 时代背景 历史典故
借助问题创设	案例教学

二、情境设计的形式

一般来说，情境教学的常用方法主要有以下几种[①]：

1. 角色扮演

角色扮演是情境模拟活动中的一个基本方法，它是根据教学内容和背景材料设计场景情节，学生根据情节设计在模拟场景中扮演相应角色，来处理日常的管理事务，可以用来观察学生的心理素质和潜在能力，从而培养出未来高级管理人员的领导能力、中层管理人员的协调能力、基层管理人员的办事能力。

2. 即席发言

即席发言是指给情境模拟者出一个题目，让情境模拟者稍做准备后按题目要求进行发言，以便培养学生快速反应能力、理解能力、思维能力、语言表达能力，以及言谈举止和风度气质等方面的心理素质。

即席发言的主题可以是做一个动员报告、开一次新闻发布会、在职工联欢会上的祝词等。

对于情境模拟者即席发言成功与否的评价标准可以包括：思路清晰、层次分明、语言流畅、观点明确、内容吸引人、能用具体可信的事例说服人、上场镇静、声音响亮、抑扬顿挫、动作自然、口头语较少、有目光交流，等等。

3. 谈话

谈话是情境模拟中的一个重要形式，主要用来培养和培训管理者的语言表达能力、交往沟通能力、说服能力、公关能力和现场处理问题的能力等。

谈话主要分为三种类型：电话谈话、接待谈话和拜访谈话。

（1）电话谈话。情境模拟者在电话谈话中，可以反映出他的心理素质、文秘修养、口头表达能力和处理问题能力。电话谈话可以分为接电话和打电话两

---

① 尹子民，孙辉，魏颖辉.情景模拟教学法的初探［J］.辽宁工业大学学报（社会科学版），2009（3）：91-93.

种形式。

（2）接待谈话。接待谈话可以根据需要，分为来谈生意的、来推销产品的、来叙旧的或者是来纠缠的。通过接待谈话，可以观察情境模拟者在接待时的态度表情、驾驭谈话的能力、快速处理难题的能力和处理公事及私事关系的能力。

（3）拜访谈话。在管理实践中主动找某些人谈话是管理活动的一项重要内容，谈话对象可以包括上级、同事、下级、重要客户、司法人员、新闻界人员等。通过拜访谈话，可以观察情境模拟者的谈话技巧、语言表达、热情周到程度，以及应付各种困难的能力。

4. 公文处理

公文处理是情境模拟的一种主要形式，一般是指在虚拟的环境中要求学员在规定时间内，根据自己的经验、知识、能力、性格和风格去处理 5~10 份公文，用以培养和训练学员的分析、判断、决策和文字处理能力等。

公文一般包括文件、备忘录、电话记录、上级指示或报告、下级汇报材料等。

要求参与者模拟真实的身份对每一份文件都要做出处理，如写出处理或解决问题的意见、批示，或直接与部门的人员联系发布指示，等等。参与者应在规定的时间内把公文处理完。公文处理完成后，应对其所处理的公文逐一进行检查，并根据事先拟定的标准进行评价。如看模拟者是否分轻重缓急、有条不紊地处理这些公文，是否恰当地授权下属，还是拘泥于细节、杂乱无章地处理。并要求模拟者说明是如何处理这些公文的，以及这样处理的理由等。

对于模拟者的评价维度一般有六个：信息敏感性、组织能力、计划能力、分析决策能力、承担风险能力和文字写作能力。公文处理模拟法实际上是考察应试者判断各类信息，接受有用信息，并利用信息进行科学决策和日常管理的能力。

5. 无领导小组讨论

无领导小组讨论就是指几名模拟情境参与者集中在一起就某一问题进行讨论，事前并不指定讨论会的主持人，请模拟情境参与者就给定的任务进行自由讨论，以提高学员在自信心、洞察力、说服力、责任心、灵活性、承受心理压力及处理人际关系等方面的能力和特点。此外，在讨论中观察情境模拟者的发言，以便让同学们了解情境模拟者的心理素质和潜在能力。在无领导小组讨论之后，还可以让情境模拟者写一份讨论记录，据此判断情境模拟者的归纳能力、决策能力、分析能力和综合能力。

讨论的问题往往是大众化的热门话题，即大家都熟悉的话题。避免偏僻或专业化，以便每个参与者都有开口的机会，讨论主题呈中性，即没有绝对的对或错，这样就容易形成辩论的形势，以便参与者有机会更充分地展示自己的才华。

教师作为无领导小组讨论的旁观者和评价者，重要的是善于观察。观察可以从以下几个方面进行：如每个参与者分别提出了哪些观点，与自己观点不同时是怎么处理的，参与者是否坚持自己认为正确的提议，他们提出的观点是否有新意，怎样说服别人接受自己的观点，以及谁引导讨论的进行并进行阶段性的总结等。在这个过程中还可以看到每个人的领导能力如何，独立见解如何，能否倾听别人的意见，是否尊重别人，是否侵犯别人的发言权等。

6. 现场会议

通过模拟实际管理活动中的各种会议，来锻炼学生交流、沟通、协调、组织、决策及从事公关宣传的能力，如诸葛亮会、决策会、交流会、工作汇报会、生产调度会、新闻发布会等。

7. 系统仿真情境模拟

系统仿真是在纸上或计算机上进行经营管理的操作，情境模拟者可以及时得到反馈信息，以便了解自己的经营效果，最后以企业的经济效益来反映情境模拟者的心理素质和潜在能力的一种方法。

一般来说，情境模拟可以把数量化的内容在计算机上操作。系统仿真可以仿真各种企业，系统仿真规定的经营管理时间一般为3~5年，情境模拟者的身份一般是总经理或厂长。通过系统仿真可以在较短的时间内了解情境模拟者在3~5年的实际管理业绩，以此来锻炼模拟者的潜在能力。

在公共管理领域用于计算机系统仿真的例子不是很多，因为公共管理领域的绩效有时候是很难用一两个量化的指标实现的，因此相对较少。但是随着信息技术的发展，依然可以利用一些管理系统仿真软件，按教学目的进行重新设计和编排，将其中许多可以演示的内容搬进课堂进行情境模拟，用来培养和训练学员的综合管理素质和能力。比如笔者在教授《电子政务》时，由于学生没有在政府工作的经验，不了解政府的工作流程，因此在理解政府流程再造的时候会有些困难，为此，可以使用计算机进行模拟，通过计算机对流程的模拟来了解政府的流程，从中发现政府业务流程中不合理的地方，用计算机来对流程进行重组和优化，因为在现实生活中去重组政府的业务流程是不可能的。

在以上七种情境设计的形式中，其中有些主要用于教学，如角色扮演、即席发言、系统仿真情境模拟，而谈话、公文处理、无领导小组讨论、现场会议这几种情境设计更多的是在人员培训和招聘的时候采用。本章后面将重点讲解适用于教学的"角色扮演"情境设计步骤。

第三节　情境设计的方法和步骤

一、情境设计的常用方法

一般来说，情境设计的常用方法有以下几种，[①] 但每种之间并非完全独立的，使用的时候可以交互使用。

1. 设计真实的生活情境

当前公共管理教学改革的重要策略之一，就是把公共管理教学与其原有的生活经验密切联系起来，使学习者感到"公共管理就在身边"、"生活中到处有公共管理"。培养学生用公共管理的眼光及头脑去观察生活，观察和思考身边的事物。现在倡导教学要回归学生的生活世界，反映在教学中就是我们的课堂应尽可能和学生的生活接近，取材于生活。

我们现在所处的社会是一个变革的社会，尤其是公共管理方面，层出不穷的问题和变化都值得我们去思考，只要留意一下我们身边就不难发现，生活中处处都体现着公共管理的一些基本的理念，身边的许多新鲜的事情都可以作为教学中的素材和情境，比如食品安全问题、义务教育问题、汽油涨价问题等，都是与我们息息相关的公共管理范畴的实例。

当然，教师在设计生活情境时，要特别明确情境的设计源于生活，但要高于生活。也就是我们所说的生活情境是把"公共管理"课堂化。实际生活中的情境往往涉及许多因素而显得比较复杂，如果原封不动地展现在学生面前，可能需要花费很长的时间，反而达不到好的教学效果。

2. 设计有思考价值的问题情境

现代心理学认为，一切思维都是从问题开始的。教学要促进学生思维就应当培养学生的问题意识。当今学校的课程，越来越将重心放在关于问题的提出和解决上，问题的探究已经开始占据学校课程的中心位置。问题决定了思维的方向，也是思维的动因。问题情境是激发学生认识活动的有效方法，它可以造成学生心理和知识内容之间的不平衡。而学生要解决这种不平衡状态，就要通过认知活动，通过思考。好的问题能够激发学生的学习积极性，促使学生主动地参与学

---

① 朴雪，吴昌明. 从知识传递到情境认知——多媒体课堂教学瓶颈的突破 [J]. 中国科技信息，2008（1）：207-208.

习活动。

3. 设计多种感官参与的活动情境

教学是师生之间、学生之间交往互动与共同发展的过程。教学要紧密联系学生的生活实际，从学生的经验和已有知识出发，设计多种感官参与的活动情境，不仅能让其看、说、听，还要让其亲自动手操作，这样的设计有助于学生自主学习，使学生通过观察、操作、归纳、类比、猜测、交流、反思等活动，获得基本的知识和技能，进一步发展思维能力，激发学生的学习兴趣，增强学生学好公共管理理论与知识的信心。

现代认知科学，尤其是建构主义学习理论强调，"知识是不能被传递的，教师在课堂上传递的只是信息，知识必须通过学生主动建构才能获得"。也就是说，学习是学习者自己的事情，谁也不能代替。为此，在教学中要注意展示知识形成的过程，将静态的知识结论变为动态的探索对象，比如案例视频、小组讨论、角色扮演等让学生付出一定的智力代价，引导学生开展多种形式的学习活动。

4. 设计互相交流的合作情境

合作交流是学生学习的重要方式。在合作和交流的过程中，学生可以感受不同思维方式和思维过程，合理地调整、丰富自己的认识，获得公共管理相关知识。

动手实践、自主探索与合作交流是学生学习公共管理知识的重要方式。学生的学习活动应当是一个生动活泼的、主动的和富有个性的过程。遵循这样的理念，课程应该设计大量合作和交流的内容，如让学生合作完成某一项任务、共同探讨某一政策是否合理等。在教学时，教师要根据学习的需要，适时组织学生的合作与交流，提出具体的目标和要求，鼓励每一个学生去探索，并主动地与同伴进行交流，让学生们在相互启发、互相补充的学习活动中，获得知识，发展能力，逐步形成合作与创新意识。

当然，教学情境设计的方法还有很多，需要相关专业的老师根据自己课程的特点来发挥自己的想象力和创造力。

二、情境设计的步骤

1. 情境设计的一般步骤

不管是角色模拟的情境设计，还是问题式的情境设计，或者是真实场景的情境设计，虽然内容有所不同，但是其大体步骤是一致的，也就是分为以下几个步骤：

（1）准备工作。包括了解学生、分析教材、总体设计及目标分析等。其中，了解学生需要较长时间，需要考虑学生整体的学习积极性和主动性、个体的工作背景及经验的差异等因素。分析教材，主要是指老师要对教材内容进行整体分析和各部分的知识结构分析，以便对各部分内容进行加工、整合。总体设计主要指教学设计，即确定课型、教法、仪器、教具及任务等。目标分析是指确定每一环节及整节课的具体目标。通过了解学生、分析教材、总体设计及目标分析，根据教学的内容选择情境设计的类型，是采用真实的情境去实践，还是采用虚拟情境设计中的角色扮演等。

（2）初步设计。初步设计主要是指在充分准备的基础上就某个环节与任务，设计一个基本的问题情境。一般来说，这时的问题情境比较粗糙，也未必清晰、完整，只是对教学内容进行初步的加工。在这里需要注意的是，情境不是万能的，并非教学的每一部分都要进行情境教学。否则每堂课都是情境教学，如果没有新意，很容易引起学生的反感。

（3）改进与完善。这部分主要指的是对基本情境进行深加工。按照设计原则，采用一定的策略，从提高学生积极性、发展学生能力、培养学生的整体素质、促进其对问题实质的理解诸方面考虑，进行加工、选择、组合，达到精益求精。这一步骤中有大量的技术性操作和创造艺术，比如如何将教学内容加工成合适的问题情境？如何体现教学的思想、方法、观点？如何使问题情境吸引学生？等等。

（4）检验、反思与更新。教师将自己设计的初步情境（真实情境、问题情境或虚拟情境）在班级上试验，在经过课堂检验之后，问题设计的效果教师已有了初步的感受。一般而言，初步设计的情境总会暴露出设计的某些不足，因此，对设计进行反思与改进是必须的。同时通过学生的参与，也会有针对情境的讨论和争论，这些都是非常重要的，可以帮助老师进行课后的教学过程分析，并对情境设计进行反思与改进，从而得到新的设计或使原来的设计更趋完美。

经过若干次的反复，一个成熟的有价值的情境才能真正设计出来。因此，情境设计并不是一次就能完成的，需要不断地反复，并在今后的工作中不断更新。

2. 角色模拟的情境设计步骤

这里主要讲一下角色模拟的情境设计步骤。

角色扮演类的虚拟情境设计，主要是指以学生学习的目的和内容为依据，提供给学生案例背景材料，组织分配学生扮演角色，让其运用所学的公共管理知识和工作中的实践经验，研讨决策问题，编写"模拟脚本"，对公共管理情境进行仿真模拟实际表演，借以来开发学生的智力，锻炼其分析问题、解决问题能力的过程。

从操作过程来看，可以分为六个步骤：选取课题、情境设计、角色分工、情境分析、情境模拟、总结评价。

（1）选取课题。教师在让学生实施情境模拟之前，应为学生打好理论基础。在正式进行情境模拟教学活动的前一节课，可以专门安排介绍"情境模拟引导——方法与内容"的专题导入，向学生讲授情境模拟中涉及的各种理论知识以及操作流程。针对什么是情境模拟教学，为什么要进行情境模拟教学，怎样进行情境模拟教学，要达到什么目的等问题做详细的介绍。要让他们理解情境模拟的实践意义，熟悉并掌握情境模拟的具体操作流程。

接下来，教师需要根据教学内容选择一个主题，而主题的选择来源于"问题"，什么是"问题"？纽维尔和西蒙的观点是："问题是这样一种情境，个体想做某件事，但不能马上知道对这件事所需采取的一系列行动，就构成问题。"[①] 也就是说，通过主题的学习一定要解决一个实际的问题，这是选择主题的唯一标准。此外，在这一步还要让学生在课下尽可能搜集与问题相关的信息与资料。

（2）情境设计。接下来就是根据教学内容和背景材料合理设计情节和角色。在进行情境模拟前，应选择合适的沟通场景，最好是跟学生学习生活相近的场景或者现实生活中大家都熟知的场景。比如：三鹿奶粉事件、业主委员会与居委会之间关系、灾难之后的志愿者服务等熟悉的场景。因为这样的场景能使学生更熟悉、更放得开，并在此基础之上完成良好的沟通。教师在设计情境时，可以使用一些对自己教学有辅助作用的表格，并分发给学生，以便大家能更好地理解所设计的情境。如表1-2所示的"社区管理主体情境设计"，此表仅仅作为一个范例，实际教学中，任课教师可以根据自己所教的科目进行调整，形式不拘一格。

表1-2　社区管理主体情境设计

学习内容：社区管理	总学时：32
学习情境：社区管理中街道办事处、居委会、业委会之间的关系	学时：2
学习目标	

1. 知识目标 1.1 掌握社区管理中街道办事处、居委会、业委会的组成以及相互关系 1.2 掌握社区管理中几个主体如何组建，以及它们的责权利	2. 能力目标 处理社区中复杂问题的能力，提高协调能力、人际沟通的技能等

---

① 邵志芳.思维心理学 ［M］.上海：华东师范大学出版社，2001：79-81.

主要内容	教学方法建议
1. 社区管理主体 1.1 街道办事处的历史、权利和义务 1.2 居委会的发展历史以及组建 1.3 业委会的组建及权利义务 2. 社区主体的关系 2.1 社区管理的模式 2.2 社区管理中的主体关系	宏观教学方法： 引导法 微观教学方法： 讲述法、案例教学法、 情境模拟法

教学材料	使用工具	学生知识与能力准备	教师知识与能力要求	考核与评价备注
1.《街道办事处条例》 2.《居委会组织法》 3.《物业管理条例》	1. 投影仪 2. 各种表演道具 3. 其他辅助工具	1. 识别社区管理主体能力 2. 理解社区管理模式能力 3. 三大主体的组建条件 4. 三大主体相互关系	1. 三大管理主体的历史发展及其渊源 2. 结合政府管理理解社区管理的能力	评价内容： 基本知识技能水平评价 方案设计能力评价 任务完成情况评价 团队合作能力评价 工作态度评价 项目完成情况演示评价 评价方式： 小组成员互评 教师评价

（3）角色分工。模拟情境设计好后，根据需要让学生扮演不同的角色，如有的扮演业主，有的扮演居委会主任，有的扮演政府的街道办事处工作人员等。对于同一个沟通场景，通常情况下会选择三组以上的学生进行模拟，最后对比沟通效果。在角色分工完毕后，也可以设计出角色评价表格，如表1-3所示的"社区管理主体情境设计评价表"，以备在正式模拟的时候可现场对各个角色进行评价，可以是教师评价，也可以是小组评价。

表1-3　社区管理主体情境设计评价表

课程名称：社区管理		学时：2		评价人：		
角色	扮演者	基本知识技能	方案设计能力	角色定位	团队合作能力	总分
街道办事处主任	赵××					
居委会主任	钱××					
业委会主任	孙××					
居民A	李××					
居民B	周××					
改进意见						

（4）情境分析。这一步通常由教师与学生一起完成，需要考虑在情境模拟中需应用哪些知识和技能、注意哪些事项、拟定什么样的计划、遵照什么样的程序进行模拟操作、推测在情境表演中会遇到什么样的困难并考虑用何种方法解决这些困难。在沟通的过程中，提示学生沟通是管理的重要途径，过程是为达到目标而服务的，应该让学生掌握相应的沟通技巧。在这部分可以设计出很多不同的情境设计的表格，为的是让每个人都熟悉整个模拟情境教学，也为之后对于情境设计进行改进打下基础。具体表格形式多样，可以参见本章后面参考资料中的附录1、附录2。

（5）情境模拟。当每个组都做好情境分析后，就开始按设计的情节顺序进行仿真演练。教师将全班同学按所需模拟的人数分为若干组，以小组为单位进行模拟。随后教师应给予每组一定的准备时间，督促每个学生积极参与，同时应给予相应的指导。轮到每个组演练的时候，每个学生先做角色介绍，然后再根据具体情节进行仿真的模拟操作。为了保证模拟效果，在这个过程中可以采用适当的道具进行辅助。

（6）总结评价。这一阶段主要完成反馈总结与点评、教师和学生进行讲评等环节。对于同一个沟通场景，当各个小组模拟结束后，教师应及时组织总结本次模拟，可鼓励全体学生参与评议。总结本次模拟的不足和成功之处，对学生的表现加以评价。同时学生的表现可作为平时成绩，鼓励学生下次更好地模拟。

一般来说，点评内容主要包括以下四个方面：

①讲评方案的优劣或存在的问题。

②评议每位学生的角色定位。

③对情境模拟这种强调在实践中培养解决公共管理问题的方法加以肯定。

④提出改进方向。

点评的核心主要是运用管理研究方法论的思想来分析到底是哪些因素影响了绩效，哪些原因影响了特定的结果。[①]

整体上来说，情境模拟教学的流程如图 1-2 所示。该流程是在学生和教师的共同参与下完成的，并且这个过程是一个不断循环的过程，而不是一次性的任务。

---

① 赵伟鹏. 浅谈公务员培训教学的情景模拟 [J]. 天津行政学院学报，1999（1）：47-50.

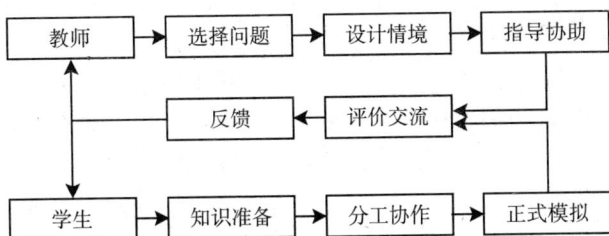

图1-2　情境模拟教学的流程

第四节　情境设计的注意事项

一、情境设计注意事项

在情境设计中，要注意以下几点：

1. 情境设计要真实

情境设计的大背景一定要真实，不能与现实生活差距太远，不能太理想化、简单化，否则就无法达到目的。最好是真实生活中有多个角色参与的问题，因为不同的角色可能代表的主张不一样，这样更有利于对相关知识的学习和理解。

2. 情境设计要力求完整

情境设计要完整，不能只截取实际情境中的一部分。否则，会让学生所学的知识不连贯，产生断层。比如：在讲授模拟听证的时候，模拟听证是一个完整的过程，从模拟听证的准备到结束整个过程中都蕴涵着不同的知识和技巧，尤其是听证双方进行质辩的时候，听证方和辩论方不仅要具备知识、技能和态度等多方面的知识和能力，同时还要有敏锐的感悟能力，其中任何因素的细微变化都可能会对听证结果产生深刻的影响，而这些除了理论学习之外，更需要谈判主体的亲身领悟。此外，模拟听证会结束后的听证结果公开这个细节，正是很多模拟听证所忽视的，而这却是模拟听证这个情境中最为重要的部分。

3. 情境设计要突出知识性和时代性

情境教学除了活跃课堂气氛之外，更主要的是提高学生对公共管理现实中一些难以解决的问题的理解能力。比如这两年经常出现的公共食品安全，这个问题涉及公共管理的各个环节，又与我们的生活密切相关，因此，能够激起学生的兴趣，同时也有助于他们对于公共安全的理解。

4. 情境设计要结合公共管理的特点

情境设计要结合学生所学专业的特点，否则很可能会引起学生的反感，比如在对于公共管理专业的学生讲《管理信息系统》，如果直接从概念出发，讲授信息管理制度，那么学生可能会觉得比较枯燥，很难接受。可以考虑在讲授的时候设计一个小小的情境，那就是北京市工商局利用了管理信息系统，其行政效率提高了几倍。作为对比有另外一个部门，也有相同的管理信息系统，但效率却不高，投资几十万元的信息化项目打了水漂，其原因是什么？从而引出在管理信息系统背后更为重要的因素，那就是"信息管理制度"，这也打破了管理信息系统（MIS）在公共管理领域的神秘感，也有助于对于问题本质的进一步分析。

5. 情境引入的时间不宜过长

一般来说，情境引入最好不要超过 5 分钟。如果设计的情境冗长复杂，不仅会占用过多的课堂时间，而且还会直接导致课堂教学效果的下降。与此同时，还会增加学生的学习负担。所以，设计教学情境应该考虑效率问题，即情境引入所花的时间与教学效果是成正比还是反比？

6. 利用现代信息技术设计学习情境

根据一定的课程学习内容，利用多媒体集成工具或网页开发工具将需要呈现的课程学习内容以多媒体、超文本、友好交互等方式进行集成、加工处理转化为数字化学习资源，根据教学的需要，创设一定的情境，让学习者在这些情境中进行探究、发现，有助于加强学习者对学习内容的理解和学习能力的提高。

通过信息技术对所设置问题情境的思考、探索，利用数字化资源具有多媒体、超文本和友好交互界面的特点，从中学会发现问题、解决问题的能力，通过利用节点之间所具有的语义关系，培养学生进行知识建构的能力。

通过信息技术设计的虚拟实验环境，让学生在虚拟实验环境中实际操作、观察现象、读取数据、科学分析，培养科学研究的态度和能力，掌握科学探索的方法与途径。这些都是信息技术作为情境探究工具的主要表现。

二、情境教学中的责任分工

情境教学并不是教师一个人的事，需要学生的参与和教师指导来共同完成。

1. 教师的主要责任

教师在情境模拟教学中的主要责任有以下几点：

（1）组织准备。培训活动开始前，教师要有针对性地选择情境模拟的案例，切实弄清楚什么是真正的问题所在。选择了适当的情境模拟案例后，教师要准备相关材料、确定讨论主题、制定实施计划、分配模拟角色、布置模拟场景和指导角色行为的设计。

（2）课堂引导。在课堂模拟时，教师要引导情境模拟过程，不仅要引导学生去"解决"情境模拟案例中的特定问题，进而从角色扮演中获得某种经历和感悟，学会换位思考，提高分析与解决问题的能力，而且还要引导学生探寻特定案例情境复杂性的过程，以及背后隐含的各种因素和发展变化的多种可能性。[①]

（3）总结提炼。角色扮演完毕后，一般应由教师进行总结。教师对角色扮演情况不应简单做结论，而要就整个情境模拟状况做出评价，指出该模拟案例所涉及的理论问题及角色扮演中的优点和不足。在总结时，教师还应让学生认识到解决一个问题可以使用不同的方法，帮助学生根据结果来评价某种方法，并将其与其他的方法进行比较。同时，对学生在情境模拟中提出的问题，教师应进一步引导其深入思考。

（4）评估反思。情境模拟教学结束后，教师要冷静反思培训过程，总结经验教训，仔细回顾情境中出现的每个问题，对于原有情境进行优化设计。

对于教师来说，一个成功的情境教学设计不仅有利于促使教师转变观念，形成新的教学观念，同时还有利于促使教师学习新的教学技术，适应教学模式改革的要求。

2. 学生的主要责任

学生在情境模拟教学中的主要责任有以下几点：

（1）知识准备。在进行正式情境模拟之前了解有关情境教学的相关知识，掌握有关的知识以及回答技巧，并完成与课程主题相关信息和资料的搜集，以便在模拟教学中使用。

（2）协作分工。小组成员针对本次主题的模拟，需要每个人都参与，因此需要小组成员的分工合作和相互配合，不能由其中一个人或几个人完成，而其他的仅仅是"搭便车"的被动参与。

（3）交流评价。在课堂模拟结束后，学生要对这次模拟进行经验的交流，拟写活动报告书，总结自己在模拟训练中的心得体会，以此来协助老师将此次情境设计进行完善。

一个成功的情境教学设计不但能促进教师教学方法的改变，还能提高学生的学习积极性，产生强烈的求知欲望。更为重要的是，这种教学模式能通过改变知识的呈现方式来促进学生的学习方式改变，并进一步改进其学习的理念。

---

① 浙江行政学院课题组. 情景模拟：卓有成效的体验式培训［J］. 天津行政学院学报，2004（4）：37-41.

【本章小结】

本章的主要内容有以下几方面：

首先，思想上改变对学习的认知。基于建构主义的理论，学习应该是以学生为中心的自我学习，强调学生自我的重要性。此外，基于情境学习理论，学习要与实际情境相结合，通过与社会的互动来建构知识。在这两种理论指导下，教学模式应该是以学生互动为中心，教师创建相关教学情境，帮助和引导学生建构知识。

其次，在具体的教学实践上，学生和教师都应该积极地融入情境教学的模式中。教师做好组织准备、课堂引导、总结提炼、评估反思。学生做好课前的知识准备、小组的协作分工、课后的交流评价，使得教与学都能通过情境设计完成良好的互动。

最后，相关教师应该学会一些常用的情境设计的方法，根据自己不同的教学内容，设计角色模拟、问题式或真实场景的情境，同时完成各种情境的教学记录模板的设计。

其中，教与学的理念的转变是最重要的。只有理念转变了，技术上的操作才不会脱离教学目标。

【扩展阅读】

认知发展理论创始人：让·皮亚杰

让·皮亚杰（Jean Piaget，1896~1980），瑞士人，是近代最有名的儿童心理学家。皮亚杰早年接受生物学的训练，大学时期学习哲学。但他在大学读书时就已经开始对心理学有兴趣，曾涉猎心理学早期发展的各个学派，如病理心理学、弗洛伊德和荣格的精神分析学说，后来，他的

让·皮亚杰（**Jean Piaget**）
图片来源：百度百科。

认知发展理论成为了心理学科的典范。①

1907 年，皮亚杰在公园发现一只患有白化症的小麻雀，经过仔细观察，小小年纪的皮亚杰随即写了一篇关于白化症麻雀的文章，并寄给纳沙特尔自然科学史杂志《冷杉树》刊登出来。文中皮亚杰细致的观察与详细的分析，不仅令人惊叹，也让他如愿以偿得到了一份他向往已久的好工作——纳沙特尔自然博物馆的馆长因此邀请皮亚杰一同搜集标本，并聘请他共同参与研究软体动物。随后，皮亚杰发表了一系列与软体动物有关的论文，并对正统门德尔的进化论提出质疑。这些富有挑战性的文字，在欧洲动物学界引起了很大的反响。令人意外的是，人们想不到这样一位知名的生物学家，居然只是一个十几岁的中学生！

1915 年，皮亚杰获得纳沙特尔大学生物学学士学位。之后三年，他还攻读了哲学、科学的课程。1918 年，年仅 22 岁的皮亚杰，即以一篇关于研究软体动物的论文，获得了纳沙特尔大学自然科学博士学位。这段时间，皮亚杰思想上的主要发展，在于哲学观念的逐渐成形。因为从小他的教父向他推荐了柏格森的《创造的进化论》和一系列的哲学书籍，加上他在大学中聆听了雷蒙德的演讲，以及正值第一次世界大战期间，皮亚杰的内心于是经历了前所未有的激烈冲突与变化。

获得博士学位之后，皮亚杰来到苏黎世一个心理实验室内做事，这里的工作使他获得了与实验心理学相关的丰富知识。在此，他接触了心理分析与临床精神医学，并聆听了精神分析学家荣格的课，研读了弗洛伊德的理论。当时皮亚杰以精神分析理论，写了一篇关于"儿童的梦"的文章，据说当时就连弗洛伊德本人都对这篇文章相当地关注。

1919 年，皮亚杰到巴黎求学，这段时间促使皮亚杰真正进入了心理学的领域。他在巴黎大学研修心理病理学及科学哲学，并且在 1921 年担任西蒙的助手，在比奈实验室内工作，并负责将英国心理学家伯特的"推理测验"标准化。因为比奈实验室位于一所小学之内，皮亚杰在这段时间，每天下午都亲自与 7~12 岁的儿童谈话。在交谈过程中，皮亚杰十分尊重儿童，因为他是真的想要了解儿童本来的面目，他认为：研究儿童的逻辑，是了解人类心智发展的基础。在巴黎期间，皮亚杰将他的这些观念写成了论文，寄给鲁索学院院长，因此皮亚杰被聘为鲁索学院的研究部主任，于 1921 年回国就任。鲁索学院是一个研究儿童、训练教师的中心，是世界上最杰出的法语教育研究组织，皮亚杰年仅 25 岁即担任研究部主任，在心理学界是一件非同小可的事。之后皮亚杰在自传中写道：当时他

---

① 百度百科：让·皮亚杰［EB/OL］.［2014-06-21］. http://baike.baidu.com/view/447847.htm?from_id=343170&type=search&fromtitle=%E7%9A%AE%E4%BA%9A%E6%9D%B0.

仅打算以 5 年左右的时间来研究儿童的思维，谁知道一头钻进去后，研究的工作便持续了约半个世纪之久！

在鲁索学院任职期间，皮亚杰和瓦朗蒂纳·夏特内结婚，共育有二女一子。皮亚杰夫妇俩婚后也一直是工作上的好伙伴，他们对自己的孩子在发展学习上的行为进行仔细的观察与详细的记录。之后皮亚杰便将研究结果发表于世，出版了《儿童智力的起源》、《儿童对现实的建构》和《儿童象征性的形成》三本书。皮亚杰的三个孩子：杰奎琳、露西安娜、罗伦，也就因此成为儿童发展心理学文献上不朽的婴儿案例。

20 世纪 30 年代是皮亚杰忙碌的 10 年，他将鲁索学院由私立的学校升为日内瓦大学的附属组织。皮亚杰还被聘为联合国教科文组织教育局长，这样的条件，使得皮亚杰之后便于将他自己的儿童心理学理论推及整个欧洲，进行一系列的教育改革。20 世纪 40 年代，皮亚杰担任日内瓦大学实验心理学教授及心理实验室主任，并当选为瑞士心理学会主席，创办《瑞士心理学》杂志。皮亚杰并与他著名的学生英海尔德共同发表了关于儿童的数字、空间、因果、几何、逻辑、时间的著作。此时，皮亚杰对于发生认知论的理论观念更为成熟及稳固，并总结了他个人 30 多年来的研究，出版了《发生认知论导论》。

1954 年，皮亚杰当选为国际心理学会主席，并创立"国际科学心理学联合会"，担任主席。1955 年，皮亚杰在日内瓦创立了"国际发生认知论中心"，学术界常常将它们称之为"日内瓦学派"，其宗旨在于传播及发展发生认知论。此中心联合了多种不同的学科，包括心理、哲学、生物、物理、逻辑学等，集合各领域的专家学者，经由不同的角度，进行交叉性的讨论，一同来探讨思维的发生和发展问题。

皮亚杰于 1967 年所发表的《生物学与认知》，可以说是总结了他一生从事研究工作的心血。皮亚杰于 1972 年撰写了《教育的权利》一文，主张教育学的根本任务，是在于让儿童得到全面性的发展，使每个儿童都能有完善的人格。

皮亚杰晚年退休后，回到瑞士的山上静养。但是皮亚杰并没有因为退休而放弃研究工作，他终其一生都致力于发展"发生认知论"——将哲学基础的认知论建立在科学之上。因其学识渊博和贡献卓越，他于 1968 年获得美国心理学会的心理学卓越贡献奖，1977 年又获该会桑代克奖以表彰他对教育心理学的贡献，1972 年于荷兰获得荣誉地位相当于诺贝尔奖的"伊拉斯姆士"奖金。

皮亚杰对自己的评价：

"不管这是我的信念，或是我的错觉——只有将来才能明白哪些是真理、哪些纯属于我的刚愎自用——我坚信我已经勾勒出一个相当清楚的一般性轮廓，不过当中仍然有很多漏洞，如果能将漏洞补起来，可能会导致理论衔接上有各种形式的分化，不过那都无损于体系中的主要思路。"

"在某个新理论产生时，常给人的最初印象是'旧的与新的互相矛盾，而旧的终将被淘汰'，不过进一步研究显示，该保留的旧理论远比预期的多。我私下的雄心是：与我相抵触的假设，最终会被证实并不是矛盾，而是正常分化过程的结果而已。"

【实践操作】

政务流程重组案例教学情境设计

请根据以下内容，完成一个"结合案例分析如何进行政务流程重组？"情境设计。

某公司要在一个城市的高新区创办一家合资企业，按传统的政务流程：

1. 咨询阶段：企业要找到主管的委办局，了解办事的要求、流程等的全过程，往往要来回多次才能搞清楚。

2. 注册阶段：

（1）提交合作意向书——外经委审批，获得意向批准书；

（2）名称预审登记——工商局，获得名称登记通知书；

（3）立项审批——计委，获得可行性批复；

（4）可行性审批——计委，获得可行性批复；

（5）合同、章程报批——外经委，获得合同章程批复；

（6）办理代码单——技术监督局，领取代码通知单；

（7）办理设立批准证书——外经委，领取批准证书；

（8）开设临时账号、入资、验资——银行、会计师事务所，获得验资报告；

（9）办理营业执照——工商局，获得营业执照。

3. 登记阶段：

（1）备案、刻章——公安局；

（2）银行开户——银行、工商局；

（3）组织机构代码证书——市技术监督局；

（4）地税登记——地税局；

（5）国税登记——国税局；

（6）统计登记——统计局；

（7）财政登记——财政局；

（8）海关登记——海关；

（9）外汇登记——外汇管理局；

（10）其他，如劳动人事、社会保障、街道等。

整个注册登记过程共 19 个步骤，涉及大约 14 个委办局，提交至少 18 份文件、表格等。假设一切顺利，没有反复，平均每个步骤耗费时间 5 天，也要 95 天，即 3 个多月时间。从每个阶段的咨询领表、提交材料到领取证件，每个环节至少要跑 3 趟，总共来回要跑 57 趟。

电子政务实施后，提倡"一家承办，转告相关，互联审批，限时完成"的工作流程，经过集成整合，精简优化后的注册登记流程由以下四个步骤完成：（假设各委办局的数量和主要审批职能基本不变）

1. 网上咨询与核名：企业从政府网站上查询了解所有相关的法律法规、手续、条件，从网上向工商局提交名称预审登记，以交互式获得名称，预留一定天数。

2. "一网式"审批：合作双方从政府网站上填报所有企业设立所需表格和材料，政府网站自动将申报材料按各取所需的原则分发至各相关委办局，如计委、科委系统、工商系统，在网上联合审批，并将审批结果反馈给申报者，实现交互作业。

3. "一站式"领证：企业在获得网上审批通过后，必须携带所有原始盖章、签字的材料到政府的一站式办公大厅，经有关委办局对照网上材料和书面材料无误后，办理领取各类证照如企业批准证书、营业执照等手续。

4. "一表式"登记：企业再回去上网填写各类需要的表格并提交，同样的数据表格仅仅需要提交一次，由网络自动分发给相关的财政、统计、税务、海关、外管等单位，实现数据信息共享。

从上述网上申报过程可以看到，在同样规定条件下，企业总共需要 15~20 个工作日即可办理完全部手续，可提高效率 5 倍。到一站式办公大厅来回 2~3 趟，减少来回次数 50 多趟，极大地方便了企业。此外，电子政务网上审批还实现了对用户的开放交互式、7×24 全天在线服务。

设计提示

1. 在教学方式上，要求体现"以学生为中心"的特点，对学生进行分组，分别扮演不同角色，针对不同角色分别设计不同的内容。需要设计一些如表 1–1、表 1–2 或者附录 1、附录 2 样式的表格。

2. 在教学内容上，为了避免情境教学的形式化，要求教学内容必须有深度，因此，本案例进行情境设计时，在内容上应该注意以下几点：

（1）政府业务流程的设计必须以服务对象为中心。

政府的服务对象包括公民个人、企事业单位、社会团体以及政府公务员等在内的所有接受政府管理、享用政府服务的个人与组织，在设计政府业务流程时必须彻底改变传统的以自身需要为出发点的设计思路。

（2）政府组织的设计必须以流程为中心。

传统的政府组织结构是以职能为中心进行设计的，不同的部门具有不同的职能，"井水不犯河水"，从而把流程人为地割裂开来，使流程"消失"在具有不同职能的部门和人员之中。业务流程重组就是要使传统的面向职能管理的组织设计转变成面向业务流程管理的设计，使牵涉到业务流程运作的相关职能部门组合起来，铲除不必要的职能部门，为业务流程的高效运作扫清道路。

（3）要用系统的观点注重整体流程最优化。

业务流程重组必须从系统的角度出发，以整体流程最优化（而不是局部最优）为目标，设计和优化流程中的各项活动，尽可能减少无效的活动，使重组后的流程能发挥最大的作用。

（4）充分发挥个人和团队相结合的作用。

业务流程重组要求在每个业务流程处理过程中最大限度地发挥每个人的工作潜能与责任心，让那些需要得到流程产出结果的人自己去执行流程，充分发挥每个政府工作人员的主观能动性和创造性，减少审批、等待时间，消除不必要的环节。

【参考资料】

案例 下城区教育局廉政教育情境案例设计

单位名称：杭州求知小学党支部   20××年××月××日

岗位名称	管理岗位	所针对的风险点	招聘新教师送礼

情境：

　　傍晚回到家里，女儿告诉我：今天家里来人了，说是要在你们学校应聘新教师，让你帮帮忙。我自言自语：我能帮什么忙？现在都是公开招聘的。

　　过了几天，那个人又来了，正好我在家里，又和我说起他外孙女应聘新教师的事情。我告诉他：第一，你的外孙女是否符合应聘条件，是否有相应的学历，以及是否有教师资格证或者教育学、心理学考试合格证。他说不清楚，我就说，这是必要的资格。第二，招聘新教师是要按程序办的，要过笔试关、面试关、口试关，那就要看孩子自己的造化了。说实话，这几道程序我都不参加的，我没有能力帮忙，也帮不了这个忙。

　　过了几天，我看到他外孙女拿来了相关的证件，我看是符合应聘条件的。

　　过了几天，他又来了，这次我正好在学校加班，不在家里。他拿来了估计是1000元的联华超市卡吧。我就打电话给他，我说：我说得很清楚了，招聘新教师是按程序办的，要看孩子自己的水平发挥了，我帮不上忙，所谓无功不受禄也是这道理。退一步讲，就是你的孩子进了我们学校，我也不能拿你的东西。因为我拿了你的东西，我的心里会很不踏实，只要一看到你的外孙女，心里就有欠了一笔人情债的感觉，而这感觉要跟我一辈子，我会耿耿于怀，你把卡拿回去。结果，他也没有来拿，我也没时间去找，一直在家放着。

　　招聘结束了，他的外孙女发挥出色，被学校录取了。我在她来学校的时候，把那张超市卡还给了她，并告诉她：你被学校录取，全凭你的能力，我一点忙也没有帮，而且也帮不上忙。谢谢你们的好意。假如今天我拿了你们的超市卡，我心里会一辈子记着，看到你更不舒服，你拿回去吧。小姑娘无奈地把卡拿回去了。

　　过了几天，他又打电话来，说他们请我吃饭。我说：这顿饭我不能吃，第一，你外孙女能进学校当老师，是她自己能干，我没有帮忙，我不能吃。第二，今后孩子在我们学校工作，只要她努力，我们都会照顾她的。

问题： 请分析案例中各个人物可能的行为模式？

　　家里人代为收礼；教师本人收礼；接受邀请去吃饭。

点评：

　　1. 作为要应聘的孩子家长，给学校领导送礼、送超市卡、请吃饭，这情有可原，也是一种急切想让孩子找到工作的一种方法。

　　2. 一张卡确实不扎眼，也正因为如此，各种各样的卡在当前贿赂犯罪中充当着一个重要的媒介，"卡"的危害不能低估。作为党员干部要以身作则，洁身自好，拒"卡"于身之外。孔子说过："其身正，不令则行。其身不正，虽令不从。"廉洁从教是对教师的人品要求，学做莲者，"出淤泥而不染"。作为学校的领导，首先要告诉对方：招聘新教师完全是根据新教师自己能力所定；其次，作为党员干部，在招聘过程中，不要承诺什么；最后，就是这个孩子被招聘进来，也不能白吃白拿。

续表

岗位名称	管理岗位	所针对的风险点	招聘新教师送礼

依据：

①《中国共产党纪律处分条例》

第七十四条 在国内公务活动或者对外交往中接受礼品，按照规定应当交公而不交公的，依照本条例第八十三条规定处理。

第八十三条 党和国家工作人员或者受委托管理、经营国有财产的人员，利用职务上的便利，侵吞、窃取、骗取或者以其他手段非法占有公共财物，情节较轻的，给予警告或者严重警告处分；情节较重的，给予撤销党内职务或者留党察看处分；情节严重的，给予开除党籍处分。

②《中国共产党党员领导干部廉洁从政若干准则》

第一条　禁止利用职权和职务上的影响谋取不正当利益。

第一条第二项称："接受可能影响公正执行公务的礼品、宴请以及旅游、健身、娱乐等活动安排，是指接受管理和服务对象及其亲属的礼物馈赠和宴请。

第一条第三项所称："在公务活动中接受礼金和各种有价证券、支付凭证"，包括接受公款以各种名义赠送的礼金和各种有价证券，以及接受个人赠送的可能影响公正执行公务的礼金和各种有价证券。

③《中小学教师职业道德规范》

第五条：为人师表。坚守高尚情操，知荣明耻，严于律己，以身作则。衣着得体，语言规范，举止文明。关心集体，团结协作，尊重同事，尊重家长。作风正派，廉洁奉公。自觉抵制有偿家教，不利用职务之便谋取私利。

案例来源：求知教育集团.下城区教育局廉政情景案例设计［EB/OL］.［2009-11-23］.http://www.qzxx.cn/newinfo.asp?id=491.

附录1　情境设计之教案设计说明示例

教案设计说明表

小组成员的分工 明细	赵××（确定主题） 王×× 钱××（收集资料） 孙×× 李××（分析整理） 周×× 吴××（检查修改）				
教案设计中创设的教学情境类型	游戏情境	活动情境	协作情境	问题情境	任务情境
情境所在的教学环节	导入环节	教学过程环节	教学过程环节	拓展环节（学生和老师互动）	课后理解环节
创设情境的目的	引入话题	了解话题	演绎话题	加深理解话题	巩固练习
创设情境的方法	老师请学生参与活动	学生自主观察	学生协作	老师提问题，学生回答	老师分配任务，学生自主完成

附录 2　情境设计之教案评议表设计示例

教案评议表

项目	评分标准			评分	
	优	良	中	自评	互评
小组分工	分工明确、合理，充分发挥了每个人的优势能力	分工较合理，每人都能参与相关工作	没有分工，只是某一两位同学完成的，其余同学不了解任务		
情境类型设计	设计非常合理，所在环节很恰当	设计较合适，所在环节尚可	有点牵强，所在环节不当		
创设情境的目的分析	创设的情境目的明确，有效地解决了重难点	创设的情境基本合适	创设的目的欠考虑		
创设情境的方法分析	非常适用、有效，可行性强	基本适用，可以实现	难以实现		
教学内容的选择	非常适宜情境教学法	可以用情境教学法	选题不很恰当		

第二章　信息检索

【基本要求】

在信息爆炸的今天，如何熟练、准确地获取有用的信息是至关重要的，也是一个大学生必须具备的基本技能。通过对本章理论基础的学习，了解搜索引擎的基本规则、基本检索预算、RSS 信息订阅的基本原理等理论知识。并且通过实践练习，掌握各种搜索引擎的常用规则、技巧以及常用数据库的使用，学会使用RSS 订阅的基本操作，逐步提高自己的信息检索能力。

【问题导读】

请读者带着以下问题进行本章的学习：

● 你知道常用的搜索引擎的搜索规则有哪些吗？
● 你知道搜索引擎有哪几种高级搜索方法和技巧？
● 你知道什么是 RSS 信息订阅吗？如何进行 RSS 信息订阅？
● 如何利用 Google 学术跟踪到最新的学术动态？

【理论基础】

第一节　信息搜索

随着社会信息化进程的加快，信息资源已成为人类经济活动、社会活动的重要战略资源。但是信息的效用并不能直接显示出来，需要通过对信息进行收集、存储、组织、分析、提供等程序，信息才能实现其价值。这当中的重中之重就是如何有效地搜集相关的信息，这就需要拥有高效的信息获取手段。

面对海量的信息，如何才能获取到准确信息？一般来说，首先是利用搜索引擎，其次是利用相关的数据库。对于学生来讲，有效的信息搜索可以大大提高学习与研究效率。对于信息的获取，渠道多种多样，一般来说主要有以下一些方式：

①图书、工具书；

②论文（期刊论文、会议论文、学位论文）；

③大众传媒（广播、电视、报纸）；

④互联网（门户网站、专业网站、搜索引擎）；

⑤专业信息服务机构；

⑥各种综合、专业数据库。

本章主要讲解如何通过搜索引擎以及常用数据库来获取准确的信息。

一、 搜索规则及其常用技巧

国内用户常用的搜索引擎有两个：谷歌和百度。其他搜索引擎虽然发展迅猛，但还不是主流，而且其主要功能基本一样，本书主要以这两个搜索引擎为例来介绍。

谷歌搜索引擎（http：//www.Google.com），简称 Google 或谷歌。Google 创建于 1998 年 9 月，创始人为拉里·佩奇（Larry Page）和谢尔盖·布林（Sergey Brin），是当今一个优秀的搜索引擎，其功能强大，在业界评测中获得多项大奖，各大引擎竞相模仿其功能和特色。Google 非中国本土公司，但它支持中文搜索，其中文搜索引擎是收集亚洲网站最多的搜索引擎之一，国内使用其独立搜索引擎的人数和公司都在急剧增长。目前，全世界访问量最大的 4 个网站中，3 个采用了 Google 的搜索技术，80%的互联网搜索是通过 Google 或使用 Google 技术的网站完成的。目前 Google 每个月接待来自世界各地的超过 2800 万独立访问者，全球网民通过 Google 可以使用 86 种语言，搜索 30 多亿个网页及其网页快照，以及 4 亿多张图片，每个月 Google 被用户使用的时间为 1500 万小时左右。

百度搜索引擎（http：//www.Baidu.com），简称 Baidu 或百度。2000 年 1 月由李彦宏、徐勇两人创立于北京中关村，致力于向人们提供"简单、可依赖"的信息获取方式。"百度"二字源于中国宋朝词人辛弃疾的《青玉案》诗句："众里寻他千百度"，象征着百度对中文信息检索技术的执著追求。百度拥有全球最大的中文网页库，目前收录中文网页已超过 12 亿，这些网页的数量正以每天千万级的速度在增长；同时，百度在中国各地分布的服务器，能直接从最近的服务器上把所搜索的信息返回给当地用户，使用户享受最快的搜索传输速度。百度每天处理来自 138 个国家超过数亿次的搜索请求，每天有超过 7 万用户将百度设为首页，用户通过百度搜索引擎可以搜到世界上最新最全的中文信息。[①]

虽然两家公司在搜索引擎领域各有所长，但其基本技巧和语法基本是一致的，下面我们就来学习搜索引擎常用的语法和技巧，以提高自己的搜商。

1. 基本检索规则

由于关键词属于自然语言，灵活，不受词表控制，使得关键词检索成为最基本的检索方式。但简单的关键词检索方法，命中的信息过多，信息准确率很低。因此，一般搜索引擎都为提高关键词检索性能，提供了按相关度排列结果、布尔逻辑检索、短语或者句子检索、加权检索和限制检索等增强措施，这是搜索引擎常用的基本检索功能。

常见搜索引擎的基本检索规则包括以下几种：

● and 规则

在搜索引擎的检索规则中，最基本的一条是默认 and 规则，即当你输入多个检索词之后，搜索引擎会默认为要检索包含所有检索词的网页，它们之间为 and 连接。

● 排除常用词规则

在搜索引擎的检索规则中，有些常用词如"的"、"了""the"或者"of"等这些词是不被当作检索词的，而被忽略掉。

● 不区分大小写规则

搜索引擎对于检索词中的大小写是完全不做区分的，这个规则的设置是为了改善检索结果，因为利用这样一个规则，就可以检索到包含该词的所有网页，避免了因为大小写不规范而造成的在查全率上的损失。

● 排除标点符号规则

搜索引擎并不认为标点符号具有与文字一样的重要地位，因此搜索引擎会忽略检索之间绝大多数的标点符号。但是对于单引号和连字符而言，它们是不被省略的。

● 检索词的词序和邻近规则

在搜索引擎中，检索词的排序方式对于整个检索式具有重要的影响，它将首先匹配按照检索式给出的次序进行搜索。同时它也将优先匹配检索词相互邻接的网页。

● 通配符星号(*)

在检索时，如果只知道某字句的一部分，可以通过通配符来进行检索。在搜

---

① 百度百科百度搜索 [EB/OL]．[2014-07-18].http：//baike.baidu.com/subview/31347/6765026.htm.

索引擎中，使用星号作为通配符运算符，表示匹配用它代表的任何词。

● 精确检索双引号（"　"）

双引号界定多个检索词，可以查到各个单词按相同顺序在一起出现的网页。也就是说使用引号（"　"）可搜索整个短语或句子，因为 Google 对中文句子作智能化处理，会自动把句子分割成词语作为关键词。引号可保证搜索时不会对引号内的内容进行拆分。

2. 基本检索运算

一般来说，当搜索的关键词不止一个，或者需要多个关键词来定位信息的时候，就需要运用到基本的布尔运算。检索依靠单个关键词查准率很低，要提高查全检准率，需要对主题进行详细的分析，选择多个关键词构造检索式。要分清"主要概念"和"次要概念"，去掉"被隐含了的概念"，确定需要排除的某些概念和不宜选用的"泛指概念"，以便在制定检索策略时有所侧重，保证检索提问的确切表达。选择正确的关键词后，就要运用 Google 检索语法规则构建检索式，常见的基本搜索运算规则有：+，−，OR。

（1）"+"表示逻辑"与"。在搜索引擎中，运算符"+"表示在搜索的时候要包含运算符后面的词。一般情况下，无须用明文的"+"来表示逻辑"与"的操作，只要空格就可以了。比如：搜索所有包含关键词"中南大学"和"2014 研究生分数线"的中文网页，搜索式为："2014 研究生分数线 中南大学"，如图 2−1 所示。（注意：文章中搜索语法外面的引号仅起引用作用，不能带入搜索栏内。）

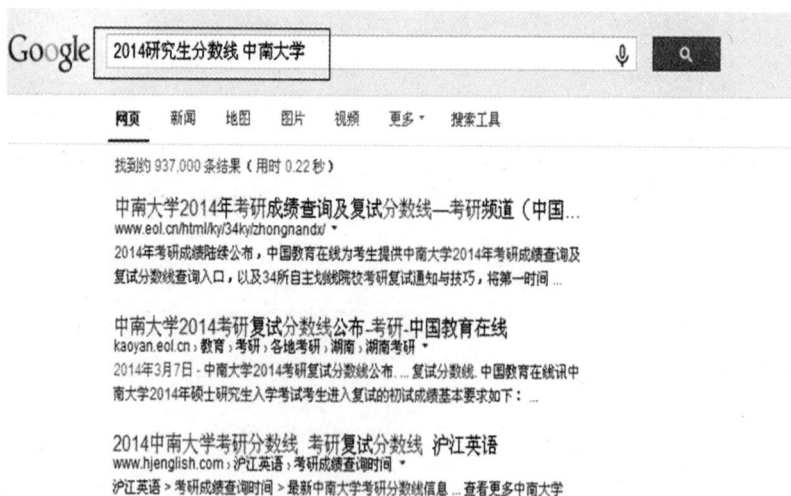

图 2−1　搜索引擎的逻辑"与"的操作

（2）"−"表示逻辑"非"。搜索引擎用减号"−"表示逻辑"非"的操作，表明搜索结果中不要包含"−"运算符之后的关键词。比如搜索所有包含"spss"而不含"百科"的中文网页，搜索式："spss −百科"，见图 2–2。（注意：这里的"+"和"−"号，是英文字符，而不是中文字符的"+"和"−"。此外，操作符与作用的关键字之间，不能有空格。比如"spss−百科"，搜索引擎将视为逻辑"与"操作，中间的"−"被忽略。）

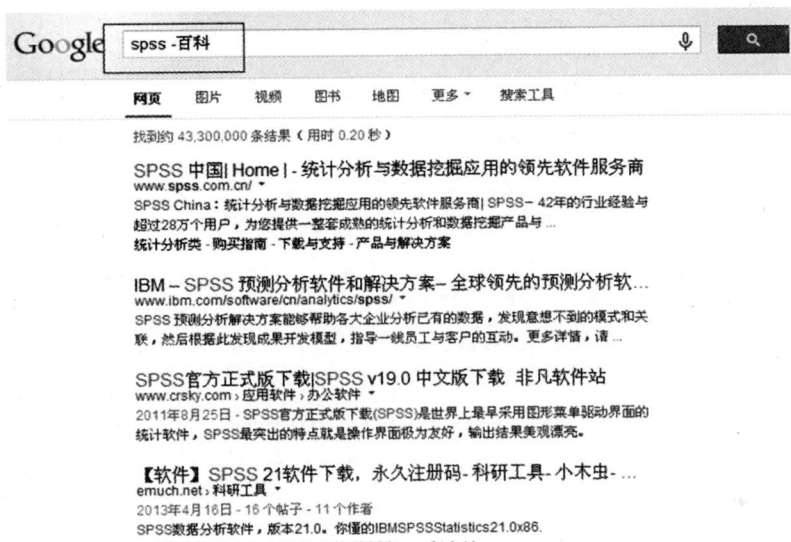

图 2–2　搜索引擎的逻辑"非"的操作

（3）"OR"表示逻辑"或"。搜索引擎用大写的"OR"表示逻辑"或"操作。OR 运算符告诉搜索引擎查找包含其中任何一个词的网页。比如搜索包含"葛优"或者"冯小刚"的页面或者两者均有的中文网页。搜索式："葛优 OR 冯小刚"，结果见图 2–3。检索结果中会出现仅有葛优的检索页面，也会出现仅有冯小刚的检索页面，还会出现二者都有的页面。（注意：在检索式中运算符 OR 必须以大写的形式出现，小写的"or"，在查询的时候将被忽略，会使得上述的检索式变成了一次"与"查询。）

3. 高级搜索方法

在一般情况下，搜索引擎会将整个网页进行收录和索引。我们可以使用一些特殊的语法结构，帮助用户缩小检索范围，更快捷地找到所需要的内容。这些常用的高级搜索方法包括：Intitle 语法、Inurl 语法、Site 语法、Link 语法、Filetype 语法。

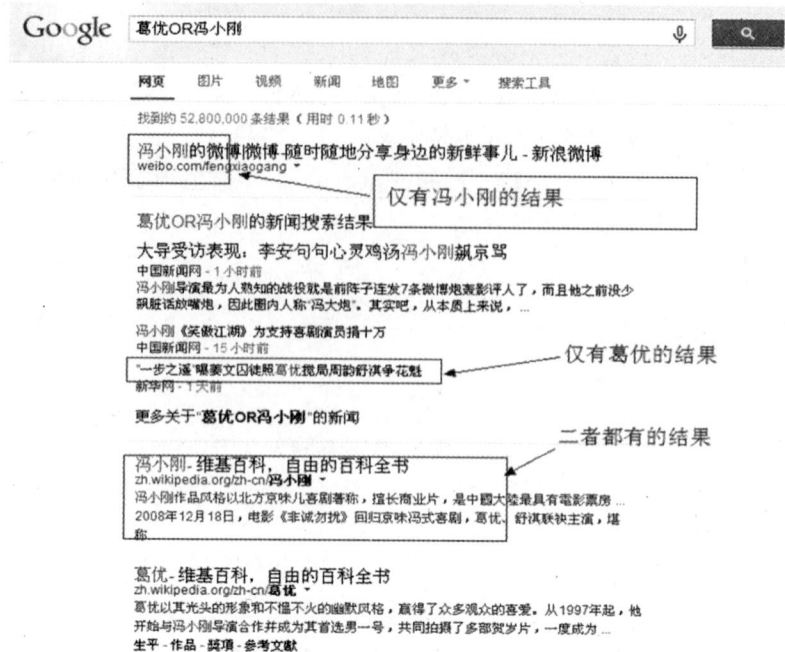

图 2-3　搜索引擎的逻辑"或"的操作

（1）Intitle 语法。Intitle 语法是指将搜索范围限制在网页的标题内。即检索词仅匹配在网页标题中，网页标题，就是 HTML 标记语言 title 中之间的部分。网页设计的一个原则就是要把主页的关键内容用简洁的语言表示在网页标题中。因此，只查询标题栏，通常也可以找到高相关率的专题页面。

示例：查找马来西亚航空 MH370

搜索式："intitle：马来西亚航空 MH370"

搜索结果如图 2-4 所示，字词出现在检索结果的网页的链接内和打开网页后浏览器的标题栏内。

（2）Inurl 语法。Inurl 语法是指将搜索结果限制在 URL 或者网站页面上。使用 inurl 语法，返回的网页链接中包含第一个关键字，后面的关键字则出现在链接中或者网页文档中。有很多网站把某一类具有相同属性的资源名称显示在目录名称或者网页名称中，比如"MP3"、"GALLARY"等，于是，就可以用 Inurl 语法找到这些相关资源链接，然后用第二个关键词确定是否有某项具体资料。Inurl语法与基本搜索语法的最大区别在于，前者通常能提供非常精确的专题资料。

示例：查找光辉岁月 mp3 歌曲

搜索式："inurl：MP3 光辉岁月"（注意："inurl:"后面不能有空格。）

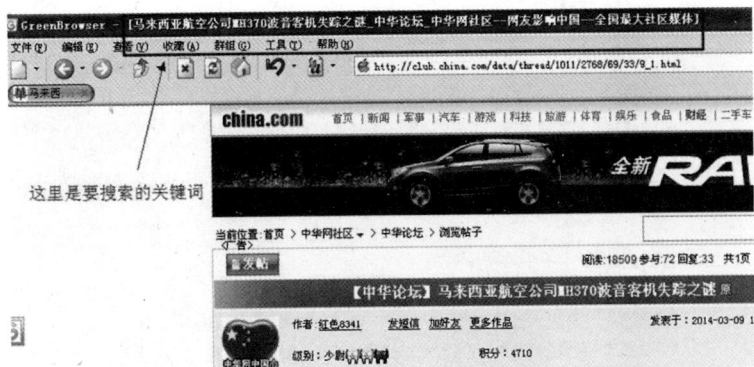

图 2-4　搜索引擎的“intitle”语法

搜索结果如图 2-5 所示。

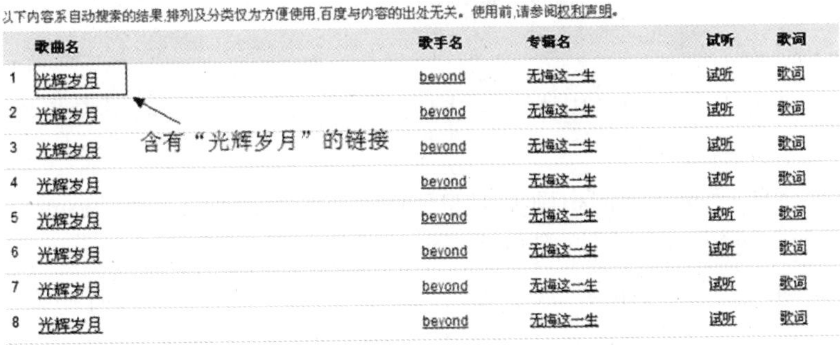

以下内容系自动搜索的结果,排列及分类仅为方便使用,百度与内容的出处无关。使用前,请参阅权利声明。

	歌曲名	歌手名	专辑名	试听	歌词
1	光辉岁月	beyond	无悔这一生	试听	歌词
2	光辉岁月	beyond	无悔这一生	试听	歌词
3	光辉岁月	beyond	无悔这一生	试听	歌词
4	光辉岁月	beyond	无悔这一生	试听	歌词
5	光辉岁月	beyond	无悔这一生	试听	歌词
6	光辉岁月	beyond	无悔这一生	试听	歌词
7	光辉岁月	beyond	无悔这一生	试听	歌词
8	光辉岁月	beyond	无悔这一生	试听	歌词

图 2-5　搜索引擎的“inurl”语法

（3）Site 语法。“Site”表示搜索结果局限于某个特定网站或者网站频道，如“csu.edu.cn”，或者是某个域名，如“cn”、“com”等。如果是要排除某网站或者域名范围内的页面，只需用“-网站/域名”。

示例：在中南大学官网（www.csu.edu.cn）上搜索所有包含“中南大学 2014 年硕士研究生招生复试”的页面

搜索式：“中南大学 2014 年硕士研究生招生复试 site：csu.edu.cn”

搜索结果如图 2-6 所示，所有搜索结果都是中南大学官网服务器中的网页，而不是其他网站转载的相关信息。

（注意：site 后的冒号为英文字符，而且冒号后不能有空格，否则，“site：”将被作为一个搜索的关键字。此外，网站域名不能有“http”以及“www”前缀，也不能有任何“/”的目录后缀；网站频道则只局限于“频道名.域名”方式，而不能是“域名/频道名”方式。诸如“中南大学 2014 年硕士研究生招生复试 site：csu.edu.cn/1/”的语法是错误的。）

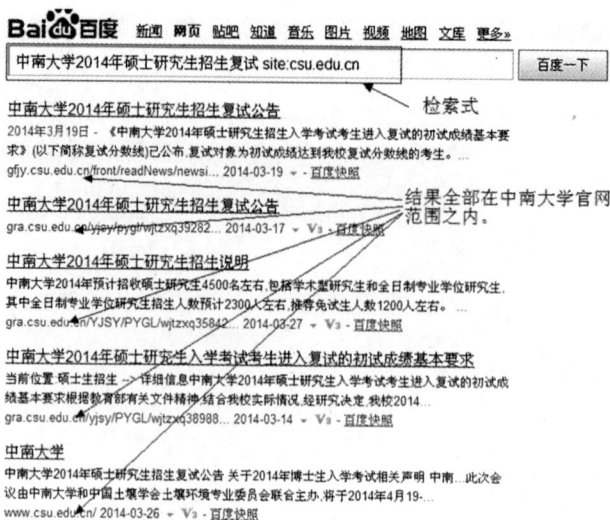

图 2-6　搜索引擎的"site"语法

（4）Link 语法。使用"link"语法，将搜索到所有链接到某个 URL 地址的
网页。

示例：搜索所有含指向中南大学的链接"www.csu.edu.cn"的网页

搜索式："link：www.csu.edu.cn"

搜索结果如图 2-7 所示，所有搜索结果打开后的网页中均含有相关的链接为
www.csu.edu.cn。

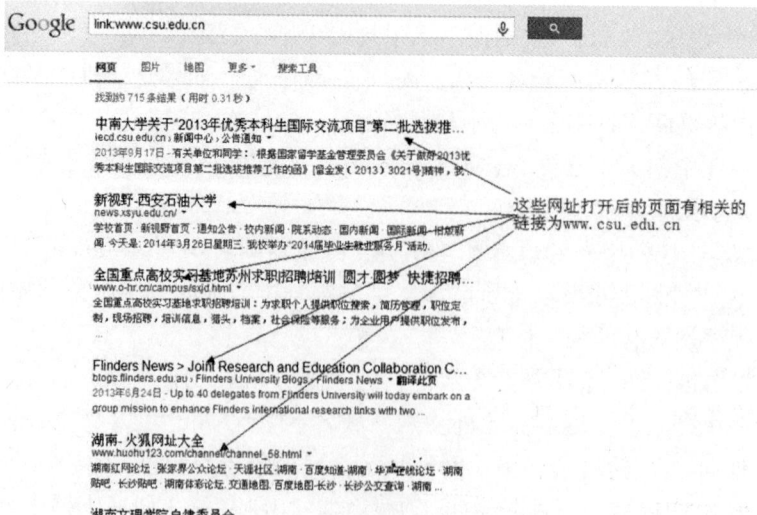

图 2-7　搜索引擎的"link"语法

（注意："link"不能与其他语法混合操作，所以"link："后面即使有空格，也将被搜索引擎忽略。）

（5）Filetype 语法。Filetype 语法是检索特定类型的文件的方法，即搜索后缀或者文件的扩展名。在我们寻找特定格式的内容时，这项语法是必不可少的，也是目前使用频率最高的语法。一般来说，能检索微软的 Office 文档如.xls、.ppt、.doc，.rtf 等，Adobe 的.pdf 文档，以及 ShockWave 的.swf 文档（Flash 动画）等。

示例：搜索所有含有关键词"中南大学考博试题"的 doc 文档

搜索式："中南大学考博试题 filetype：doc"

搜索结果如图 2-8 所示，所有搜索结果均为 doc 文档。

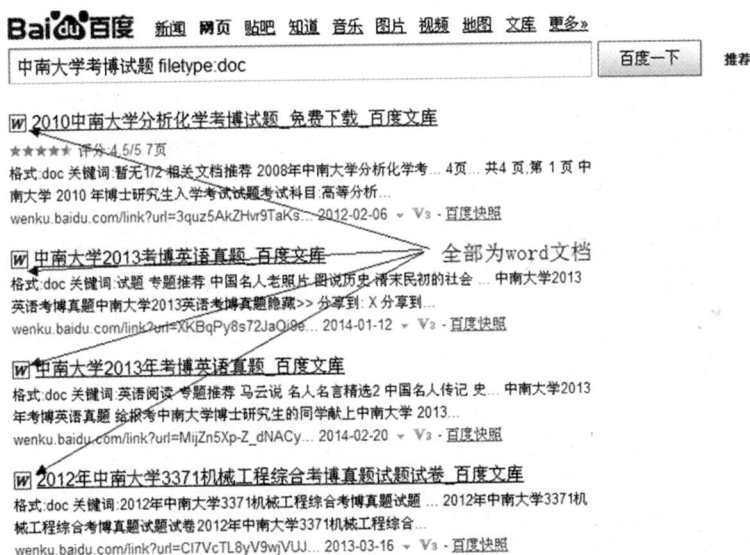

图 2-8 搜索引擎的"filetype"语法

以上是一些常见的搜索技巧，需要多加练习。此外，为了能够更准确地找到自己所需的信息，在进行信息搜索时还需要注意以下几点：

①一般来说，最重要的概念一定会出现在网页 title、url 名称和链接中。

②适当更换同义词进行搜索。

③更换各种不同的搜索引擎反复检索。

④检索中文时，可以检索相应的英文信息，以扩大检索结果。

⑤搜索范围不仅仅在搜索引擎，其他较大的信息平台也可进行相应搜索，比如微博。

总之，搜索信息需要耐心和灵活，要不断地尝试新的检索词和逻辑关系组配，需要钻研精神。

二、Google 学术搜索

Google 学术搜索（http：//scholar.google.com/）简称 Google Scholar，是用来专门搜索学术文章的搜索引擎，是 Google 公司于 2004 年 11 月 18 日推出的一项新的搜索服务，它能帮助用户查找包括期刊论文、学位论文、书籍、预印本、摘要和科技报告等在内的学术文献，其内容涵盖几乎所有知识领域的高质量学术研究资料。它以"站在巨人的肩膀上"（Stand on the shoulders of giants）为理念，重点提供医学、物理、经济、计算机等学科文献的检索，还通过知识链接功能提供了文章的引用次数及链接，人们可以利用它查找文献的被引用情况。

2006 年 1 月 11 日 Google 推出了 Google 中文学术搜索 Beta 版用于搜索网上的中文学术文献，涵盖了常用的维普资讯和万方数据，以及 CNKI 三大中文数据库。中文版的 Google 学术搜索是一个可以免费搜索学术文章的网络搜索引擎，能够帮助用户第一手地全面了解某一领域的学术文献。还可以通过强大的学术网页搜索，立刻查证某一位专家到底对该学科作过多大贡献，有多少人引用或继续他的研究结果。通过网络学术搜索引擎公开化，使科研人员的工作业绩变得更加透明，从而防止学术造假、评审不公等弊病。其查找内容包括：期刊论文、学位论文、书籍、预印本、文摘和技术报告等学术文献，内容涵盖自然科学、人文科学、社会科学等多种学科。Google 公司这样描述它的搜索功能：

①从一个位置方便地搜索各种资源。

②查找报告、摘要及引用内容。

③通过您的图书馆或在 Web 上查找完整的论文。

④了解任何科研领域的重要论文。

Google 学术搜索是一种专业性强、功能强大、覆盖范围广泛全面、使用简便、准确、快捷并且免费的搜索互联网学术论著的工具。它更多地发挥了搜索引擎的强大功能，通过知识链接功能把原本只能通过引文检索工具如 SCI 检索出来的引文信息显性化，从而为用户提供了一个非常方便的引文检索工具。它具有许多优势：不存在期刊选择过程中的主观偏见；检索范围不局限于已发表论文，还包括预印本、技术报告、学位论文和会议论文等；检索不受语种的限制，不局限于欧洲各国语种文献，还包括中文、日文等语种文献；能够识别不同的引用形式，如图书、Word 文档。Google 学术搜索极具学术性和专业性，检索功能强大，搜索速度也比查询其他跨库检索系统要快；获得原始文献非常便捷，它能清楚地指明文献全文获取的地址，同时还提供一些免费全文，帮助我们在整个学术领域中确定相关性最强的研究。

Google 学术搜索提供了可以广泛搜索学术文献的简便方法，主要包括"基本搜索"和"学术高级搜索"。

1. 基本搜索

"基本搜索"同所有的搜索引擎一样，默认的是"搜索所有网页"，检索词可以是主题词、人名、出版物名称等，只要点击搜索或回车，即可得到相关文献。检索结果按相关度排序，自然检索结果以中文网页在先，也可以事先对检索语种进行限制，选择自己期望的语种文献。

Google 学术搜索结果同时提供了被引次数链接功能，可以进行引文检索；还提供了较多的链接功能，方便扩展检索，如图 2-9 所示。

链接说明如下：

①标题：链接到文章摘要或整篇文章（如果文章可在网上找到）。

②引用者：提供引用该组文章的其他论文。

③相关文章：查找与本组文章类似的其他论文。

④图书馆链接（在线）：通过已建立联属关系的图书馆资源找到该项成果的电子版本，如果你在校园网登录后将自动显示这些链接。

⑤同组文章：查找我们可能看到的同属这组学术研究成果的其他文章，可能是初始版本，其中有预印本、摘要、会议论文或其他改写本。

⑥引用：复制并粘贴一种已设定格式的引用方法，或利用其中一个链接导入

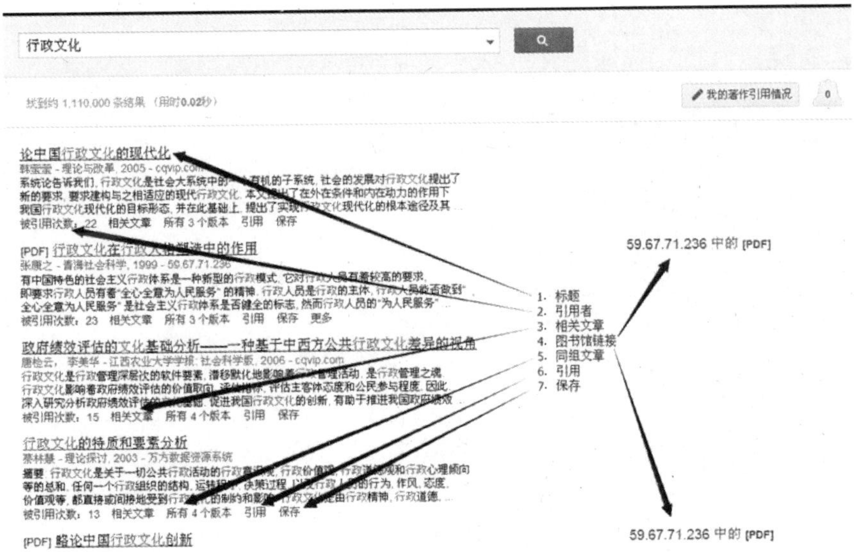

图 2-9 Google 学术搜索结果

到参考书目管理软件中。

⑦保存：将此文章保存到我的图书馆，以便以后阅读。（前提是你要有一个Google 账号）

（1）关键词检索。在谷歌学术中直接在输入框中输入关键词，可以给关键词加引号（精确检索），也可以用空格将两个关键词逻辑与组配检索，还可以用 OR 算符连接关键词进行逻辑或组配检索。上一节所讲的基本检索规则以及高级检索方法都适用于 Google 学术搜索。

例如检索"电子政务"一词，在默认的 "搜索所有网页"、"所有语言"下检索结果 148000 条，如图 2-10 所示，包括与"电子政务"有关的图书、文献、专利、引用，等等。Google 学术搜索的检索结果是以题录的形式显示的，命中的检索词以红色字体显示，一目了然。点击题录中的题名，显示文摘，点击"在线阅读"，即可得到全文。

一般来说，Google 学术搜索的检索结果排序，"坚持被引因素优先"，"文献被引越多，表明其参考价值越高，故而搜索排名越靠前"。当然这也是一个综合排名，Google 的排名技术会考虑到每篇文章的完整文本、作者、刊登文章的出版物以及文章被其他学术文献引用的频率。这样做可以帮助用户在整个学术领域中确定相关性最强的研究，找到参考价值较高的文献。但文章的引用频率受到发表时间的限制，一般 2~4 年才能进入被引高峰，而后发表的文献还需通过一段时间提高被引量来证明其学术价值。

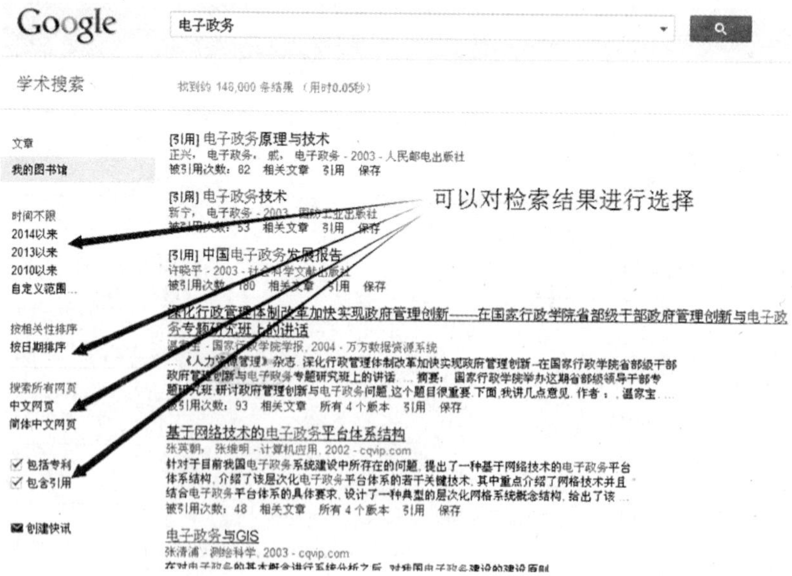

图 2-10 Google 学术搜索的结果精简

Google 学术搜索在检索结果主页面左侧设置了"自定义范围",用户可以在此限定文献的时间范围,对检索结果进行二次排序。

比如,我们对于 2013 年以来的有关"电子政务"的文献进行检索,以获取这个领域最新的发展,则可以将时间限制在 2013 年以来。同时取消专利、引用等,且网页仅仅只检索简体中文网页,则获得如图 2-11 所示搜索结果,可以发现检索结果从 148000 变为了 14300,变成了原来的 1/10,使得我们能更精准地找到所需要的文献。

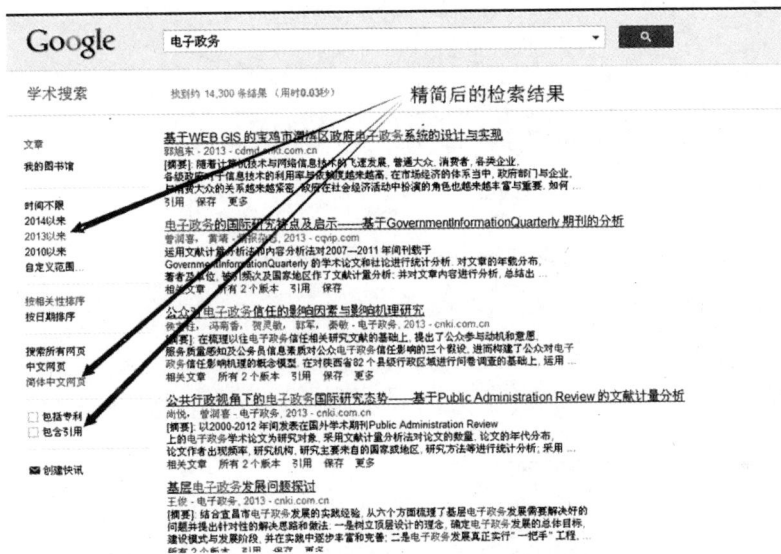

图 2-11　Google 学术搜索的精简后检索结果

(2) 作者检索。与关键词检索基本一样,只需将所检索的作者的名字输入检索框即可。

例如,搜索"汪玉凯",就可以得到国家行政学院汪玉凯老师的引用率最高的文章和书籍,如图 2-12 所示。

(3) 组合检索。可以将作者与关键词、作者与出版物名称、关键词与出版物名称等组合起来进行检索,提高查准率。例如,搜索汪玉凯老师关于大部制改革的相关文章,检索式"汪玉凯+大部制改革"即可,结果如图 2-13 所示。

2. 学术高级搜索

学术高级搜索具有较强的组配检索功能,可以根据需要选择使用:在查找文章时,可以限定检索词包含全部字词、包含确切的词语、包含至少一个字词、不包含字词以及出现搜索字词位置(文章中任何位置、位于文章标题),还可以限定作者、出版物和日期。

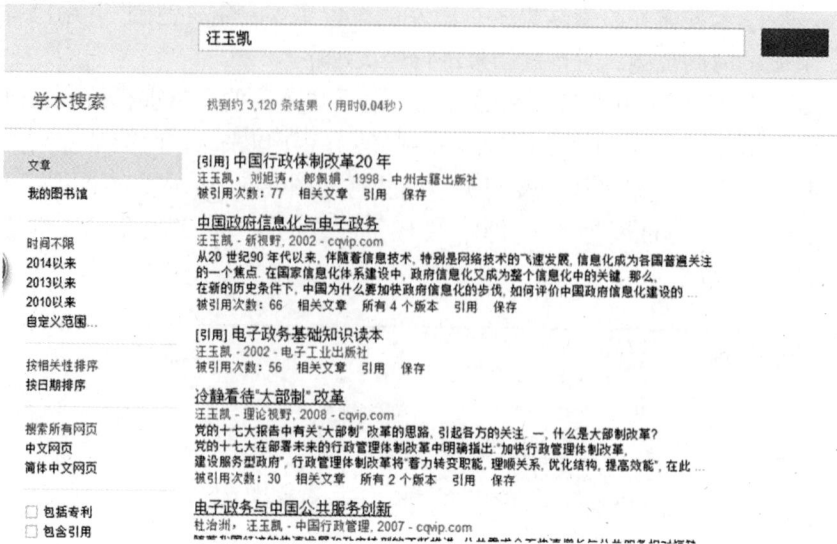

图 2-12　Google 学术搜索作者检索

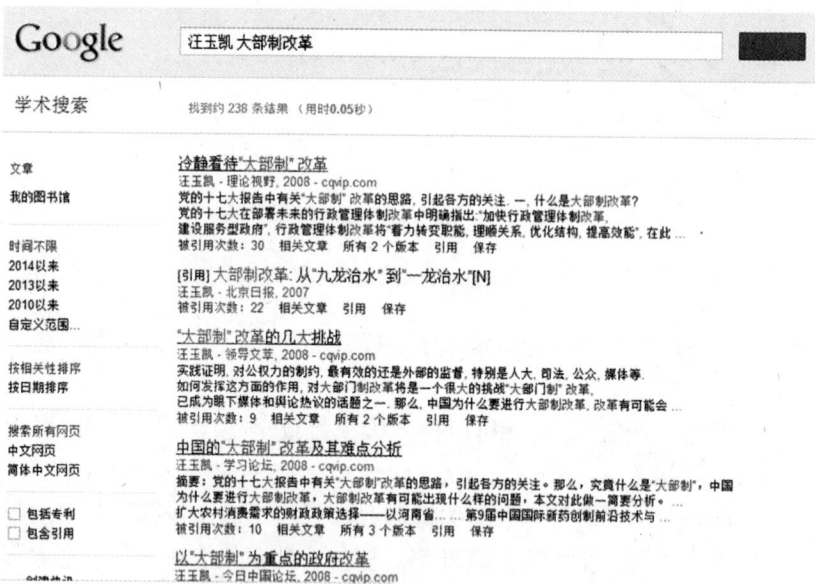

图 2-13　Google 学术搜索的组合检索

例如，如果您要在"电子工业出版社"上搜索有关"汪玉凯"的资料，可以按以下步骤操作：

（1）点击搜索引擎输入栏中的下三角。

将会出现一个学术高级搜索的下拉菜单，如图 2-14 所示。

图 2-14　Google 学术高级搜索框

（2）点击后页面如图 2-15 所示，填入相关的检索限制项，包括关键词、作者、出版社或者时间等。

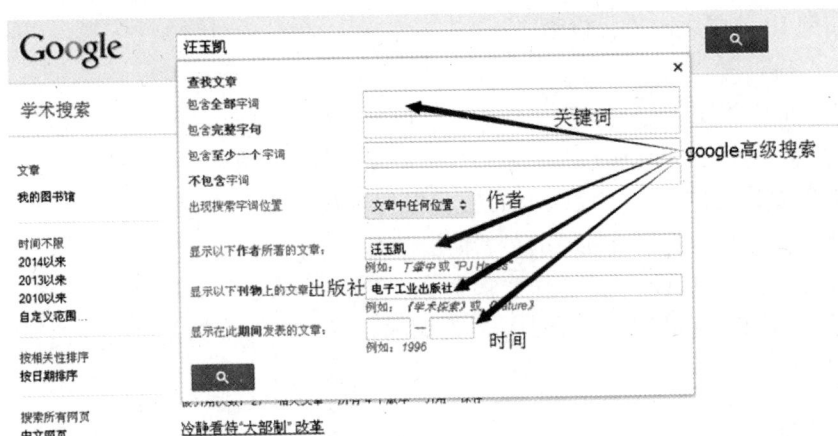

图 2-15　Google 高级搜索限制项

点击搜索后所得检索结果如图 2-16 所示，结果显示的是汪玉凯老师在电子工业出版社出版的一本教材。出版物限制搜索只返回来自特定出版物、针对特定字词的搜索结果。

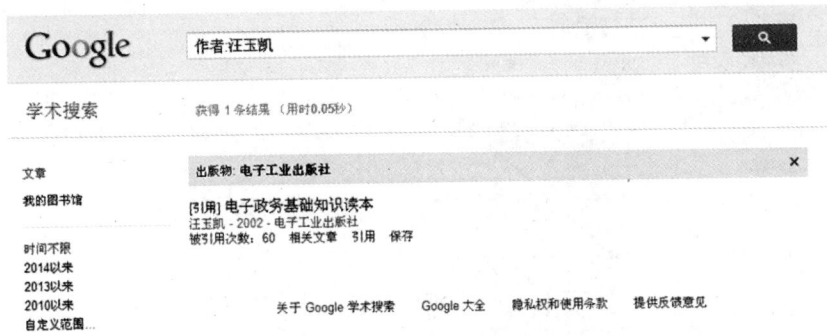

图 2-16　Google 高级检索结果示例

一般来说，Google 学术搜索更多的是作为一个资源发现工具，仅提供学术文章的来源，而不是全文获取工具。但很多时候读者也可以通过 Google 学术搜索搜索到全文，Google 学术搜索的全文包括以下三种：

（1）全文收录在付费资料库，例如 Elsevier 的电子期刊，此类全文必是图书馆付费订购，而且用户看得见。

（2）全文由作者或所属机构自行放置在网络上。

（3）全文刊登在学会或非营利机构所出版的开放存取（Open Access）期刊。

第 2 种和第 3 种都是免费的全文资料，但很多重要的全文资料都归属于第 1 种。因此，要充分发挥 Google 学术搜索的功能，最好在校园网图书馆首页进入，在校园网 IP 范围之内进行检索。

3. Google 学术快讯

Google 学术快讯主要功能是学术信息邮件订阅，是一个非常方便及有用的学术工具。Google 学术搜索的左下角有一个"创建快讯"的栏目，这个功能可以以电子邮件形式提供你所查关键词的最新相关 Google 学术搜索结果的更新，能确保你及时地了解你所关心领域的最新前沿动态。

Google 学术快讯创建的操作非常简单。首先，进入到 Google 学术搜索，输入你所关心领域的关键词。在检索结果页面的左下角有一个创建快讯的功能链接，点击即可，如图 2-17 所示。

图 2-17　Google 学术订阅

其次，在打开的创建快讯的页面（如图 2-18 所示），输入你准备接受信息的邮箱，然后点击创建快讯。这个时候，系统会给你的邮箱发出一封确认邮件，你只需要点击确认链接即可完成订阅。

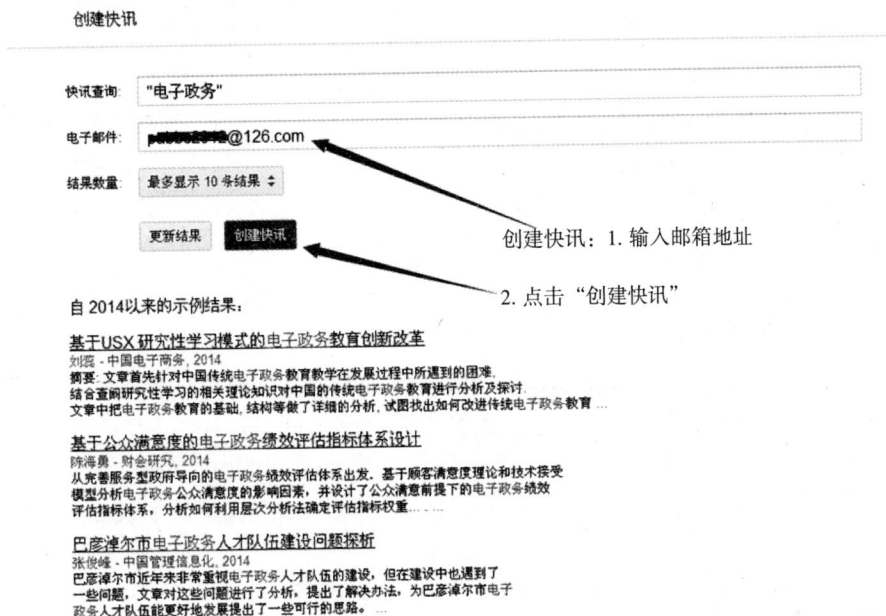

图 2-18　创建 Google 学术订阅

最后，你每天仅仅需要打开邮箱，如果你所关心的主题有了最新的文章发表，google 学术会第一时间发邮件通知你，使你与学术的最前沿同步，如图 2-19 所示。

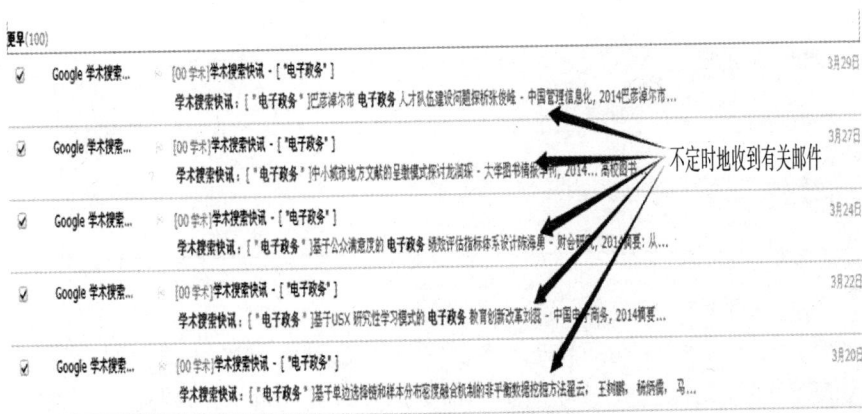

图 2-19　Google 学术订阅推送的邮件

第二节 公共管理常用数据库

本节主要介绍人文社科类常用中文全文数据库。目前最常用的中文全文数据库有：中国期刊全文数据库（清华同方）、万方系统的数字化期刊全文数据库（万方）、中文科技期刊数据库（维普）。这三个数据库是国内影响力和利用率很高的综合性中文电子期刊全文数据库，目前已经成为大多数高等院校、公共图书馆和科研机构文献信息保障系统的重要组成部分。

在正式开始使用全文数据库进行文献检索之前，先了解一些基础知识。

1. 字段检索

字段检索是限制检索词在数据库内查找范围的一种计算机检索技术。使用字段检索对检索出的文献数量和相关程度有极大影响。例如，在全文、摘要、关键词、题名字段中检索，则从左到右检索范围依次缩小，检索出的文献数量也随之减少，但检索出的文献与课题的相关性逐渐提高。常见的中英文字段如表 2-1 所示。

表 2-1　中文数据库常用检索字段

字段名称（英文）	字段代码	字段名称（中文）
Title	TI	题目
Publication year	PY	出版年
Abstracts	AB	摘要
Author	AU	作者
Corporate source	CS	机构名称
Descriptor	DE	主题词
Document type	DT	文献类型
Full-text	FT	全文
ISSN/ISBN	ISSN/ISBN	国际标准连续出版物号/书号
Journal name	JN	期刊名称
Key word	KW	关键词
Language	LA	语言

2. 检索结果选择

通常选用某一个关键字段进行检索后，会出现大量的文章，那么对于这些文献该如何选择呢？一般来说，主要依据以下原则来选择：首先，找到的文章一定是与自己感兴趣的研究相关，即相关性较高；其次，找到的文章最好是高质量的（名人、专家写的文章或者是比较好的刊物上的文章）；最后，找到的文章应该尽可能的新，因为大部分论文在发表后 10 年，基本上利用价值就非常小了。

基于以上三个原则，对于检索后的文献进行如下排序即可获得相关的文章：

（1）相关度排序，以获取高相关度的文章。

（2）被引次数排序，以获取高质量的文章，因为引用次数多的文章一定有它的价值，但这个方法要参考时间因素，因为一些被引频次较高的，不一定是高质量的，只是因为其发表的时间较早。

（3）时间排序，以获取最新的文章，便于我们了解某个领域的最新发展趋势。

此外，在全文数据库中搜索相关文章时，还需要掌握的一般常识是检索的逻辑运算和检索规则，这个与之前所讲的搜索引擎中的用法是一致的。

一、中国知网

1. 数据库简介

中国知识基础设施工程（China National Knowledge Infrastructure，CNKI）是以实现全社会知识信息资源共享为目标的国家信息化重点工程。由清华大学发起，同方知网技术产业集团承担建设，被国家科技部等五部委确定为"国家级重点新产品重中之重"项目。

CNKI 工程于 1995 年正式立项，目前已建设成为世界上全文信息量规模最大的"CNKI 数字图书馆"，深度集成整合了期刊、博硕士论文、会议论文、报纸、年鉴、工具书等各种文献资源，并以"中国知网"（www.cnki.net）为网络出版与知识服务平台，为全社会知识资源高效共享提供最丰富的知识信息资源和最有效的知识传播与数字化学习服务。CNKI 系列数据库已经被海内外 17000 多个高校、科研、医院、企业、政府、中小学等各类机构所采用，最终用户群达 2600 万人。

中国知网目前包含 35 个子库，文献总量 7000 万篇。文献类型包括：学术期刊、博士学位论文、优秀硕士学位论文、工具书、重要会议论文、年鉴、专著、报纸、专利、标准、科技成果、知识元、哈佛商业评论数据库、古籍等，如图 2-20 所示。

其中，《中国期刊网全文数据库》是由清华同方光盘股份有限公司、光盘国家工程研究中心和中国学术期刊（光盘版）电子杂志社共同研制出版的综合性全文数据库。该数据库收录自 1994 年以来公开出版发行的 6600 余种国内核心期刊和一些具有专业特色的中英文期刊全文，累计全文文献 618 万多篇，题录 1500 余万条，按学科分为理工 A（数理科学）、理工 B（化学化工能源与材料）、理工 C（工业技术）、农业、医药卫生、文史哲、经济政治与法律、教育与社会科学、电子技术与信息科学九大类，126个专题文献数据库。完整收录我国基础与应用基础研究、工程技术、高级科普、政策指导、行业指导、实用技术、职业指导类学术期刊6930种，累计文献2100多万篇。学术期刊完整率达到97.5%，文献完整率（期、篇）达到99.9%，所有期刊网络出版时间不迟于印刷版2个月，日均更新6000余篇。

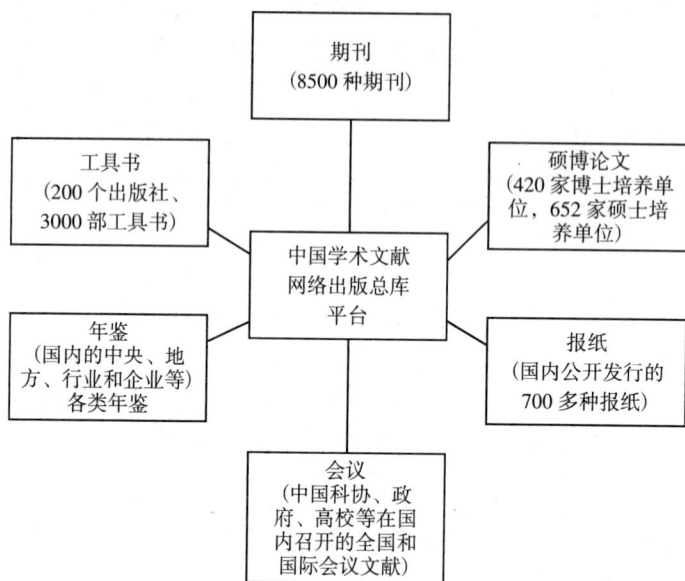

图 2-20　CNKI 包含文献类型

2. CNKI 数据库检索方法

（1）登录数据库。登录 http：//www.cnki.net，凭机构用户登录账号、密码或IP 自动登录，如图 2-21 所示。对于学校用户，可以先进入自己所在学校的图书馆首页，从电子资源列表中选择"中国知网数字图书馆"或者《中国期刊网全文数据库》等 CNKI 数据库，使用 IP 登录，进入检索首页。

（2）下载安装全文浏览器。如果是第一次使用 CNKI 的产品服务，那么需要下载并安装 CAJViewer7.0，才能看到文献的全文。CNKI 的所有文献都提供 CAJ文件格式，期刊、报纸、会议、论文等文献还同时提供 PDF 文件格式。推荐您使用 CAJ 浏览器，速度更快，针对学术文献的各种扩展功能更强。点击首页下方的"CAJViewer 浏览器"，点击下载后，运行软件包，根据提示进行相应选择和安装浏览器。

图 2–21　CNKI 登录界面

（3）检索。

①初级检索。登录 CNKI 跨库检索首页后，输入检索词即可进行初级检索。如检索"主题=电子政务"的文献，结果如图 2–22 所示（注意主题和篇名的差异，篇名指的是在文章标题中出现这个关键词，主题指的是篇名、作者、摘要、关键词中只要出现检索词就会被检索出）。在检索前，可以根据不同的数据来源，选择检索 SCI 期刊、EI 期刊、核心期刊、CSSCI 期刊或者全部期刊。在检索结果中，可以按照学科、发表年度、基金、研究层次、作者、机构进行分组浏览。

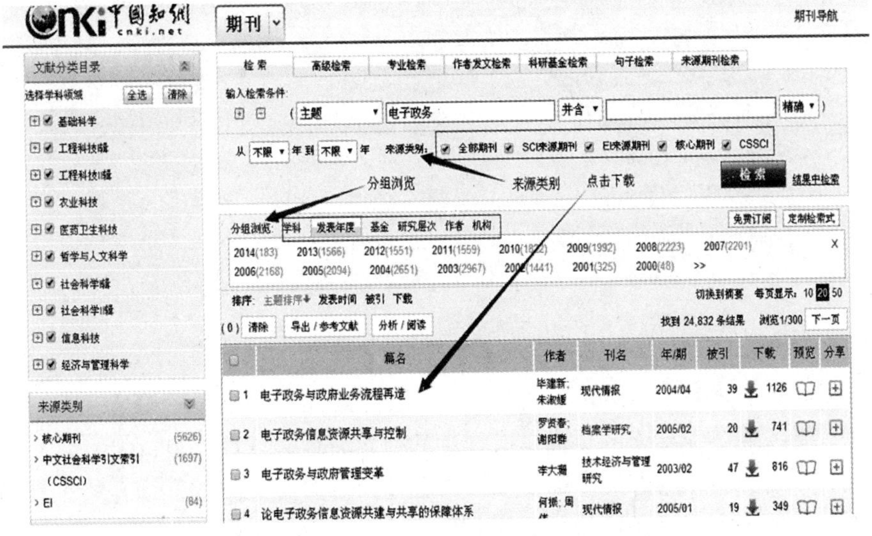

图 2–22　CNKI 初级检索方式

②高级检索。提供检索项之间的逻辑关系控制，如检索"题名=电子政务"并且（不包含）"作者=汪玉凯"，将检索出关于电子政务、作者是（非）汪玉凯的文章，如图 2-23 所示。检索结果可按照学科、发表年度、基金、研究层次、作者或机构进行分组浏览，也可以按主题、发表时间、被引次数、下载次数排序浏览。直接点击文献的"篇名"则可以下载相应的文献。

如果要提高查准率，则可以添加多个逻辑关系，进行多种的检索控制，如相关度排序、时间控制、词频控制、精确/模糊匹配等。

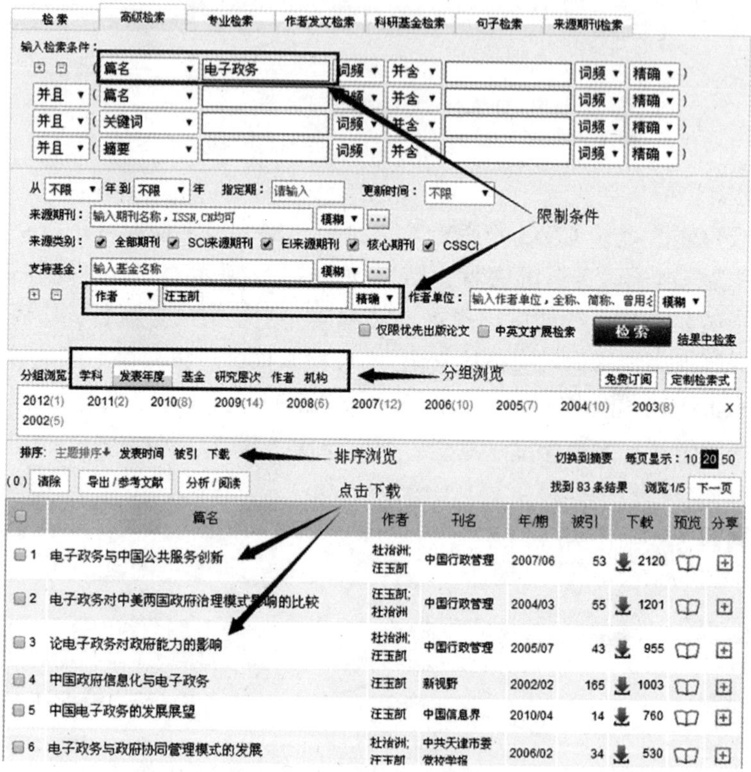

图 2-23　CNKI 高级检索方式

③专业检索。直接在检索文本框输入检索表达式，如："AU='汪玉凯'AND TI='电子政务'"，如图 2-24 所示。该检索方式适合于对检索表达式非常熟悉的读者，在专业检索的页面上有详细的检索教程，读者可自行学习。

（4）下载文献。点击某一篇文献后，会弹出有关此文献的详细介绍，看完摘要后如果需要进一步详细阅读，则根据自己电脑中阅读软件选择"CAJ下载"或者"PDF下载"，如图 2-25 所示。

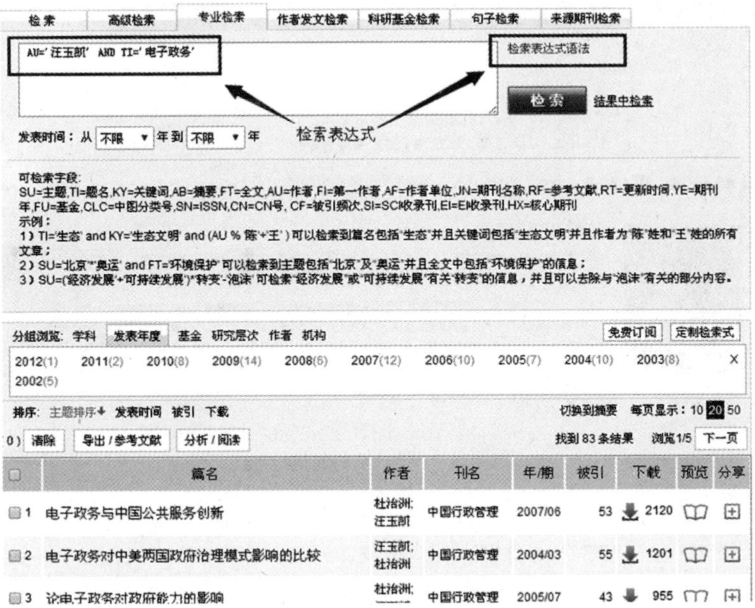

图 2-24 CNKI 专业检索实例

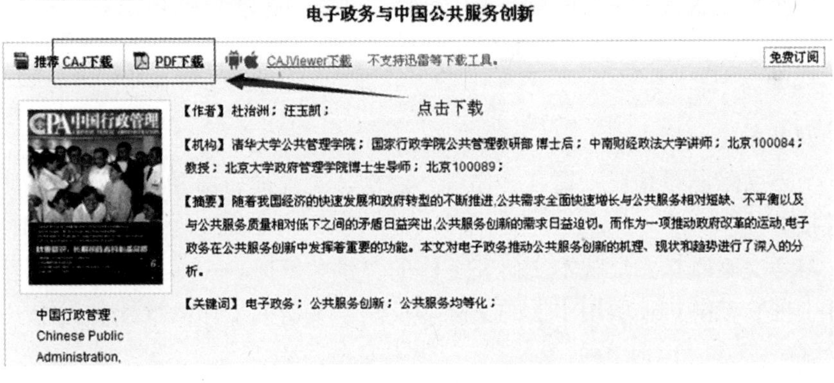

电子政务与中国公共服务创新

图 2-25 CNKI 文献下载

3. 知网节的利用

知网节即一篇文献的详细浏览页面，即从检索结果显示区选择一篇文献点击进去后的那个页面，如图 2-26 所示。知网节以一篇文献作为其节点文献，知识网络的内容包括节点文献的题录摘要和相关文献链接。不仅提供单篇文献的详细信息，还提供扩展信息的浏览页面，包括参考文献、引证文献、同被引文献、共引文献、相关文献、读者推荐文献、相关作者、相关机构、分类导航等。通过对这些文献的信息分析我们可以了解一个选题的"来龙去脉"，从而对我们的研究做更深入的指导。有助于新知识的学习和发现，帮助实现知识获取、知识发现。

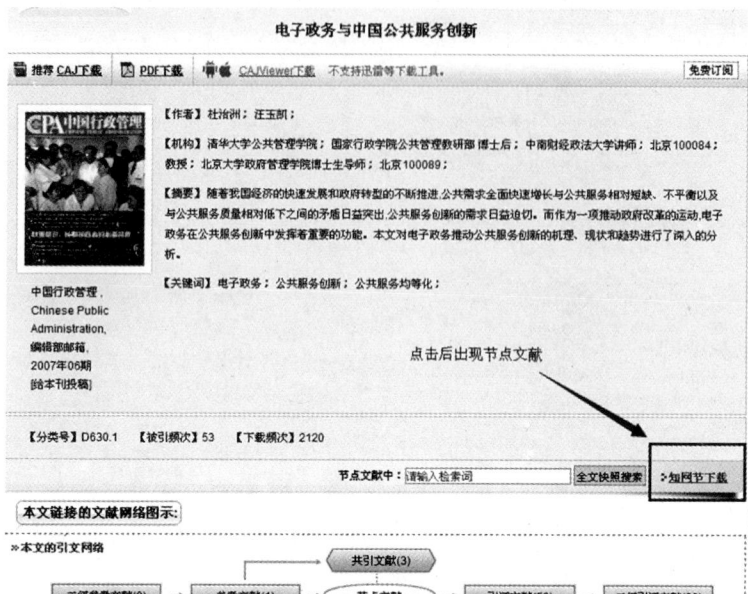

图 2-26　节点文献

知网节主要包括：

①节点文献题录摘要：篇名、作者、机构、关键词、摘要、刊名、刊期等信息及链接。

②参考文献链接：反映本文研究工作的背景和依据。

③引证文献链接：引用本文的文献。反映本文研究工作的继续、应用、发展或评价。

④共引文献链接：与本文有相同参考文献的文献。说明与本文有共同研究背景或依据。

⑤同被引文献链接：与本文同时被作为参考文献引用的文献，与本文共同作为进一步研究的基础。

⑥二级参考文献链接：本文参考文献的参考文献。进一步反映本文研究工作的背景和依据。

⑦二级引证文献链接：本文引证文献的引证文献。更进一步反映本文研究工作的继续、发展或评价。

⑧相关文献作者链接：链接以上相关文献作者在《总库》中的其他文献。

⑨相关文献机构链接：链接以上相关文献作者所在机构的其他作者在《总库》中的所有文献。

⑩相同导师文献链接：链接与本文同一导师的文献。

例如，本文示例中汪玉凯的《电子政务与公共服务创新》一文的节点文献信息如图 2-27、图 2-28 所示。通过对于节点文献的浏览和分析，可以扩展文献范围，更加容易、准确地找到自己所需要的资料。

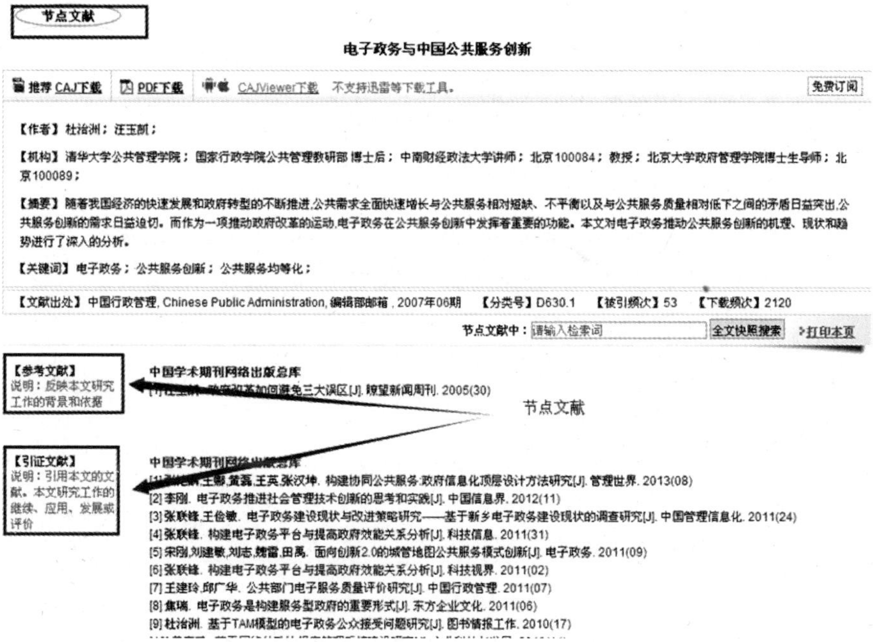

图 2-27　"电子政务与公共服务创新"的节点文献（1）

二、万方数据库

1. 数据库简介

"万方数据资源系统"是以中国科技信息所（万方数据集团公司）全部信息服务资源为依托建立起来的，是一个以科技信息为主，集经济、金融、社会、人文信息为一体，以 Internet 为网络平台的大型科技、商务信息服务系统。万方数据资源主要包括数字化期刊群、学位论文全文、会议论文全文、科技名人、法律全文、专利全文、标准数据库、科技文献、会议论文、科教机构、科技成果、中外标准、企业产品等资源，如图 2-29 所示。

图2-28 "电子政务与公共服务创新"的节点文献（2）

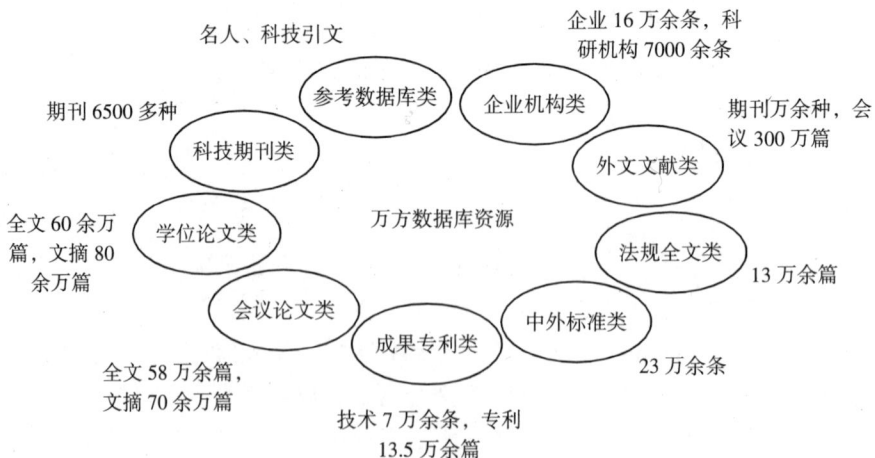

图2-29 万方数据库资源

目前，全新改版的万方数据资源系统被整合为科技信息子系统、商务信息子系统和数字化期刊子系统三个部分。

（1）科技信息子系统。科技信息子系统是面向科技界的完整的综合信息系统。科技信息子系统包括 6 个栏目：①科技文献；②名人与机构；③中外标准；④科技动态；⑤政策法规；⑥成果专利，汇集中外上百个知名的、使用频率较高的科技、经济、金融、文献、生活与法律法规等数据库，记录总数达 1300 多万条。

（2）商务信息子系统。商务信息子系统面向广大工商、企业用户，提供全面的商务信息。可按企业分类查询公司企业的基本信息，包括工商资讯、经贸信息、成果专利、商贸活动、咨询服务等信息，其中《中国企业、公司及产品数据库》收录 96 个行业 20 万家企业的详尽信息。

（3）数字化期刊子系统。数字化期刊子系统以刊为单位上网，保留了刊物本身的浏览风格和习惯。期刊全文内容采用 HTML 和 PDF 两种国际通用格式。所有期刊按理、工、农、医、人文 5 大类划分，共收集了 70 多个类目的 4529 种期刊（其中绝大部分是进入中国科技论文统计源的核心期刊）。

万方数字化期刊数据库中比较有特色的有两个：

（1）中国学位论文全文数据库。学位论文数据库由中国科技信息研究所（国家法定的学位论文收藏机构）负责，收录了 1980 年以来我国各学科领域的博士、硕士学位论文 110 万篇，是我国收录数量最多的学位论文全文库。涉及 800 多家学位授予单位，包括 211 重点高校、中科院、农科院、医科院、林科院等重点机构，涵盖文、史、哲、理、工、农、医等各学科领域，提供论文检索字段 10 个，包括全文、论文标题、作者、作者专业、导师姓名、授予学位、授予单位、中图分类号、关键词、馆藏号，便于使用者检索。

（2）万方数据数字化期刊。万方数据数字化期刊群是国家"九五"重点科技攻关项目。目前集纳了理、农、医、哲学、人文、社会科学、经济管理与教科文艺等 8 大类、100 多个类目、6700 多种期刊，其中核心期刊 3500 多种实现了全文上网。从 2001 年开始，数字化期刊已囊括我国所有科技统计源期刊和重要社科类核心期刊，成为中国网上期刊的第一大门户。

2. 万方数据库检索方法

（1）登录平台。登录 http：//www.wanfangdata.com.cn/，默认搜索框会自动显示数据库中所含论文数量，如图 2-30 所示，学术论文有 57345600 篇，这个数据每天会更新，后面的每个导航栏点击后都会显示相应的收录数据。

（2）检索。万方检索可以按不同类型进行检索（学术论文、期刊、学位、会议、外文文献、专利、标准、成果、新方志、法规、机构、专家）、跨库检索、

图 2-30　万方数据检索平台

分类检索（22 种学科分类）、专题检索、高级检索、经典检索、专业检索。

　　万方普通检索直接将关键词输入检索框即可，检索结果在左侧可以实时聚类来限定检索结果，如图 2-31 所示。可以通过限定条件及多种方式聚类（学科分类、年代、文献类型、期刊等）缩小检索范围；可按不同方式排序（经典论文优先：排序时侧重文献的被引次数和核心刊指数，但也同时考虑了发表时间和相关度；相关度优先：侧重相关度，但也考虑了另外两方面；新论文优先：按出版时间倒序）。此外，右侧或自动提示相关研究领域的学者名字，如图 2-31 所示，检索"电子政务"，右侧显示王浣尘等作者。

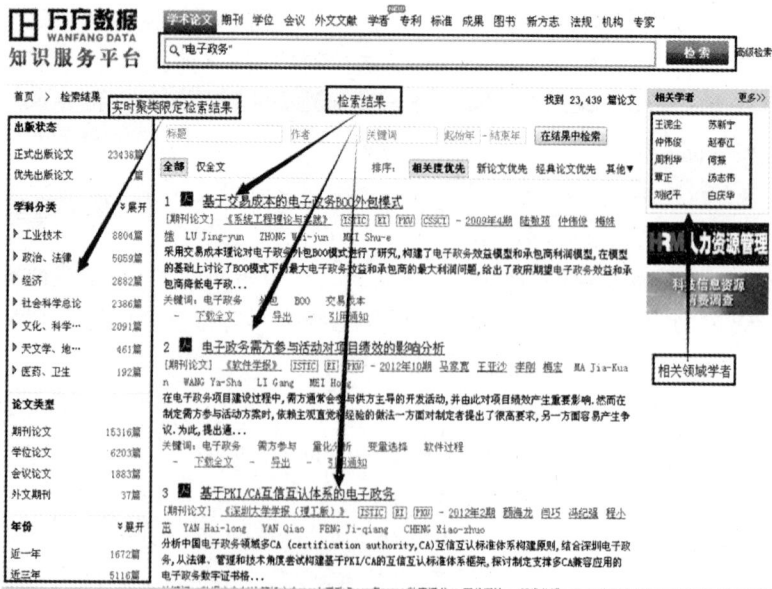

图 2-31　万方数据普通检索

万方的高级检索可以在检索界面首先选择不同的数据库，其次输入相关的检索词以及逻辑预算，最后限定文献年限即可。如图 2-32 所示，检索作者是汪玉凯，关键词是"电子政务"的 2014 年以前的所有期刊论文、学位论文、会议论文、外文期刊、外文会议、中文专利、科技成果等文献。

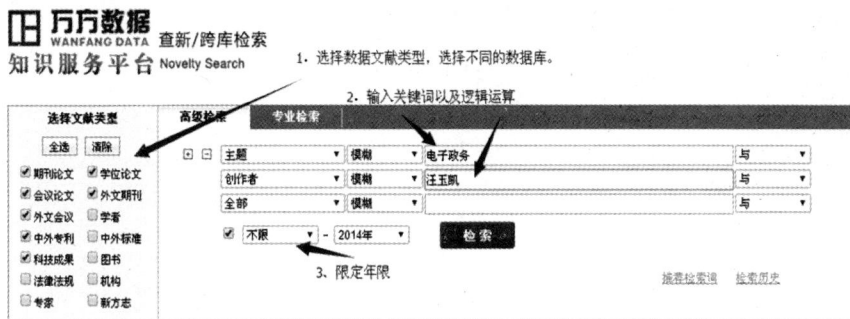

图 2-32　万方数据高级检索

（3）保存。如图 2-33 所示，选定好检索后的文献，可以在检索结果中直接点击"下载全文"到本地阅览。

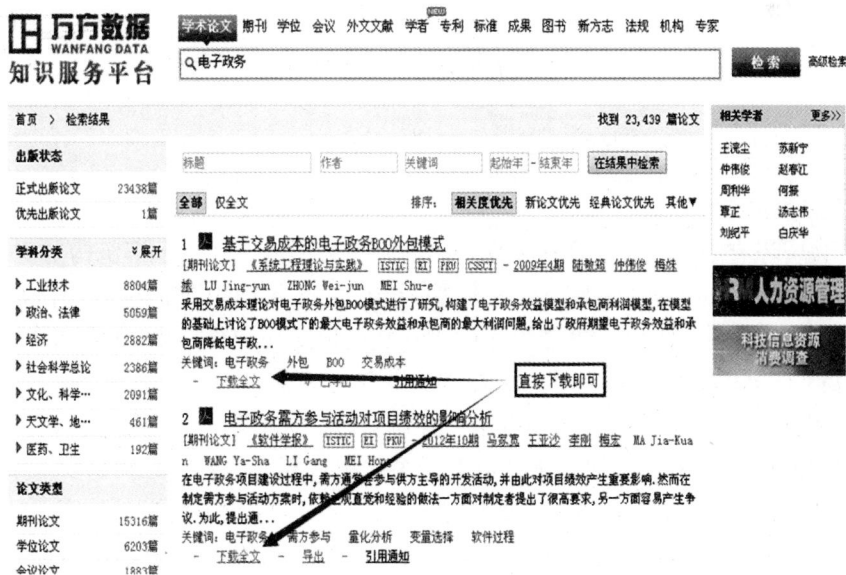

图 2-33　万方文献下载

此外，还可以将文献以题录的方式导出，点击导出后，可以看见文献可以以参考文献、XML 格式、NoteExpress、RefWorks、EndNote、NoteFirst 以及自定义格式导出，便于学习者今后使用不同的文献管理工具对文献进行管理、分析和学习，如图 2-34 所示。

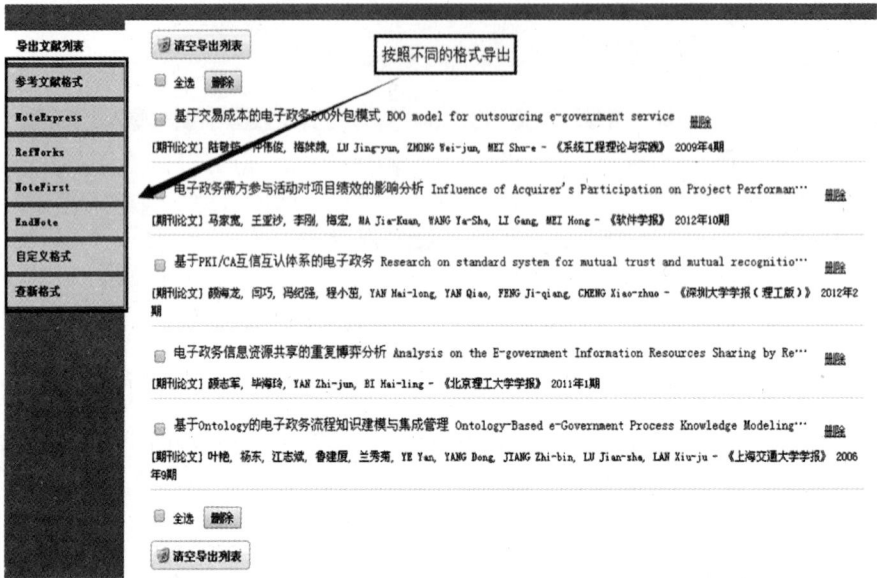

图 2-34　万方文献的导出方式

三、维普全文期刊数据库

1. 维普数据库简介

维普资讯有限公司是国家科技部下属的一家大型的专业化数据机构。主导产品《中文科技期刊数据库》源于重庆维普资讯有限公司 1989 年创建的《中文科技期刊篇名数据库》，包含 1989 年至今的 12000 余种期刊刊载的 3000 余万篇文献，并以每年 150 万篇的速度递增。所有文献被分为 8 个专辑（社会科学、自然科学、工程技术、农业科学、医药卫生、经济管理、教育科学、图书情报）和 21 个学科（A 马克思主义、列宁主义、毛泽东思想、邓小平理论；B 哲学、宗教；C 社会科学总论；D 政治、法律；E 军事；F 经济；G 文化、科学、教育、体育；H 语言、文字；I 文学；J 艺术；K 历史、地理；N 自然科学总论；O 数理科学和化学；P 天文学、地球科学；Q 生物科学；R 医药、卫生；S 农业科学；T 工业技术；U 交通运输；V 航空、航天；X 环境科学、安全科学）。

目前拥有高等院校、公共图书馆、研究机构、企业、医院等各类大型机构用户，覆盖数千万读者，成为高等院校文献保障系统的重要组成部分，科技工作者进行科技查新和科技查证的必备数据库。

2. 基本检索

首先，进入《中文科技期刊数据库》检索系统 http：//lib.cqvip.com/index.as-px，如图 2-35 所示。

图 2-35　维普文献检索系统

其次，在检索项下拉框里选择要检索的字段，可从题名或关键词、关键词、刊名、作者、基金资助等字段中进行选择，如图 2-36 所示。

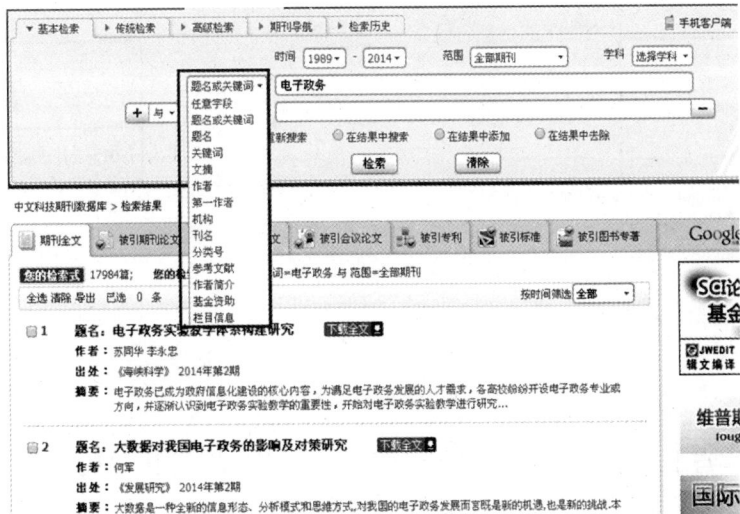

图 2-36　维普基本检索（1）

再次，在检索框中输入检索词之后，可以选择期刊范围，包括全部期刊、核心期刊、EI 来源期刊、SCI 来源期刊、CA 来源期刊、CSCD 来源期刊、CSSCI 来源期刊，如图 2-37 所示。

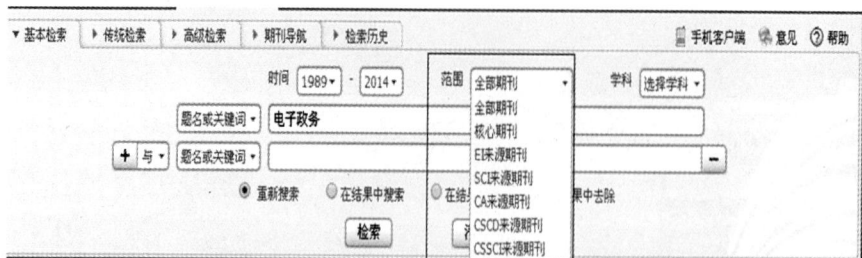

图 2-37 维普基本检索（2）

复次，在检索框之后的学科种类选择中可以全选，或者选择自己关注的学科领域，如图 2-38 所示。

图 2-38 维普基本检索（3）

最后，点击"搜索"按钮，在检索结果列表中点击其中一项，可获取该结果的详细信息及全文链接。

此外，它还提供了二次检索功能，即在上一步的检索结果范围内再次检索。

只需选择"在结果中搜索"或者"在结果中去除",并在检索框中输入要查找的检索词,点击"搜索"按钮即可。

3. 传统检索

首先,进入传统检索界面 http://lib.cqvip.com/zk/custom.aspx,如图 2-39 所示。

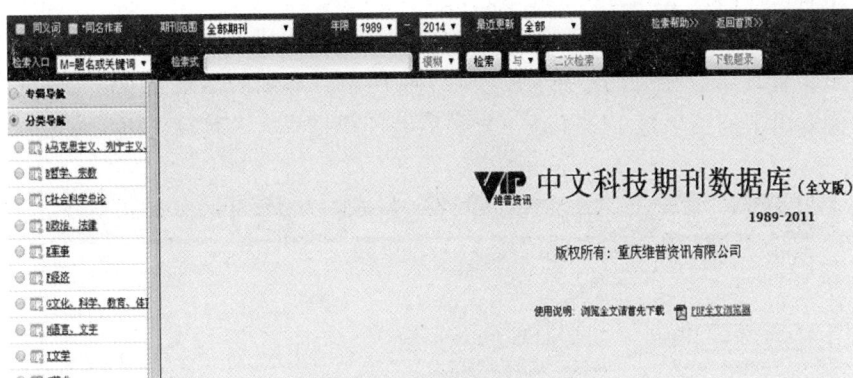

图 2-39　维普传统检索界面

其次,选择检索入口。检索入口有关键词、作者、关键词等 10 种可供选择,输入检索式进行检索。用鼠标点击"检索入口"下拉菜单,有 9 个检索入口可供选择,包括关键词、刊名、作者、第一作者、机构、题名、文摘、分类号、任意字段,选定某一检索入口后,可在检索输入框输入检索词,点击"检索"按钮后,即实现相应的检索。新近关键词、作者检索功能增加"模糊"和"精确"检索,如图 2-40 所示。

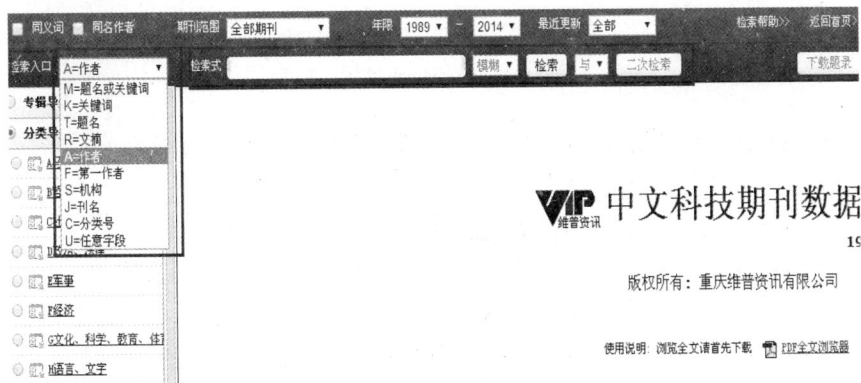

图 2-40　维普传统检索(1)

再次，限定检索范围。在分类导航或专辑导航中限定检索范围，可进行学科类别限制和数据年限限制（导航树学科范围、年限、期刊范围及同义词库、同名作者库等）。

界面左方的窗口是《中文科技期刊数据库》学科分类导航和刊名导航系统。学科分类导航是树形结构的，参考《中国图书资料分类法》进行分类。选中某学科节点后，任何检索都局限于此类别以下的数据。如查找"电子政务"相关的文献，可以限定在"社会科学总论"中的管理学分类中进行查找，那么检索范围就局限于"管理学"相关的信息。如图 2-41 所示，显示的结果是 436 条，而不按分类检索出现的结果是 17984 条，分类后将使得结果大大精简，更加聚焦。

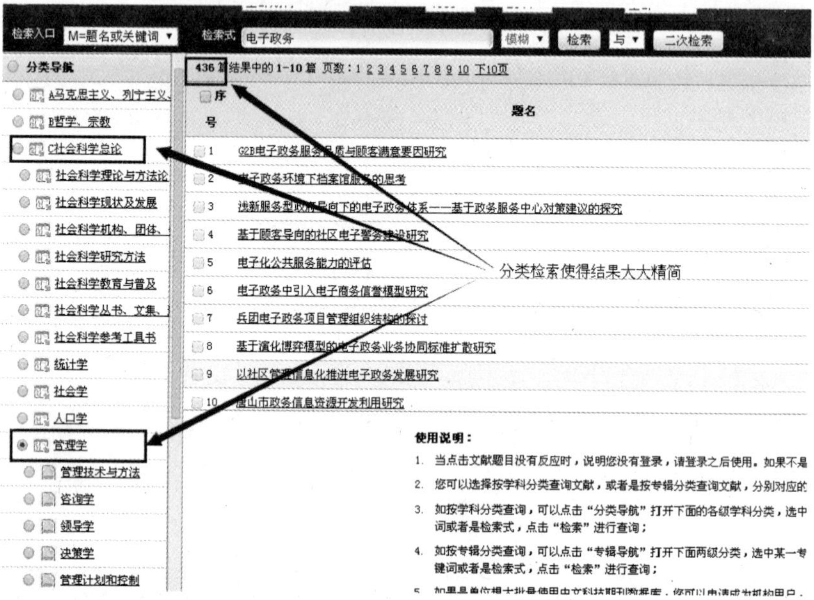

图 2-41 维普传统检索（2）

直接点击最底层节点就可以在输出区域中直接输出该类别的记录，保持检索式输入框空白，直接点击"检索"，则为浏览该类别的所有记录。

（1）年限默认为"1989-至今"，也可以在任意年度之间限定。

（2）期刊范围分为全部期刊、核心期刊、EI 来源期刊、SCI 来源期刊、CA 来源期刊、CSCD 来源期刊、CSSCI 来源期刊，默认为全部期刊，可选择范围检索。

（3）同义词库功能默认关闭，选中即打开（只有选择了关键词检索入口时才生效）。例如，输入关键词"电子政务"，检索时会提示"电子政府"等是否同时选中作为检索条件，就可以有选择地扩大检索的命中范围。

（4）同名作者库功能与上类似，默认关闭，选中即打开（只有选择了作者、第一作者检索入口时才生效）。输入作者姓名检索时会提示同名作者的单位列表，选择想要的单位，点击页底的"确定"即可精确检出（如果不全选，一次最多只能选择 5 个单位）。

（注意：检索范围的限定功能（年限、期刊范围、所输入的检索式）在进行导航树学科范围浏览时始终生效，所以在概览区显示的文章篇数并不一定是该学科的文章记录总数。）

最后，在检索框中输入检索词进行检索。检索结果出来后，可以对自己感兴趣的文献进行选择标记。然后点击"下载题录"，如图 2-42 所示，在 436 条文献中选择标记了 40 条，可以将这 40 条文献的题录直接下载下来。

图 2-42　维普传统检索（3）

对于题录，可以以不同的格式导出，如文本、参考文献、XML 格式、Note-Express、RefWorks、EndNote，以及自定义格式导出，如图 2-43 所示，便于学习者今后使用不同的文献管理工具对文献进行管理、分析和学习。

4. 高级检索

进入高级检索界面 http://lib.cqvip.com/ZK/index.aspx，如图 2-44 所示。

高级检索有两种方式可供选择：向导式检索和直接输入检索式检索。

向导式检索：提供了多个检索框，可通过选择各个检索框间的逻辑关系（并且、或者、不包含）来对多个检索词进行组合检索，并可点击"扩展检索条件"进一步限定检索范围。

直接输入检索式检索：可在检索框中直接输入检索词、逻辑运算符、字段标识来构造检索式，并可点击"扩展检索条件"进一步限定检索范围。

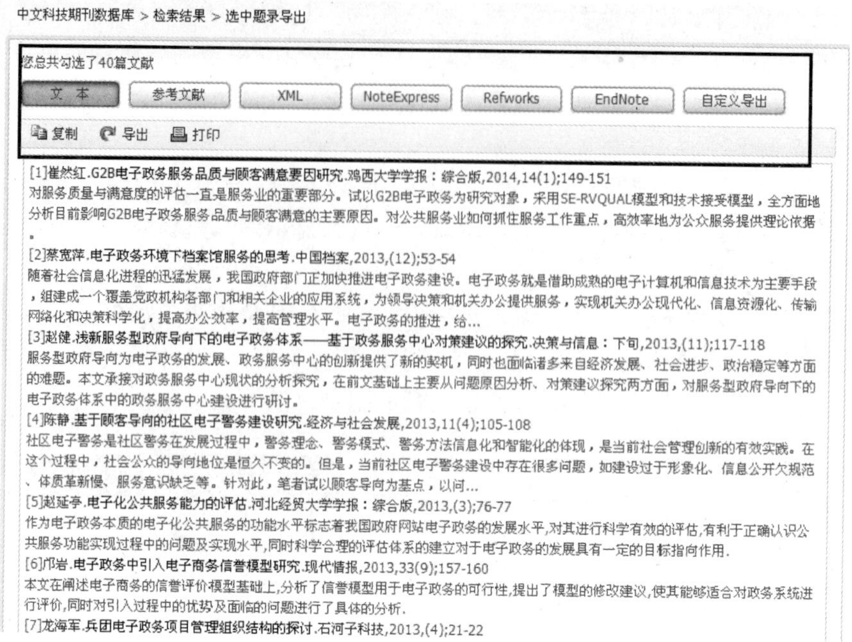
中文科技期刊数据库 > 检索结果 > 选中题录导出
您总共勾选了40篇文献
文 本
参考文献
XML
NoteExpress
Refworks
EndNote
自定义导出
复制
导出
打印
[1]崔然红.G2B电子政务服务品质与顾客满意要因研究.鸡西大学学报：综合版,2014,14(1);149-151
对服务质量与满意度的评估一直是服务业的重要部分。试以G2B电子政务为研究对象，采用SE-RVQUAL模型和技术接受模型，全方面地分析目前影响G2B电子政务服务品质与顾客满意的主要原因。对公共服务业如何抓住服务工作重点，高效率地为公众服务提供理论依据。
[2]蔡宽萍.电子政务环境下档案馆服务的思考.中国档案,2013,(12);53-54
随着社会信息化进程的迅猛发展，我国政府部门正加快推进电子政务建设。电子政务就是借助成熟的电子计算机和信息技术为主要手段，组建成一个覆盖党政机构各部门和相关企业的应用系统，为领导决策和机关办公提供服务，实现机关办公现代化、信息资源化、传输网络化和决策科学化，提高办公效率，提高管理水平。电子政务的推进，给...
[3]赵健.浅析服务型政府导向下的电子政务体系——基于政务服务中心对策建议的探究.决策与信息：下旬,2013,(11);117-118
服务型政府导向为电子政务的发展、政务服务中心的创新提供了新的契机，同时也面临诸多来自经济发展、社会进步、政治稳定等方面的难题。本文承接对政务服务中心现状的分析探究，在前文基础上主要从问题原因分析、对策建议探究两方面，对服务型政府导向下的电子政务体系中的政务服务中心建设进行研讨。
[4]陈静.基于顾客导向的社区电子警务建设研究.经济与社会发展,2013,11(4);105-108
社区电子警务是社区警务在发展过程中，警务理念、警务模式、警务方法信息化和智能化的体现，是当前社会管理创新的有效实践。在这个过程中，社会公众的导向地位是恒久不变的。但是，当前社区电子警务建设中存在很多问题，如建设过于形象化、信息公开欠规范、体质革新慢、服务意识缺乏等。针对此，笔者试以顾客导向为基点，以问...
[5]赵延亭.电子化公共服务能力的评估.河北经贸大学学报：综合版,2013,(3);76-77
作为电子政务本质的电子化公共服务的功能水平标志着我国政府网站电子政务的发展水平,对其进行科学有效的评估,有利于正确认识公共服务功能实现过程中的问题及实现水平,同时科学合理的评估体系的建立对于电子政务的发展具有一定的目标指向作用.
[6]邝岩.电子政务中引入电子商务信誉模型研究.现代情报,2013,33(9);157-160
本文在阐述电子商务的信誉评价模型基础上,分析了信誉模型用于电子政务的可行性,提出了模型的修改建议,使其能够适合对政务系统进行评价,同时对引入过程中的优势及面临的问题进行了具体的分析.
[7]龙海军.兵团电子政务项目管理组织结构的探讨.石河子科技,2013,(4);21-22

图 2–43 维普传统检索（4）

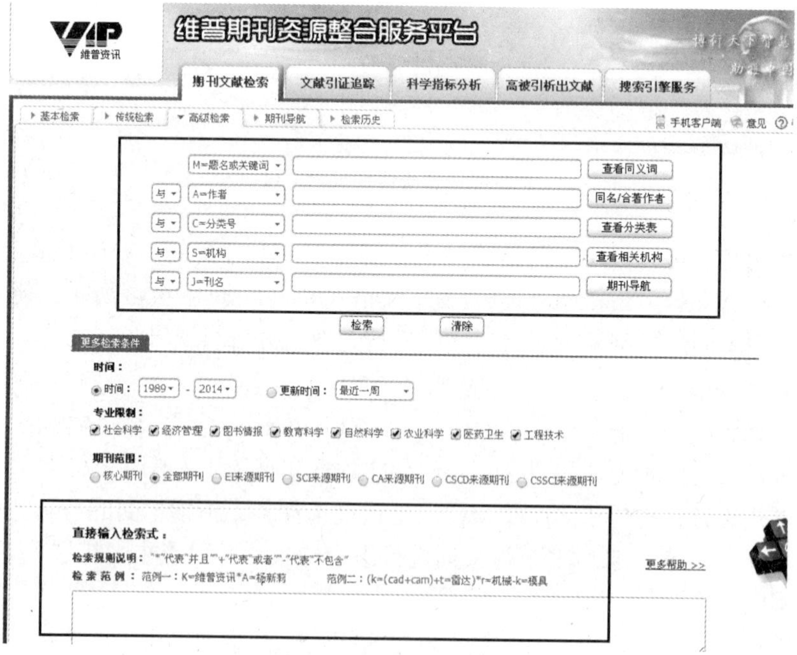
维普资讯
维普期刊资源整合服务平台
期刊文献检索
文献引证追踪
科学指标分析
高被引析出文献
搜索引擎服务
基本检索
传统检索
高级检索
期刊导航
检索历史
手机客户端
意见
M=题名或关键词
查看同义词
与
A=作者
同名/合著作者
C=分类号
查看分类表
S=机构
查看相关机构
J=刊名
期刊导航
检索
清除
更多检索条件
时间：
时间：
1989
2014
更新时间：
最近一周
专业限制：
社会科学
经济管理
图书情报
教育科学
自然科学
农业科学
医药卫生
工程技术
期刊范围：
核心期刊
全部期刊
EI来源期刊
SCI来源期刊
CA来源期刊
CSCD来源期刊
CSSCI来源期刊
直接输入检索式：
检索规则说明："*"代表"并且""+"代表"或者""-"代表"不包含"
检索范例：范例一：K=维普资讯*A=杨新莉
范例二：(k=(cad+cam)+t=雷达)*r=机械-k=模具
更多帮助 >>

图 2–44 维普高级检索界面

例如，选择主题为"电子政务"，作者为"汪玉凯"的文献检索，其结果如图 2-45 所示。

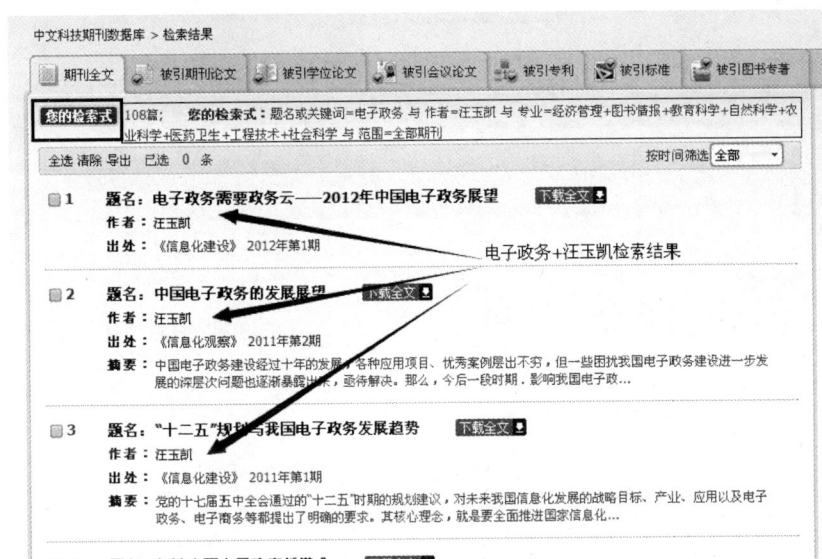

图 2-45 维普高级检索

高级检索的检索技巧：输入检索词后，利用扩展功能的各个按钮，如"查看同义词"、"同名/合著作者"等，可以提高检索效率。

5. 期刊导航

期刊导航提供刊名 ISSN 号搜索、刊名拼音字顺浏览、学科分类导航三种方式来查找特定期刊，如图 2-46 所示。点击检索结果可查看期刊简介并浏览该刊各期文章。

期刊检索结果出现相应的期刊以及每期的具体内容，可以直接点击查看并根据需要进行下载。如图 2-47 所示，可以打开该刊名在各年度的期数列表。例如，单击刊名"信息化建设"，会弹出该刊各出版年列表，假设选中 2013 年，则会查询到该年度的出版期数，选择第 12 期，就会在概览区检索出《信息化建设》在2013 年第 12 期的所有满足检索条件的题录文摘。

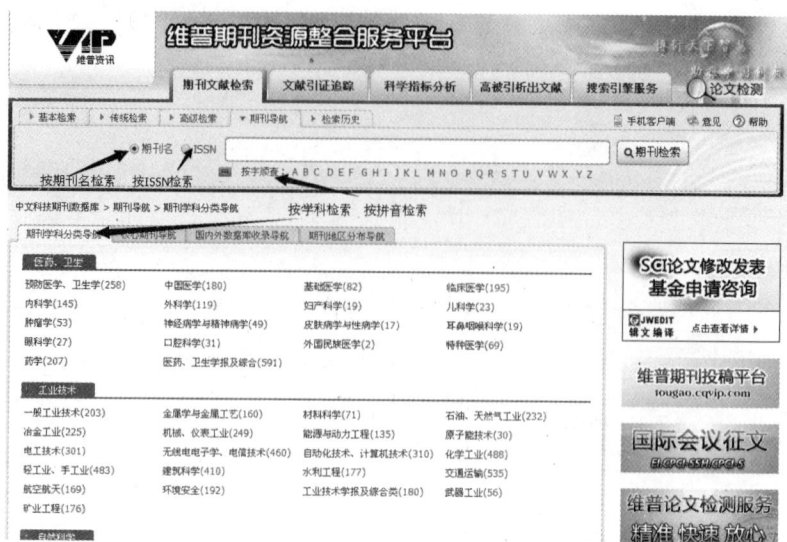

图 2-46　维普期刊导航检索方式

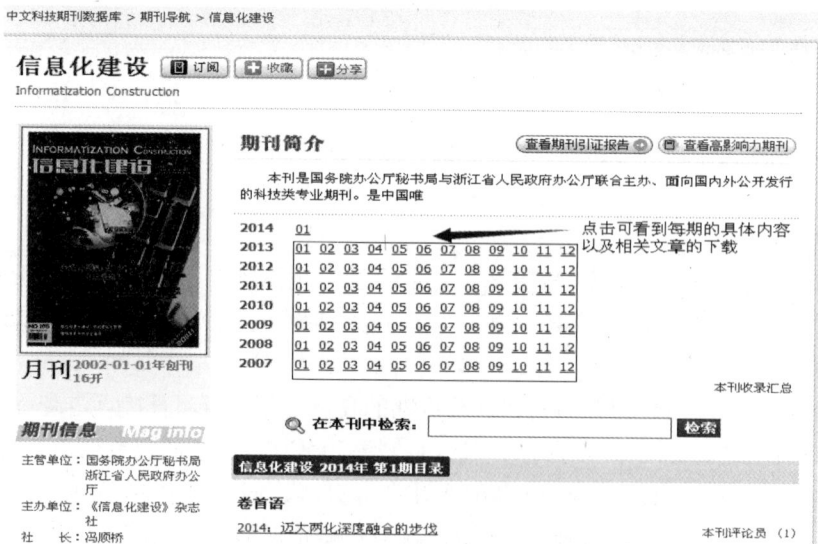

图 2-47　维普期刊检索结果

第三节　信息订阅

一、RSS 基本知识

RSS 是 RDF Site Summary（RDF 站点摘要）的缩写，其中，RDF 是 Resource Description Framework 的缩写。它是站点用来和其他站点之间共享内容的一种简易方式（也叫聚合内容），通常被用于新闻和其他按顺序排列的网站，比如 Blog 等。RSS 技术可以使网络用户在客户端借助于支持 RSS 的新闻聚合工具软件，在不打开网站内容页面的情况下阅读支持 RSS 输出的网站内容，同步网站的最新资讯。图 2-48 是在大部分网站上都可以看见的常用的 RSS 图标。

图 2-48　常用 RSS 图标

RSS 能做什么呢？先看看以往的信息获取的方式，如图 2-49 所示。

（1）搜索引擎查找。一般来说，大家对于某些信息的获取首先是直接通过搜索引擎来查找，但是由于如今的社会是一个海量信息的时代，如果关键词不是很精确，通过搜索引擎很难准确地找到你所需要的信息。搜索完成后的搜索结果由于太多，还需要再通过人工筛选查找有关信息，即便这种方法也不一定能找到自己想要的信息。常规的搜索引擎式信息获取方式还有一些其他的弊病，比如广告信息干扰、新旧信息标示不明确、容易漏掉重要信息、效率低下等。

（2）收藏夹方式。通常情况下，在网上我们发现一些好的网站、博客等，都是直接放在收藏夹内，方便以后查看。时间一长，收藏夹里面的东西会越来越多，可能会很长时间不去访问这些网站，这些网站是否有更新也不知道，可能会错失一些有用的内容。

（3）新闻邮件订阅。此外获取信息还可以通过 E-mail 订阅。但邮件订阅需要提供 E-mail 地址，邮箱管理不便，阅读效率不高。加之可以订阅的信息有限，仅仅适用于小范围的订阅，比如之前讲的 Google 学术快讯的创建，实际上就是一种邮件订阅方式。

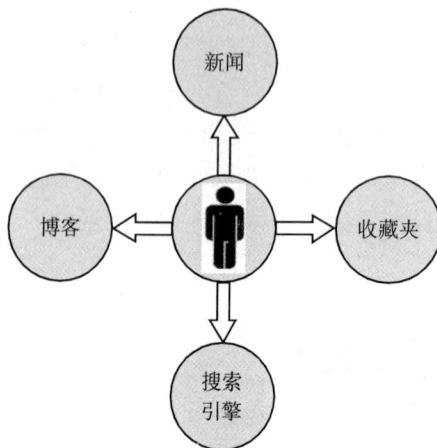

图 2–49　以往的信息获取方式

针对这些情况，人们想到是否有一种方法，不再是我去主动找信息，而是信息主动找我，免去搜索之苦。利用 RSS 订阅就可以实现信息的自动推送，如图 2-50 所示。

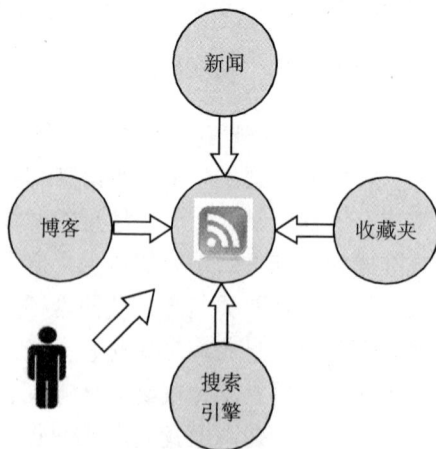

图 2–50　RSS 的信息获取方式

RSS 颠覆了常规信息获取方式，将网站、博客等不同渠道的内容订阅在一个 RSS 阅读器中，当这些内容有更新时，就会将所有更新内容呈现在你的阅读器里。你只需在一个地方就可以获取你所有想要的信息，无需逐个网站浏览。也不必为了一个急切想知道的消息而不断地刷新网页，因为一旦有了更新，RSS 阅读器就会自动通知你，大大提高获取信息的效率。RSS 可以帮助您一站式追踪所有文献、所有主题、所有感兴趣的杂志，甚至相关主题的新闻，大大提高了信息的获取效率，是目前精准信息获取的有效方法。让你使用最少的时间来获得最需要的信息，而不用陷入信息的海洋里面。

此外，RSS 还避免了无用的广告和垃圾信息，RSS 无需提供个人信息，很大程度上加强了对于个人隐私的保护。如今大部分的传统媒体的网站中，都添加了 RSS 功能，使用 RSS 阅读工具的用户可以订阅自己关注的网站的内容，点击那个橘黄色的图标便可以得到 RSS 种子并且保存到阅读工具中，RSS 阅读工具会自动连接那些网站检查并显示更新内容的标题和摘要内容。RSS 功能不仅方便留住用户，也可以增加用户的体验。

RSS 技术其实早在 1997 年左右就已经开发出来了，但直到今天才焕发光彩。这其中一个很大的原因是数百万博客的出现造成了用户的阅读困难。目前越来越多的公司开始关注 RSS 技术，除了那些开发 RSS 阅读软件的厂商外，苹果公司的 Safari 浏览器就内置了 RSS 阅读工具。而且微软也计划在未来版本的 IE 浏览器中支持 RSS 阅读。而另一些 RSS 服务提供商则支持在线 RSS 阅读功能，常用的比如：鲜果在线订阅。

二、RSS 阅读器的基本操作

目前，RSS 阅读器基本可以分为两类。

第一类是离线 RSS 阅读器，大多数阅读器是运行在计算机桌面上的单机应用程序，通过所订阅的网站和博客（blog）中的新闻供应，可自动、定时地更新新闻标题。离线的 RSS 阅读器，类似 E-mail 终端，需要安装客户端软件。离线 RSS 的优点是比较稳定，缺点是在多台电脑同时使用时会很不方便，阅读内容不同步，速度较慢，较为耗费本地资源。由于以前网络接入不是很方便，所以离线 RSS 阅读器用的比较多。但现在网络已经无处不在了，因此不太推荐使用离线 RSS 阅读器。

第二类是在线 RSS 阅读器，无需下载软件，只需打开浏览器，登录自己的在线 RSS，即可阅读到相关的信息。在线 RSS 阅读器，需要注册账号，类似申请 E-mail 账号，登录服务器收邮件。在线 RSS 阅读是使用一个专门服务网站进行在线 RSS 阅读，而不用客户端程序，在线阅读器的好处是，不需要消耗客户端的资源，速度一般比较快，在不同地点阅读（比如公司和家中），可以不必进行多次配置，阅读的内容也可以保证是连贯和同步的。

下面以常用的鲜果 RSS 为例，为大家介绍怎样使用 RSS 阅读器。

1. RSS 订阅准备

（1）注册鲜果账号并登录。登录鲜果网官网（www.xianguo.com），可采用微博登录、QQ 登录或者注册新账号，如图 2-51 所示。

图 2-51　RSS 网站注册

（2）查找 RSS 进行订阅。登录成功后，系统默认有一些热门的 RSS 订阅，可以根据个人的兴趣和爱好选择频道，然后进行点击订阅，如图 2-52 所示。

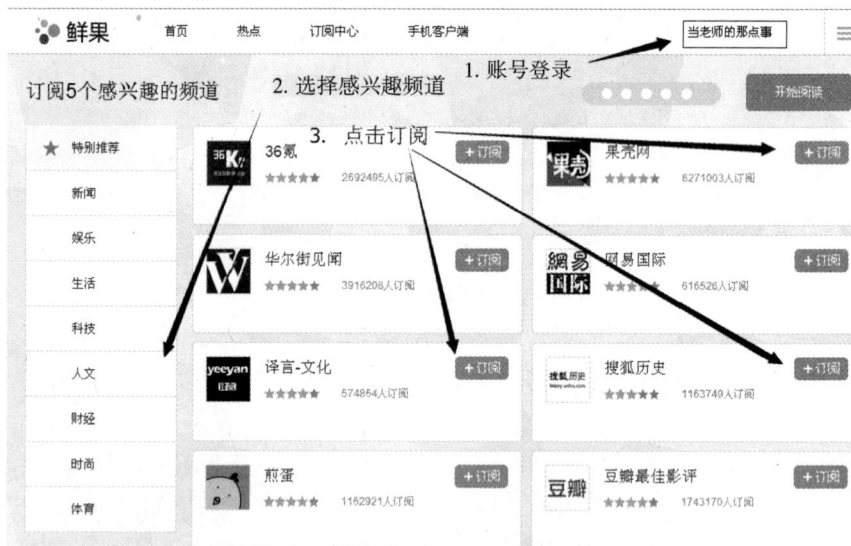

图 2-52　RSS 订阅

打开鲜果阅读器（http: //xianguo.com/reader#PageMgr.goIndexPage ()），则显示如图 2-53 所示界面。首先，根据自己需要推送的信息种类建立分类目录，进行 RSS 信息分类管理。如图 2-53 所示，可以将所有有关学习的网站、博客、新闻都建立在"学习"目录下，进行分类管理。

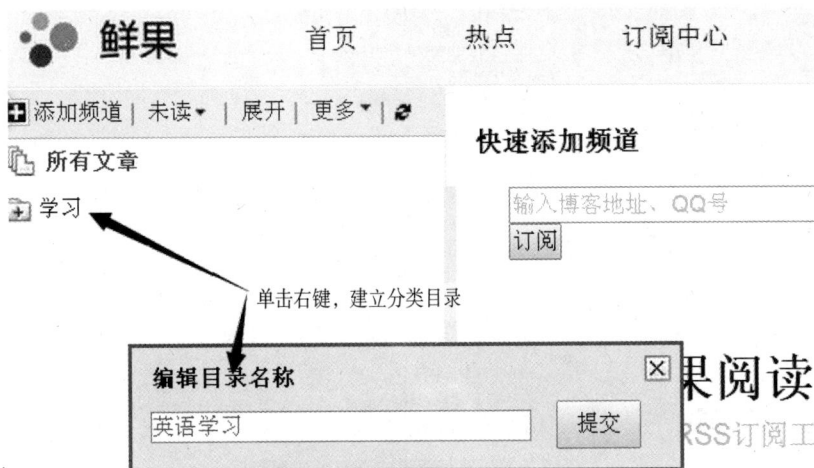

图 2-53 添加 RSS 分类目录

其次，再添加频道，只需要输入博客、论坛以及相关网站的网址，然后提交即可，如图 2-54 所示。

图 2-54 添加 RSS 订阅频道

（3）信息阅读和管理。添加频道之后，阅读器会自动初始化，自动获取相关内容。点击开始阅读，则出现文章的推送页面，如图 2-55 所示。每天登录阅读器后，就可以看到最新的推送文章，而不必频繁地登录各个相关网站。频道后面括号内的数字显示的是还未阅读的信息条数。点击右侧相关信息的题目，即可直接阅读。此外，还可以将某些信息根据需要进行标记或者进行删除管理。

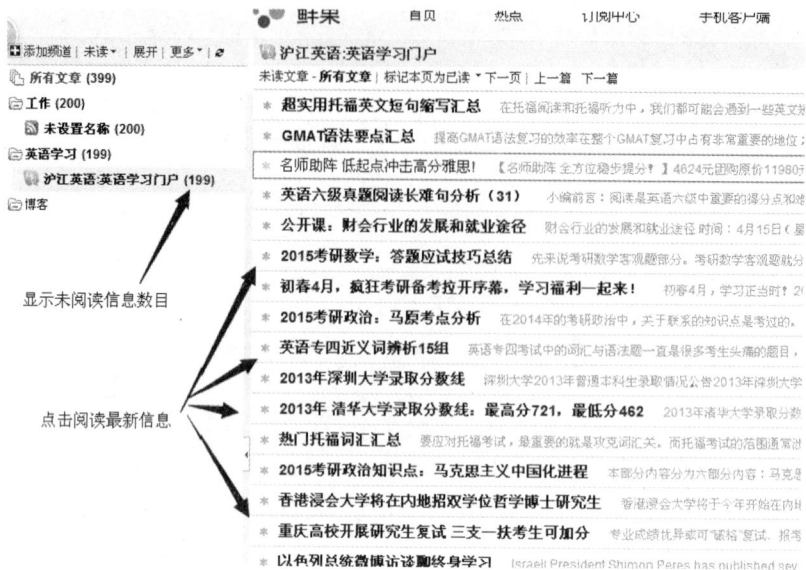

图 2-55　RSS 信息阅读和管理

2. 网站及论坛订阅

（1）网站订阅。打开你所关注的博客、网站、论坛，凡是有 RSS 标志的，右键复制链接可得到 RSS 种子地址，将种子地址粘贴到频道订阅中即可订阅成功，如图 2-56 所示中南大学信息订阅标志。

图 2-56　网站主页 RSS 订阅标志

比如，订阅中南大学官方网站（www.csu.edu.cn），直接点击 RSS 标志或者复制 RSS 种子地址，添加频道即可。图 2-57 显示的是添加成功后 RSS 自动获取的中南大学官网的信息，一旦官网有最新内容，阅读器就会自动更新。

图 2-57　网站订阅（1）

　　当你在一个网站找不到 RSS 源时，可以尝试直接添加网站网址于频道中，让 RSS 阅读器自动判定。比如英语学习目录中添加"沪江英语"，直接把沪江英语的网址添加到频道中即可，如图 2-58 所示。

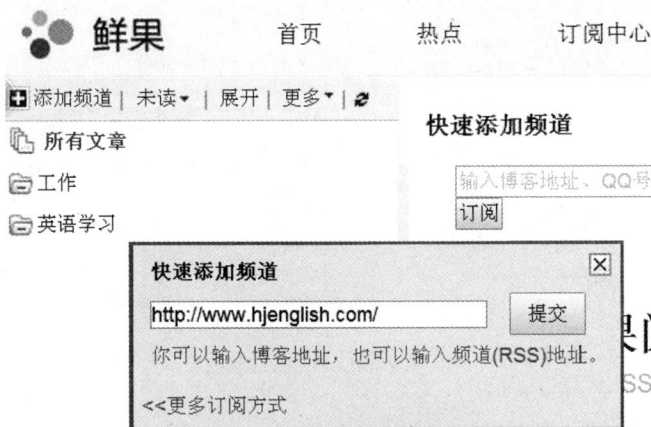

图 2-58　网站订阅（2）

添加完毕就会出现沪江英语网站的最新更新内容，如图2-59所示。

图2-59　网站订阅（3）

（2）论坛订阅。论坛的订阅方法和网站一样，下面是对于公共管理论坛（www.pabbs.org）的RSS订阅。同样的，只需在添加频道中输入论坛地址（www.pabbs.org）即可，如图2-60所示。

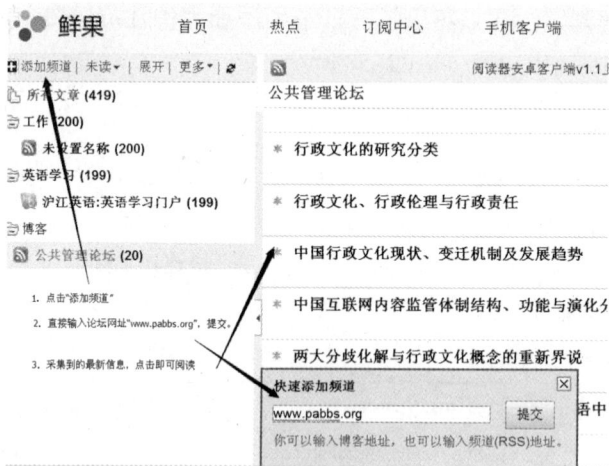

图2-60　论坛订阅

（3）博客订阅。博客的订阅更加简单，因为大部分的博客都有订阅标志，直接点击即可。比如订阅"李开复的博客"，打开博客地址，如图2-61所示。

图 2-61　博客订阅（1）

　　然后直接点击图中的"订阅"标志，在弹出的窗口，选择订阅到鲜果，如图 2-62 所示。

图 2-62　博客订阅（2）

　　点击后，自动添加到鲜果的频道，则订阅成功，显示博客的最新内容，点击即可阅读，如图 2-63 所示。

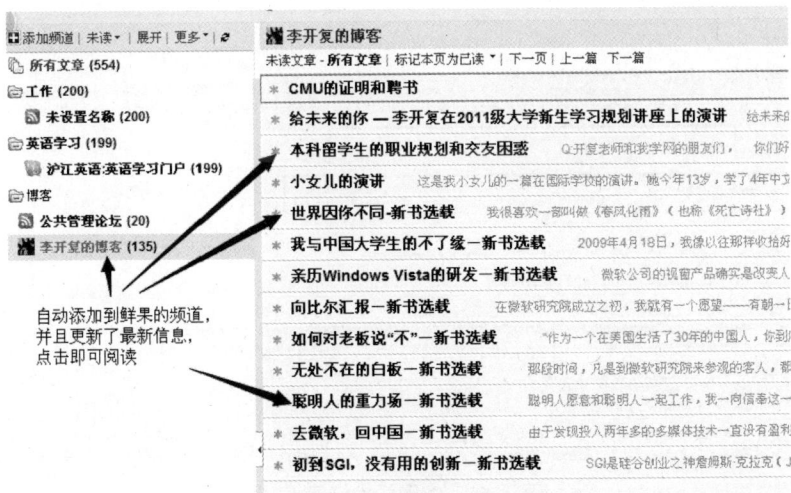

图 2-63　博客订阅（3）

3. 科学文献订阅

对于学术文献的订阅，仅有知网提供了针对关键词的文献订阅，而且仅仅是用邮件订阅的方式，不支持使用 RSS 的离线或者在线订阅。例如，在知网中输入"电子政务"关键词，在检索页面右上方会出现"免费订阅"，如图 2-64 所示。

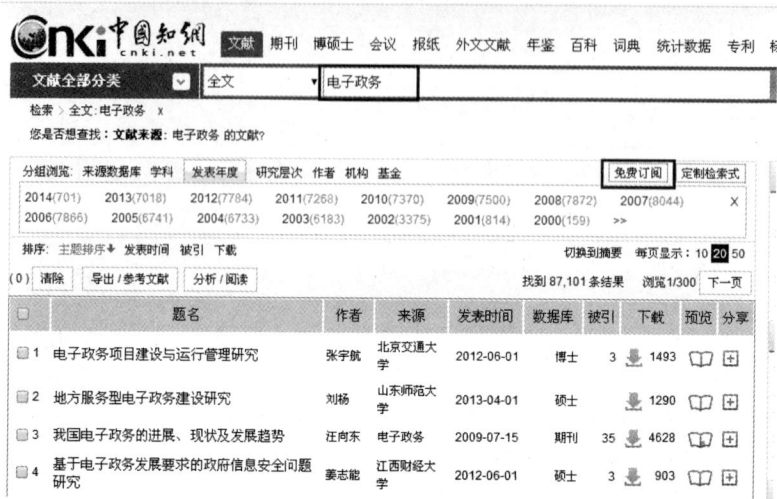

图 2-64　知网学术订阅（1）

在打开的页面上，输入检索式主题名称"电子政务"，便于识别订阅的邮件，然后输入邮件地址，点击订阅，则完成了邮件订阅，如图 2-65 所示。一旦数据库中有关"电子政务"的文献有更新，则会第一时间发送到你的邮箱。

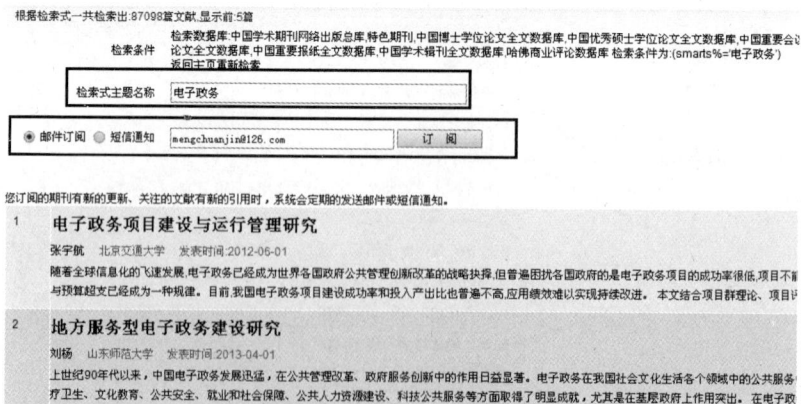

图 2-65　知网学术订阅（2）

除了直接的文献订阅，万方数据和知网还提供了直接针对"期刊"的学术订阅，可以使用 RSS 软件或者 RSS 在线阅读器。例如，在万方数据中输入"电子政务"，检索刊名，则显示《电子政务》期刊，如图 2-66 所示。

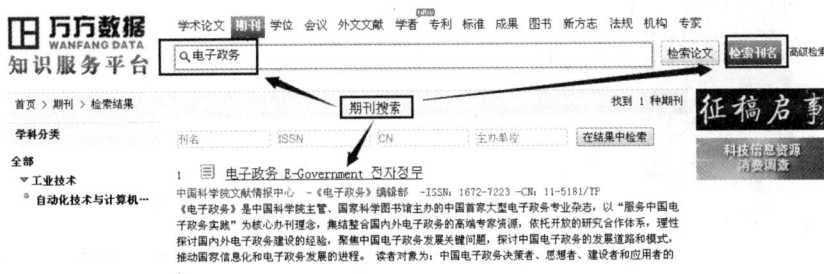

图 2-66　万方期刊订阅（1）

然后打开期刊《电子政务》主页，名称下面有 RSS 订阅标志，如图 2-67 所示。直接点击即可添加到 RSS 软件的频道当中去，一旦最新一期《电子政务》刊出，则可以第一时间阅读到最新文献。

图 2-67　万方期刊订阅（2）

此外，知网也提供了同样的功能，在知网的期刊检索中找到《电子政务》的期刊主页，名称下面就有 RSS 订阅标志，直接点击即可将期刊的 RSS 地址添加到 RSS 软件的频道当中去，如图 2-68 所示。

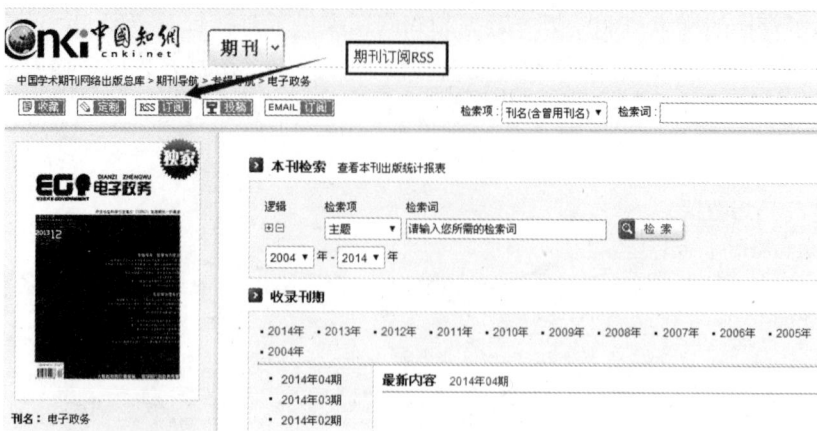

图 2-68　知网期刊订阅

本章最后的参考资料中，常用 RSS 源地址表格中有很多公共管理相关期刊的源地址，直接复制添加到 RSS 频道订阅之中即可，例如，使用鲜果订阅添加相关地址，订阅完成之后如图 2-69 所示。

图 2-69　学术期刊订阅

【本章小结】

通过本章的学习，读者今后至少有两方面的改变：

（1）信息搜索思维的转变。如今的社会是一个信息泛滥的时代，如何找到准确的信息需要转变传统的思维方式，由"我找信息"变成"信息找我"。因此，要理解本章 RSS 订阅的基本理念，同时学会使用常用的 RSS 软件进行信息订阅，包括网站、博客、搜索引擎、学术资源库等的订阅。

（2）掌握常用搜索技巧。在具体操作方面，本章介绍了常用的搜索引擎的基本检索规则，比如逻辑与、非、或，精确搜索等；还介绍了一些常用检索技巧，比如 intitle、filetype、site 等的高级用法，还针对学生展示了 Google 学术搜索引擎的用法；重点介绍了几个公共管理常用的学术数据库的使用方法。

有了思维方式的变化，辅助以操作练习，可以大大提高学生的信息搜索能力。

【扩展阅读】

Google 的创始人：拉里·佩奇和谢尔盖·布林

拉里·佩奇（Lawrence Edward Page），Google 公司的创始人之一，2013 年美国 40 岁以下最有影响力 CEO，并以 230 亿美元资产荣登《福布斯》2013 年全球富豪榜第二十位。[①]

拉里·佩奇 1973 年出生在美国密歇根州东兰辛市的一个犹太家庭，父亲卡尔文森·佩奇是密歇根州立大学的一位计算机教授，拥有计算机科学博士学位，母亲葛洛丽亚·佩奇也是密歇根州立大学（MSU）的一位计算机教授，是一名犹太教徒。

拉里·佩奇
图片来源：百度百科。

1996 年，佩奇和布林开始合作研究一个名为"BackRub"的搜索引擎，到 1998 年上半年逐步完善这项技术后，两人合作运行 Google 搜索，并以 PageRank 为基础给网页排名，同时两人也开始为这项技术寻找合作伙伴。

① 百度百科. 拉里·佩奇［EB/OL］.［2014-05-05］. http://baike.baidu.com/view/251897.htm.

他们找到雅虎的创始人之一戴维·菲洛，菲洛认为他们的技术确实很可靠，但建议他们自己建立一个搜索引擎公司发展业务，发展起来后再考虑合作。他们的一位教师，也是 SUN 微系统的创始人之一安迪·别赫托希姆在关键时刻给予他们很大帮助。别赫托希姆的确是个很有远见的人，在看完他们的演示后，立马开了一张 10 万美元的支票帮助他们成立 Google 公司。之后两人又从家人朋友那里借钱，筹得 100 万美元作为最初投资。

1998 年 9 月 7 日，Google 公司在加利福尼亚州的曼罗帕克正式成立。他们雇用了第一位员工克雷格·希尔弗斯坦成为 Google 公司的科技主管。

1999 年 2 月他们搬到了新的办公室，虽然条件仍然简陋，但比车库好点，一张乒乓球桌就作为正式的会议场所，8 名员工在办公室里都转不过身，一个人要出门所有人都得起身挪开凳子才能腾出地方。到了 6 月，Google 得到红杉资本和 Kleiner Perkins Caufield 两家风险投资基金的 2500 万美元注资，并在 9 月 21 日这天，Google 不再是测试版的搜索引擎，开始每天处理约 3 亿个搜索结果。

2000 年在佩奇的领导下 Google 发展成为最大的互联网搜索引擎，雅虎选择 Google 作为默认的搜索结果供应商。

2001 年，佩奇辞去了 CEO 的职位，从 Novell 公司聘请埃里克·施密特博士担任 Google 公司的 CEO，自己则担任了产品总监。

2003 年，佩奇主导谷歌以 1.02 亿美元收购了 Semantics 和 Sprinks 后推出 AdSense，这一广告计划能按照网站内容做广告。

2004 年，Google 在纳斯达克上市。

谢尔盖·布林是 Google 公司的创始人之一。他出生在俄罗斯，5 岁时，布林跟随父母一起移民美国，他的父亲迈克尔是一位数学家，祖父也是一位数学教授，估计有遗传或者家庭影响的因素，布林从小就是个"数学天才"。在他与拉里·佩奇合作建立 Google 公司之前，他一直学习计算机科学和数学。布林目前是 Google 公司董事兼技术部总监。[①]

谢尔盖·布林
图片来源：百度百科。

布林与佩奇 1998 年共同创立了 Google 公司，2004 年成功上市。2005~2006 年，布林曾抛售价值超过 20 亿美元的股票，身价猛增 250%，财富增长势头超过当年的比尔·盖茨。

硅谷人都说布林是一位"慈善家"，在 Google 公司，他执行了诸多"免费策略"，比如员工用餐、健身、按摩、洗衣、洗澡、看病都 100% 免费，还允许员工

① 百度百科. 谢尔盖·布林 [EB/OL]. [2014-06-12]. http://baike.baidu.com/view/615669.htm.

带孩子和宠物来公司上班，很多重要员工都有自己的独立办公室，每个办公室可以按照自己的意愿来装修。为了鼓励创新，布林还要求工程师们必须用 1/4 的时间来思考了不起的点子，并允许员工有 4% 的时间做自己感兴趣的任意工作，对上班族来说，这简直是"打工天堂"。

此外，布林还领导神秘部门 Google X，Google 公司内部拥有一个代号为 Google X 的神秘研发部门，在谷歌内部进行着众多前沿技术开发项目，其中包括无人驾驶汽车、谷歌眼镜等。

【实践操作】

操作一　　RSS 订阅练习

1. 请依据所学专业，选择你感兴趣的一个主题。请用 Google 学术创建快讯的方式来追踪某个领域的发展（选择不同的关键词，含中英文）。

2. 请依据所学专业，选择你感兴趣的一个主题。请用 RSS 订阅的方式追踪某个学者的研究（含博客、网站、学术数据库）。

操作二　搜索引擎检索练习报告

1. 利用搜索引擎检索出你所学专业中文网站 2 个，给出相应的站名、网址，并对检索出的专业网站作简要介绍。

所用搜索引擎网址：＿＿＿＿＿＿＿＿＿＿＿＿＿＿＿＿＿

检索式（检索词）：＿＿＿＿＿＿＿＿＿＿＿＿＿＿＿＿＿

站名	网址	简要介绍

2. 利用搜索引擎检索出你所学专业外文网站 2 个，给出相应的站名、网址，并对检索出的专业网站作简要介绍。

所用搜索引擎网址：_____

检索式（检索词）：_____

站名	网址	简要介绍

3. 列出你所在专业的中文核心期刊 3 种，并写明检索步骤。

说明：中文核心期刊以《中文核心期刊要目总览 2014》为准。

（1）检索步骤：

步骤	内容

（2）检索结果（写出期刊刊名即可）：

① _____ ② _____

③ _____

4. 请通过任何可能的方法，检索出至少两个不同国家的专利网站，写出名称及网址：

（1）_____

（2）_____

（3）_____

5. 利用搜索引擎，检索出中国哪些高等学校有你所在专业的博士学位授予权。选择其中 3 所学校，将相关信息填在下表中。

项目	内容
搜索引擎网址	
检索词	
学校	博士生导师姓名（每所学校填写 3 名）

6. 你所学专业在一些学校是被作为国家级重点学科建设的，你知道是哪些学校吗？利用搜索引擎检索出这些学校，选择其中两所学校填在下面的表格中。

项目	内容
搜索引擎网址	
检索词	
检索结果	1.
	2.

7. 选择目前你正在学习的一门专业课程，利用搜索引擎，检索该课程的教学大纲（DOC 格式）及教学课件（PPT 格式），将相关信息填入下表中。

项目	内容
课程名称	
搜索引擎网址	
教学大纲检索	
检索词（检索表达式）	
教学大纲下载地址	
教学课件检索	
检索词（检索表达式）	
教学课件下载地址	

【参考资料】

一、常用 RSS 源地址

常用 RSS 类别	RSS 源地址
学术期刊	中国行政管理，http://rss.cnki.net/KNS/rss.aspx?journal=ZXGL 管理世界，http://rss.cnki.net/KNS/rss.aspx?journal=GLSJ 经济研究，http://rss.cnki.net/KNS/rss.aspx?journal=JJYJ 公共管理学报，http://rss.cnki.net/KNS/rss.aspx?journal=GGGL 公共行政评论，http://rss.cnki.net/KNS/rss.aspx?journal=GGXZNS 中国社会科学，http://rss.cnki.net/KNS/rss.aspx?journal=ZSHK 管理科学学报，http://rss.cnki.net/KNS/rss.aspx?journal=JCYJ 改革，http://rss.cnki.net/KNS/rss.aspx?journal=REFO 学术月刊，http://rss.cnki.net/KNS/rss.aspx?journal=XSYK 电子政务，http://rss.cnki.net/KNS/rss.aspx?journal=DZZW 中国软科学，http://rss.cnki.net/KNS/rss.aspx?journal=ZGRK

续表

常用 RSS 类别	RSS 源地址
学术期刊	南开管理评论，http：//rss.cnki.net/KNS/rss.aspx?journal=LKGP
	经济学家，http：//rss.cnki.net/KNS/rss.aspx?journal=JJXJ
	中国工业经济，http：//c.wanfangdata.com.cn/Rss.ashx?NodeID=zggyjj
	管理科学，http：//rss.cnki.net/KNS/rss.aspx?journal=JCJJ
	管理学报，http：//c.wanfangdata.com.cn/Rss.ashx?NodeID=glxb
	农业经济问题，http：//rss.cnki.net/KNS/rss.aspx?journal=NJWT
	管理评论，http：//rss.cnki.net/KNS/rss.aspx?journal=ZWGD
	社会学研究，http：//rss.cnki.net/KNS/rss.aspx?journal=SHXJ
	中国农村观察，http：//rss.cnki.net/KNS/rss.aspx?journal=ZNCG
	中国高等教育，http：//rss.cnki.net/KNS/rss.aspx?journal=ZGDJ
科研机构	基金委项目申报动态（科学网），http：//www.sciencenet.cn/
	自然基金委基金要闻，http：//www.nsfc.gov.cn/publish/portal0/tab88/
	科学松鼠会，http：//songshuhui.net/feed
	社科基金通报，http：//www.npopss-cn.gov.cn/GB/219469/index.html
时政要闻	南方周末–热点新闻，http：//www.infzm.com/news.shtml
	路透：时事要闻，http：//cn.reuters.com/rssFeed/CNTopGenNews
	南方人物周刊–CNKI，http：//rss.cnki.net/KNS/rss.aspx?journal=NFRW
	资讯频道–凤凰网，http：//news.ifeng.com/rss/index.xml
	新闻要闻–新浪新闻，http：//rss.sina.com.cn/news/marquee/ddt.xml
	网易科技头条，http：//tech.163.com/
	博客园–新闻，http：//feed.cnblogs.com/news/rss
	科学网新闻头条，http：//news.sciencenet.cn/

二、常用 RSS 阅读器

这里介绍几个常用的 RSS 阅读器，如果你从来没有使用过 RSS 阅读器来阅读 Blog，我相信你在使用在线 RSS 阅读器后，会或多或少改变自己的阅读习惯。

1. 在线 RSS 阅读器

国外网站有：

◆bloglines（http：//www.bloglines.com/）

◆rojo（http：//www.rojo.com/）

◆newsgator（http：//www.newsgator.com/）

国内网站有：

◆鲜果（http：//xianguo.com/reader/）

◆抓虾（http：//www.zhuaxia.com/）

◆有道阅读（http：//reader.youdao.com/）

2. 离线阅读器

目前常用的离线阅读器有以下几种：

◆FeedDemon

FeedDemon 是一个离线 RSS 客户端软件，提供了强大细致的本地管理功能，能够更方便地阅读 Atom 和 RSS，是最好用的离线 RSS 阅读器。

◆Feed Notifier

Feed Notifier 是一款小巧的桌面订阅提醒，对于喜欢订阅各种资讯的人来说，可以更快地看到新资讯。Feed Notifier 功能很简单，只需要输入订阅地址，设置提醒的时间样式等，只要订阅的地址有资讯，Feed Notifier 就会第一时间通知你。Feed Notifier 的优势在于，你可以根据内容摘要筛选你认为可读的条目阅读，而无需费劲地滚动鼠标滚轮。

◆新浪点点通

新浪点点通阅读器是为新浪点点通量身打造的一款 RSS 阅读器，是一个信息传递的平台，通过它可以获取、阅读、管理 XML 信息。它虽然个头小巧但功能强大，由于是新浪官方开发的一款软件，所以其中内置了新浪所有的 RSS 频道。

第三章　数据包络分析

【基本要求】

【基本要求】

通过本章的学习，在理论上要了解对于非营利组织、公益项目的绩效评价的方法；理解数据包络分析（DEA）的基本理念以及数据包络分析的一般步骤；知晓数据包络分析的特点以及这种方法的局限性。在实践上，通过对 DEA-solver 软件的应用操作，让学生掌握一门全新的对于组织、项目等的评价技术，并且知道如何应用数据来解释最终的结果。

【问题导读】

请读者带着以下问题进行本章的学习：

- 数据包络分析能做什么？其应用背景是什么？
- 你能用一句话说明数据包络分析的实质吗？
- 数据包络分析的效率评价有何优缺点？
- 数据包络分析中的权重是如何得到的？

【理论基础】

第一节　数据包络分析方法产生的背景及简介

一、背景知识

首先，我们来看看以往进行绩效评价时经常出现但非常不合理的两个现象：

1. 只讲投入不讲产出

大家经常会看到的一个现象就是，某些政府部门在进行年终总结时，经常是只讲投入不讲产出。比如，今年在教育领域投资多少钱，在基础设施领域投入多少钱，在文化建设领域投入多少钱，很少讲投入了这么多钱，带来了具体什么效益。如果在教育领域投入了很多钱，但义务教育入学率没有根本改善，基础设施依旧不耐用等，则这种政府投资就是失败的投资。政府花的每一分钱都是纳税人的钱，我们希望看到政府投资的具体产出是什么。要改变政府及其官员只讲投入不讲产出、不求有功但求无过和只会浪费不会谋利的行为方式。

2. 人为设定权重

在传统的绩效考核方式中，最常见的就是评价指标体系。这种评价方式貌似公平，每个人都是一样的标准，但是这种评价方式最大的弊病就是指标体系设计得不科学。因此，每个单位的指标考核体系一旦出来，一定会有很多人不满意。比如，常规的方法是设计几个一级指标，每个一级指标下面又有二级指标甚至三级指标，每个指标被人为赋予一定的权重。然后根据某个人的每项指标得分，分别乘以权重，然后加总就成为某个人的绩效考核得分。但是请问这个权重的设计依据是什么呢？某一项指标的权重是20%而不是25%的理由是什么呢？为什么某一项的权重比另外一项的大一些呢？这些问题可能都无法回答。此外，如果指标设计者本人也参与这个考核，那么他就难免有这样一种倾向，把对自己考核有利的指标的权重设计得高一点，而对自己不利的指标的权重设计得低一些，因为人都是经济人。

因此，在对组织（尤其是非营利组织）、项目、个人进行考核时，为了避免仅仅考虑投入而不考虑产出或者人为地设计权重这两种弊病，需要有一种新的方法能解决这个问题。

数据包络分析（Data Envelopment Analysis，DEA）就是一种非常不错的效率评价方法。它是一种基于线性规划的用于评价同类型组织、项目和个人的工作绩效相对有效性的特殊工具手段。这类组织一般是非营利组织，项目一般是公益项目，因为其绩效无法用简单的财务指标来衡量。例如，学校、医院、银行的分支机构、超市的各个营业部等，这些被比较的组织（项目）具有相同（或相近）的投入和相同的产出。[①] 衡量这类组织（项目）之间的绩效高低，通常采用投入产出比这个指标，当各自的投入产出均可折算成同一单位计量时，容易计算出各自的投入产出比并按其大小进行绩效排序。但当被衡量的同类型组织（项目）有多

---

① 数据包络分析经常用于非营利组织的绩效评价，国际上非常著名的基金公司评级公司 Moringstar 在对基金公司进行评级排名时，使用的方法的基本原理就是数据包络分析方法。

项投入和多项产出，且不能折算成统一单位时，就无法算出投入产出比的数值。例如，大部分机构的运营单位有多种投入要素，如员工规模、工资数目、运作时间和广告投入，同时也有多种产出要素，如利润、市场份额和成长率。在这些情况下，就可以用数据包络分析的方法来解决投入产出多指标的问题，来评价它们的相对有效性。

二、数据包络分析简介

数据包络分析，是运筹学管理科学和数理经济学交叉研究的一个新领域，是1978 年由著名的运筹学家 A. Charnes、W. W. Cooper 和 E. Rhodes 所提出的一种实用性非常高的经营分析手法，用这个方法可以评价部门间的相对有效性。他们的第一个模型被命名为 CCR 模型，CCR 三个字母是取自 A. Charnes、W.W. Cooper 和 E. Rhodes 三人姓名的第一个字母的大写。从生产函数角度看，这一模型是用来研究具有多个输入，特别是具有多个输出的"生产部门"同时为"规模有效"与"技术有效"的十分理想且卓有成效的方法。[①]

1984 年，Banker、Charnes 和 Cooper 提出了 BCC 模型，[②] 放松固定规模报酬的限制，改良了 CCR 模型，并进一步把全面技术效率分解为纯技术效率与规模效率。根据 BCC 模型，可比较不同的规模报酬之下所计算出来的效率值，并判断每个决策单元是处于何种生产规模报酬之下。[③]

1985 年 Charnes、Cooper 和 B.Golany、L.Seiford，J.Stutz 给出了另一个模型，称为 CCGSS 模型，这个模型是用来研究生产部门间的"技术有效性"的。[④]

1986 年 Charnes、Cooper 和魏权龄为了进一步估计"有效生产前沿面"，利用 Charnes、Cooper 和 K.Kortanek 于 1962 年首先提出的半无限规划理论，研究了具有无穷多个决策单元的情况，给出了一个新的数据包络模型——CCW 模型。[⑤]

1987 年 Charnes、Cooper、魏权龄和黄志民又得到了称为锥比率的数据包络模型——CCWH 模型。这一模型可以用来处理具有过多的输入及输出的情况，而

① A.Charnes，W.W.Cooper and E.Rhodes.Mearsuring the efficiency of decision making units［J］. European Journal of Operational Research，1978（2）：429–444.

② 数据包络分析里面大部分的模型名称都是由发明者的名字的第一个字母组成。

③ R. D. Banker，A. Charnes，W. W. Cooper. Some models for estimating technical and scale inefficiencies in Data Envelopment Analysis［J］. Management Science，1984，30（9）：1078–1092.

④ A. Charnes，W. W. Cooper，B. Golany，Seiford，Stutz. Foundation of Data Envelopment Analysis for Pareto–Koopmans efficient empirical production functions［J］. Journal of Econometrics（Netherlands），1985（1–2）：91–107.

⑤ A. Charnes，W.W. Cooper and Q.L. Wei. A semi–infinite multicriteria programming approach to data envelopment analysis with many decision–making units，Center for Cybernetic Studies Report CCS 551，Sep. 1986.

且锥的选取可以体现决策者的"偏好"。[①]

上述模型都可以看作是处理具有多个输入（输出越小越好）和多个输出（输入越大越好）的多目标决策问题的方法。数据包络分析可以看作是一种统计分析的新方法，它是根据一组关于输入—输出的观察值来估计有效生产前沿面的。[②]

现在，DEA 已经形成了一个数学、经济学、管理科学交叉研究的新领域，广泛应用于金融、医疗、教育和管理领域。DEA 方法和模型，以及对 DEA 方法的理解和应用还在不断地发展和深入，除了上面提到的 BCC、CCGSS、CCW 和 CCWH 模型外，在具体使用 DEA 方法时，"窗口分析"方法使得 DEA 的应用范围拓广到动态情形等。

第二节　数据包络分析基本原理

一、CCR 理论模型

1. 基本概念

数据包络分析最基本的模型即 CCR 模型，首先了解一些基本术语。

（1）决策单元。决策单元（Decision Making Units，DMU）也就是参与效率评价的基本单元。因为所有被评价单元都是通过一定数量的"投入"产生出一定数量的"产出"的活动。虽然这种活动的具体内容不同，但其目的都是尽可能使这一活动取得最大的"效益"。由于从"投入"到"产出"需要经过一系列的决策才能实现，即"产出"是"决策"的结果，因此称之为"决策单元"。

（2）输入与输出。对具有相同类型的部门或单位（决策单元）进行效率评价时，其评价的依据是决策单元的"输入"和"输出"数据。输入数据是指决策单元在某种活动中需要耗费的某些资源数量，例如投入的资金、劳动力、占地面积，等等；输出数据是指决策单元经过一定的输入之后，产生的表明该活动成效的某些信息。比如评价一所高等院校，输入可以是全年的资金、教职员工总数、用房总面积、各类职称专业人员数，等等，输出可以是培养的博士研究生人数、硕士研究生人数、本科生人数、各类科研成果数量、学生质量，等等。

[①] A. Charnes, W.W. Cooper, Q.L.Wei and Z.M. Huang. Cone Ratio Data Envelopment Analysis and Multi-objective Programming [J]. International Journal of Systems Science, 1989, 20（7）: 1099-1118.

[②] 魏权龄.评价相对有效性的数据包络分析模型：DEA 和网 DEA [M]. 北京：中国人民大学出版社，2012：2-6.

（3）有效生产活动。假设某个决策单元（DMU）在一项"经济"（生产）活动中的输入向量为 $x = (x_1, x_2, \cdots, x_m)^T$，输出向量为 $y = (y_1, y_2, \cdots, y_s)^T$，于是我们可以简单地用 (x, y) 表示这个 DMU 的整个生产活动。称 $T = \{(x, y)|$ 产出 y 能用 x 生产出来$\}$ 为所有可能的生产活动构成的生产可能集。

设 $(x, y) \in T$，如果不存在 $(x, y') \in T$，且 $y \leqslant y'$，则称 (x, y) 为有效生产活动。

（4）规模有效。如果投入增量相对百分比（$\Delta x/x$）大于产出增量相对百分比（$\Delta y/y$），表明投入规模的增加并未获得"理想"的产出效果，故称为规模效益递减；如果投入增量相对百分比（$\Delta x/x$）小于产出增量相对百分比（$\Delta y/y$），表明产出效益的相对增加大于投入规模的相对增加，则称为规模效益递增；如果（$\Delta x/x$）等于（$\Delta y/y$），则为规模效益不变。

如果某一生产过程（x_0, y_0）处于规模效益递增状态，说明在 x_0 的基础上，适当增加投入量，可望产出有相对更大比例的增加，因此决策单元（DMU）会有增加投入的积极性，反之将没有再增加投入的积极性。

如果对于投入规模 x_0，当投入小于 x_0 时，均为效益递增状态，而当投入大于 x_0 时，均为效益递减状态，即就投入规模而言，无论大于或小于 x_0 都不是最好的，我们称这样的 DMU 对应的生产过程（x_0, y_0）为规模有效的。

2. DEA 的基本思路

用一句话说明 DEA 的基本思路就是：在若干个 DMU 进行绩效比较的时候，看看某一个 DMU 被赋予最好的权重后与其他 DMU 比较，看其效率值能否达到 1。如果不能，说明其是无效的，需要进行改进。

接下来，以例子的方式给大家展示 DEA 的基本思路。

（1）1 个输入—1 个输出的效率比较。假定有 8 家商店，输入指标为从业人数（单位：人），输出指标为销售额（单位：亿元），如表 3-1 所示。最下一列是表示单位输入的产出，也就是每人的平均销售额（亿元/人）。

表 3-1　1 个输入—1 个输出

商店	A	B	C	D	E	F	G	H
人数	4	3	3	2	8	6	5	5
销售额	3	2	3	1	5	3	4	2
销售额/人数	0.75	0.667	1	0.5	0.625	0.5	0.8	0.4

由表 3-1 可知，C 商店的劳动生产率最高，H 商店的劳动生产率最低。将从业人数当作输入，销售额当作输出，在坐标轴中画成图形时，如图 3-1 所示。

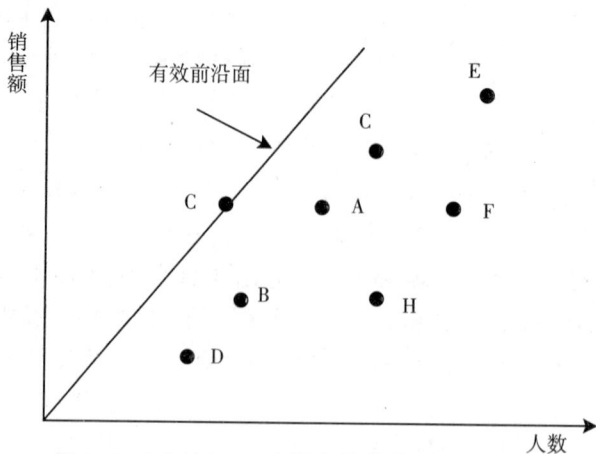

图 3-1 1 个输入—1 个输出的劳动生产率的比较

在图 3-1 中，连结各点与原点的直线斜率表示劳动生产率。连结 C 点与原点的直线斜率最大，此线称为有效前沿面。所有的商店点均落在有效前沿面的下侧。通过与有效前沿面的比较，即可决定各商店的效率值。落在有效前沿面线上的商店业绩最优秀的商店，是与此最优秀的商店进行对比来评价其他商店的业绩，即为 DEA 的基本思路。

如图 3-1 所示，C 商店是有效率的，其他均是无效率的。因此，把 C 商店的效率值定作 1，则其他商店的效率值定义为：

$$其他商店的效率值 = \frac{其他商店的劳动生产率}{C 商店的劳动生产率}$$

本例 C 商店的劳动生产率是 100%，其他商店的效率值即为劳动生产率本身。如此一来得出表 3-2。

表 3-2　8 家商店的效率值

商店	A	B	C	D	E	F	G	H
效率值	0.75	0.667	1	0.5	0.625	0.5	0.8	0.4

在表 3-2 中，效率值从高到低顺序是 1 = C > G > A > B > E > D = F > H = 0.4，可以得知 H 商店的效率只有 C 商店的 40%。如果想让无效率的商店变得有效率，以 D 商店为例，将 D 商店变得有效的一个方法是减少人数使得坐标移到效率前沿面，也就是将人数减少 1 人，使之移动到图 3-2 中的点 D_1。这是减少投入的方式的效率提升，但也可以考虑增加输出的效率提升方式。也就是说，移动到图 3-2 中的点 D_2。此外，移到 D_1 与 D_2 之间的线段上的任一点的方案均可行。DEA

不仅是决定组织的效率值，也可向经营者提示有关输入指标中人员调整的方向和大小，或提示提高生产、销售的目标。

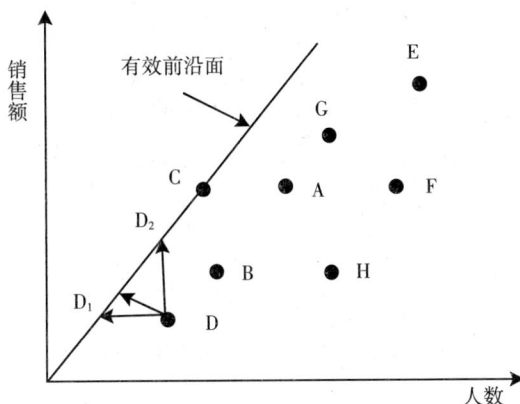

图 3-2　商店 D 的效率

（2）2 个输入—1 个输出的效率比较。表 3-3 是 2 个输入和 1 个输出的商店的数据，输入 1 是人数（单位：百人），输入 2 是店铺数（单位：10 个），输出是销售收入（单位：亿元）。

表 3-3　2 个输入—1 个输出商店数据

商店	A	B	C	D	E	F	G	H	I
从业人数	4	4	2	6	7	7	3	8	5
店铺数	3	2	4	2	3	4	4	1	3
销售收入	1	1	1	1	1	1	1	1	1

将输入 1/输出、输入 2/输出当作坐标轴，将各商店的坐标描画在图上即为图 3-3。考虑效率时，能够以较少的输入得到所期望的输出，则被认为是效率比较优秀的商店。从此种见解来看，连结 C、B、H 点形成有效前沿面（有效前沿面商店的点 C、B、H 商店之间不能评价其效率的高低）。另外，如考虑由 H 水平延长的线以及由 C 垂直竖立的延长线时，所有的数据均包含在此线所围起的领域内，此领域一般称为"生产可能集"。

不在有效前沿面上的商店的效率值是 1 以下，其值可以根据有效前沿面来决定。比如，A 商店的情形，连结原点与 A 点的线假定与有效前沿面 BC 相交之点设为 A_2 时，即可以 OA$_2$/OA 来决定 A 的效率值，如图 3-4 所示。

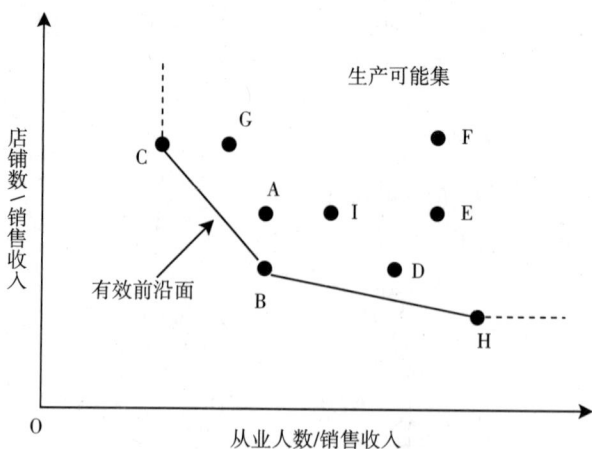

图 3-3　2 个输入—1 个输出的效率的比较

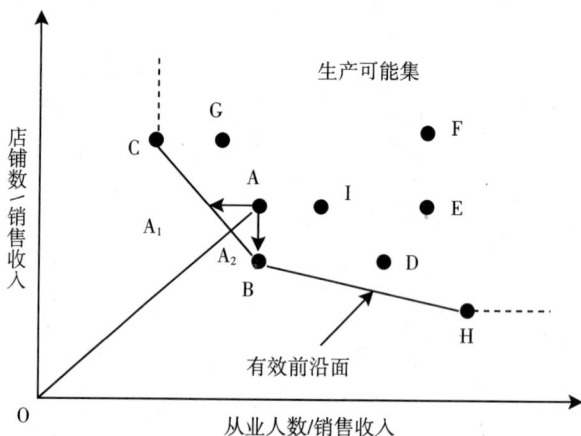

图 3-4　A 商店的改进方式

针对无效率商店 A 的绩效的改善，最简单的方式就是通过原点连线，从 A 点到 A_2 意味着等比例的降低"输入 1"与"输入 2"到点 A_2。[①] 当然移到图 3-4 的线段 BA_1 上的任一点都行。点 B 是相当于人不减少，减少店铺数量的方案。点 A_1 是店铺数量不减少，减少人的方案。此外，也可以用输入维持不变，增加输出谋求达到有效的方法。

（3）1 个输入—2 个输出的效率比较。表 3-4 是 1 个输入—2 个输出的例子数据。数据表明：有 7 家商店，输入是店铺数，输出是来客数（单位：千人）与销售额（单位：千万元）。

———————————

① 因为从数学的角度来看，通过原点的连线是一种比较简单的求解方法。

表 3-4　1 个输入—2 个输出数据

商店	A	B	C	D	E	F	G
店铺数	1	1	1	1	1	1	1
来客数	1	2	4	4	5	6	7
销售额	6	7	6	5	2	4	2

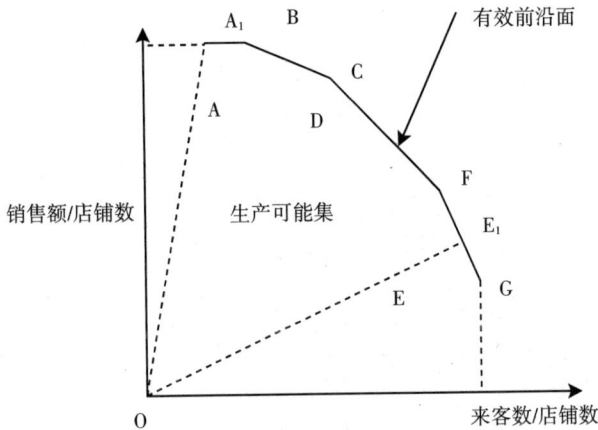

图 3-5　1 个输入—2 个输出的效率值的比较

为方便起见，表 3-4 中把所有的输入都变成了相同的，那么此时效率最好的就是输出最大的点，所以，形成如图 3-5 所示的有效前沿面。B、C、F、G 商店是有效率的，由 G 向下画垂直线，由 B 向左画水平线时，此领域内的所有的点均包含在内。此即为生产可能集，其他的 A、D、E 商店均为无效率。

A、D、E 商店虽然是无效率，而它的效率值是根据连结原点与各点的直线与有效前沿面相交的点来测量。比如，点 E 的效率值是 OE/OE_1。E_1 是 E 商店达到有效前沿面的虚拟商店。原点与 A 连结的线的延长线在 A_1（A 商店达到有效前沿面时的虚拟商店）与 B 点到纵轴的连线相交，因此点 A 的效率值是以 OA/OA_1 来计算。可是，A_1 相对 B 而言由于输出 1 的值不佳，所以 A_1 本身是无效率的。因此，将 A 效率化，可以考虑移到 B 的方法。这说明在利用 DEA 判定效率时，不仅要考虑效率值，也要考虑差额变量（slack）过剩的存在。A_1B 的大小是 A 点的差额变量（slack）的值。

差额变量（slack）表明某个无效的点在变成有效点的时候，其变化路径正好与延长线相交。相交的点到延长线的最开始段的距离即为 slack，表示在等比例地变化了输入或者输出之后，还可以再降低 slack 那么多的某一输入或增加 slack 的量的输出才能达到有效。

（4）一般的情形。如果输入或者输出数目再增加，则变成了多输入—多输出的情形。表 3-5 是一组多输入—多输出的数据，评价单位一共 12 家商店。输入指标取"从业人数"与"店铺数"，输出指标取"来客数"与"销售额"。

表 3-5　多输入—多输出数据

商店	A	B	C	D	E	F	G	H	I	J	K	L
从业人数	10	26	40	35	30	33	37	50	31	12	20	45
店铺数	8	10	15	28	21	10	12	22	15	10	12	26
来客数	23	37	80	76	23	38	78	68	48	16	64	72
销售额	21	32	68	60	20	41	65	77	33	36	23	35

多指标的变量很难在平面上表达，因此，此阶段是无法利用图形进行相对比较。为了以输出/输入之比率尺度测量相对的效率性，将这些多输入、多输出分别换算成虚拟的总输入和虚拟的总输出。因此，对各项目设定权重后再相加。

虚拟的总输入 = v1 × 从业人数 + v2 × 店铺数

虚拟的总输出 = u1 × 来客数 + u2 × 销售额

并且，利用效率=虚拟的总输出/虚拟的总输入

以往的评价经常是人为地设定权重，这样的评价结果对于被评价对象来说，没有一个是令人信服的。而且这样的人为设定也难免经济人假设的嫌疑，如果权重的设定者本身也要参与评价，势必有嫌疑将自己占优势的指标的权重设置得高一些。为了避免这种不必要的麻烦，实际上可以由系统自己根据 DMU 的输入输出数据来产生权重，这就是 DEA 真正要做的事情。也就是说权重（v1，v2，u1，u2）是由真实的输入输出数据来决定的。

下面我们就从理论的角度来看看什么是 CCR 模型。

3. 理论推导

（1）CCR 模型。

设有 n 个 $DMU_j(j = 1, 2, \cdots, n)$，$DMU_j$ 的输入、输出向量分别为：

$x_j = (x_{1j}, x_{2j}, \cdots, x_{mj}) > 0$

$y_j = (y_{1j}, y_{2j}, \cdots, y_{sj}) > 0$

对固定的 $j_0(1 \leq j_0 \leq n)$，构造如下两个线性规划模型：

LP1：寻求 DMU_j（$1 \leq j \leq n$）的一种线性组合，在不比 DMU_{j_0} 原来投入更多的前提下，求其最大可能产出量，并检查这一产出量是否比原产出更多。相应模型为：

$$\begin{cases} \max\varpi = \varpi^* \\ \sum_{j=1}^{n} \lambda_j x_{ij} \leqslant x_{ij_0}, \ i = 1, \ 2, \ \cdots, \ m \\ \sum_{j=1}^{n} \lambda_j y_{kj} \geqslant y_{kj_0}\varpi, \ k = 1, \ 2, \ \cdots, \ s \\ \lambda_j \geqslant 0, \ \varpi \geqslant 0, \ j = 1, \ 2, \ \cdots, \ n \end{cases} \tag{3-1}$$

式中，m 为投入个数，s 为产出个数，n 为决策单元个数。$\lambda_j(j = 1, 2, \cdots, n)$ 为 n 个 DMU 的某种组合权重，$\sum_{j=1}^{n} \lambda_j x_j$ 和 $\sum_{j=1}^{n} \lambda_j y_j$ 为按这种权重组合的虚构 DMU 的投入和产出向量，x_{ij_0} 和 y_{kj_0} 为所评价的第 j_0 个 DMU 的投入和产出向量。该模型是从投入不变、产出增加的角度构造的，用于研究产出的有效性。同理，从产出不变、投入减少的角度也可构造模型来研究投入的有效性。

LP2：寻求 DMU_j（$1 \leqslant j \leqslant n$）的一种线性组合，在至少保持 DMU_{j0} 产出量的前提下，求其最小投入量，并检查这一投入量是否比原投入更小。相应模型如下：

$$\begin{cases} \min\theta = \theta^* \\ \sum_{j=1}^{n} \lambda_j x_{ij} \leqslant x_{ij_0}\theta, \ i = 1, \ 2, \ \cdots, \ m \\ \sum_{j=1}^{n} \lambda_j y_{kj} \geqslant y_{kj_0}, \ k = 1, \ 2, \ \cdots, \ s \\ \lambda_j \geqslant 0, \ \theta \geqslant 0, \ j = 1, \ 2, \ \cdots, \ n \end{cases} \tag{3-2}$$

以上两个模型可写成：

$$\begin{cases} \max\varpi = \varpi^* \\ \sum_{j=1}^{n} \lambda_j x_j + s^- = x_{j_0} \\ \sum_{j=1}^{n} \lambda_j y_j - s^+ = y_{j_0}\varpi \\ \lambda_j \geqslant 0, \ j = 1, \ 2, \ \cdots, \ n \\ s^+ \geqslant 0, \ s^- \geqslant 0 \end{cases} \tag{3-3}$$

和

$$\begin{cases} \min\theta = \theta^* \\ \sum_{j=1}^{n} \lambda_j x_j + s^- = \theta x_{j_0} \\ \sum_{j=1}^{n} \lambda_j y_j - s^+ = y_{j_0} \\ \lambda_j \geq 0, \quad j = 1, 2, \cdots, n \\ s^+ \geq 0, \quad s^- \geq 0 \end{cases} \qquad (3\text{-}4)$$

其中 s^+ 和 s^- 为松弛变量。

以上四个模型称为 CCR 模型。以下主要讨论模型（3-4），研究投入的有效性。

（2）DEA 有效性。

以下从应用的角度不加证明地直接给出由模型（3-4）判断 DEA 有效性定理，它本质上就是在模型（3-4）下弱 DEA 有效和 DEA 有效的定义。

定理 3-1　对于线性规划（3-4）有：

①若模型（3-4）的最优值 $\theta^* = 1$，则第 j_0 个 DMU 为弱 DEA 有效，反之亦然。

②若模型（3-4）的最优值 $\theta^* = 1$，并且满足所有的 $s^{-*} = 0$、$s^{+*} = 0$（每个分量都为零），则第 j_0 个 DMU 为 DEA 有效，反之亦然。

实际中如何对多个 DMU 进行相对有效性评价呢？如果模型（3-4）的最优值 $\theta^* < 1$，说明第 j_0 个 DMU 不是弱 DEA 有效，当然更不是 DEA 有效。也就是说，它是非 DEA 有效，并且 θ^* 越小，其有效性越差。但若用模型（3-4）判定某个 DMU 为 DEA 有效，就需要检查所有的解 λ^*，s^{+*}，s^{-*}，θ^* 都满足 $\theta^* = 1$，$s^{+*} = 0$，$s^{-*} = 0$，如果只有 $\theta^* = 1$，但并非所有的 $s^{-*} = 0$，$s^{+*} = 0$，只能说明第 j_0 个 DMU 是弱DEA有效，不能说是 DEA 有效。但对于模型（3-4）要判断所有的 $s^{-*} = 0$，$s^{+*} = 0$，并不是一件容易事，因此，在实际中经常直接使用的并非模型（3-4），而是一个稍加变化了的模型，这个模型就是所谓具有非阿基米德无穷小 ε 的 CCR 模型。

非阿基米德无穷小 ε 是一个抽象的数学概念，可以理解为一个小于任意正数而大于零的数（实际使用中常取为足够小的正数，例如 10^{-6}）。

带有非阿基米德无穷小 ε 的 CCR 模型为：

$$\begin{cases}
\min\left[\theta-\varepsilon\left(\hat{e}^T s^- + e^T s^+\right)\right] = \theta^* \\
\sum_{j=1}^{n}\lambda_j x_j + s^- = \theta x_{j_0} \\
\sum_{j=1}^{n}\lambda_j y_j - s^+ = y_{j_0} \\
\lambda_j \geq 0,\ j = 1,\ 2,\ \cdots,\ n \\
s^+ \geq 0,\ s^- \geq 0
\end{cases}$$

(3-5)

其中，$\hat{e} = (1,\ \cdots,\ 1)^T \in R^m$，$e = (1,\ \cdots,\ 1)^T \in R^s$。

定理 3-2　设 ε 为非阿基米德无穷小，以上线性规划问题的最优解为：

λ^*，s^{+*}，s^{-*}，θ^*。

①若 $\theta^* = 1$，则 DMU_{j_0} 为弱 DEA 有效；

②若 $\theta^* = 1$，且 $s^{+*} = 0$，$s^{-*} = 0$，则称 DMU_{j0} 为 DEA 有效。

（3）DEA 有效性的经济含义。

如果把相同类型的 DMU 看成是某种"生产"活动，则 DEA 有效性具有一定的经济含义：在 CCR 模型下为 DEA 有效的 DMU，从生产函数的角度讲，既是"技术有效"的，也是"规模有效"的。由 DEA 有效性定理可分为以下三层含义：

①如果 $\theta < 1$，在保持产出 y_{j_0} 不变的前提下，可以将投入 x_{j_0} 的各个分量均按同一比例减少，则表明可以用比 DMU_{j_0} 更少的投入而使产出不变，这正说明当前的 DMU_{j_0} 不是有效的生产活动，其既非技术有效，也非规模有效。

②如果 $\theta = 1$，要保持产出 y_{j_0} 不变，投入 x_{j_0} 的各个分量不可以全部继续减少，但可以做到减少部分投入，而保持产出 y_{j_0} 不变，则表明当前的 DMU_{j_0} 是弱 DEA 有效，但不是 DEA 有效。从生产理论来讲，它是技术有效，而非规模有效。

③如果 $\theta = 1$，要保持产出 y_{j_0} 不变，投入 x_{j_0} 的各个分量不仅不能整体按比例减少，而且连部分投入也不能再减少，则表明当前的 DMU_{j_0} 是 DEA 有效的，从生产理论来讲，它既是技术有效，也是规模有效。

将之前范例中的原始数据代入公式（3-4），求解不等式，即可得出 CCR 模型的权重和效率的值。由于具体运算过程比较复杂，就不做具体计算，后面将介绍用软件来求解。

二、DEA 的一般步骤

虽然 DEA 实际应用所涉及的领域不同、目的不同，但 DEA 方法在应用步骤上有若干共同点。DEA 方法的一般步骤是：

（1）确定评价目的。DEA 方法的基本功能是"评价"，特别是进行多个同类样本间的"相对优劣性"的评价。因此，需要明确哪些 DMU 能够或适宜在一起进行评价，通过什么样的输入/输出指标体系进行评价，选择什么样的 DEA 模型进行评价等，这些均应服从于应用 DEA 方法的具体目的性。

（2）选择 DMU。选择 DMU 就是确定参考集，由于 DEA 方法是在同类的DMU 之间进行相对有效性的评价，因此，选择 DMU 的一个基本要求就是 DMU的同类型。同类型应具有三个基本特征：相同的目标和任务、相同的外部环境、相同的输入和输出指标。DEA 分析方法受到 DMU 是否是同类型的影响，比如进行汽车行业的比较时，可能有些厂商是生产轿车的，有些厂商是生产大客车的，有些是生产货车的，这时候就无法将它们放在一起比较。如果将较多的 DMU 放在一起组成一个参考集时，"同类型"反映得不够充分，若将它们按一定特性分成几个子集，则每个子集内的 DMU 较好地体现出"同类型"，这样我们可以分别对这几个子集进行 DMU 分析，再将分析结果或独立或综合地进行再分析，这样往往能得到一些新的有用信息。

此外，为了更好地得到评价结果，不产生无意义的结果，对于 DMU 的数量来说，一般要大于 2 倍的输入输出指标之和，否则，被评价的 DMU 可能都是有效的，就得不出有价值的结果。

（3）建立输入/输出指标体系。建立输入/输出指标体系是 DEA 方法的基础工作，有以下几点要注意：

第一，要考虑能够实现评价目的，即输入与输出向量的选择要服务、服从评价目的。因此，指标的选择，可能需要通过专家访谈或小组座谈的方式，倾听多方意见以后来获取。

第二，要考虑输入向量、输出向量之间的联系。指标之间尽量要有独立性，比如某指标与已作为输入（出）指标之间呈现较强相关关系，则不要再选入。如果某指标与其他输入相关关系较强而同时又与其他输出相关关系较弱，则可将该指标归为输出，反之则归为输入。权重很小的指标可以考虑删除。

第三，要考虑输入/输出指标体系的多样性。一般在实现评价目的的大前提下，可以考虑设计多个输入/输出指标体系，对各个体系进行 DEA 分析后，将分析结果放在一起进行比较分析。

（4）DEA 模型的选择。DEA 模型有多种形式，选择哪个一要看 DMU 的实际背景，二要看分析评价的目的。此外，评价中要对各指标的相对重要性有所体现。尽可能选用不同类型同时进行分析，再把分析结果相互比较，这样会使评价更全面、更准确。比如，经常用的就是 CCR 和 BCC 模型一起使用。此外，对于输入导向还是输出导向的模型的选择，主要考虑 DEA 运算结果出来后，对于

DMU 来说，是改变输入还是改变输出比较切合实际。如果是改变输入，则使用输入导向的模型，否则选择输出导向的模型，其对于效率评价的运算结果是一样的。

（5）评价工作的表述。经过建模、求解，一般需从各 DMU 的 DEA 有效性、DMU 的相对规模收益、差额变量分析、敏感度分析、相对有效前沿面、非有效 DMU 的改善以及各 DMU 的相对有效性与输入/输出指标之间的关系等方面予以表述，并对管理者提供相关决策信息。

需要注意的是，DEA 分析方法仅仅给出 DMU 之间的相对有效性以及改进方向，评价结果不能解释 DMU 为什么差以及具体如何改进的措施，这些问题需要结合具体的管理实践辅助以其他的研究方法来解决。

三、DEA 特点

与其他的统计学方法相比，DEA 方法具有如下特点：

（1）多输入多输出。DEA 方法适用于多输出—多输入的有效性综合评价问题，在处理多输出—多输入的有效性评价方面具有绝对优势。

（2）无量纲性。只要 DMU 的输入输出采用相同的计量单位，其目标函数则不受投入、产出的计量单位影响。DEA 方法是纯技术性的，与市场（价格）可以无关，因此并不直接对指标数据进行综合，从而建立模型前无须对数据进行无量纲化处理。此外，DEA 在数据处理上具有弹性，可同时处理比率数据与非比率数据。

（3）无须预设生产函数与参数估计。传统的参数方法是指计量经济学中的数理统计方法，即在投入与产出之间假设明确的生产函数数学表达式，然后根据一组投入产出观测数据，在满足某些条件下，利用回归分析的方法确定表达式中的参数。

DEA 方法的最大特点是无须对生产系统的输入输出之间进行任何形式的生产函数假定，既不必像生产函数法那样先利用回归分析确定一个生产函数表达式，也不需要一个预先已知的带有参数的生产函数形式。

（4）无须任何权重假设。DEA 方法以决策单元输入输出的实际观测数据求得最优权重，排除了很多主观因素，具有很强的客观性。

由于这些特点，使得 DEA 方法在其出现后的较短时间内就得到了广泛的应用。现在，DEA 已经形成了一个数学、经济学、管理科学交叉研究的新领域。目前广泛应用于金融、医疗、教育和管理领域。

四、DEA 的局限性

虽然 DEA 绩效评价方法避免了投入/产出问题和权重人为设定问题，但 DEA 也不是万能的。DEA 的应用由于它固有的特点的影响而受到局限。具体来说，数据包络分析在实际应用中还需要注意以下几个局限：

（1）DEA 不能解释影响效率的因素。虽然 DEA 分析能够指出其他 DMU 非有效的方向和程度，从而为主管部门提供管理信息，但并不会告知研究者 DMU 为什么非有效，不能具体解释影响效率的因素，这需要与具体的管理实践相结合来查找原因，这也是 DEA 的应用范围有所限制的主要原因。

（2）效率的相对性。DEA 所获得的效率值为相对效率值，而非绝对效率值。因此，其结果的应用范围也仅仅局限于所比较的 DMU 范围之内，不具有一般意义上的推广性，也限制了其应用范围。

（3）易受极端值影响。DEA 分析易受极端值影响，样本里若有极端值出现，其分析结果可能就没有太大的意义，因此在进行分析前，先要剔除极端值。

（4）受同类型影响。DEA 的衡量结果受到 DMU 是否为同类型所影响。DMU 同类型越高，则衡量结果越有解释意义，否则，就不能用 DEA 的方法去做分析。

（5）数据要求无误差。由于 DEA 为非参数数据法，因此无法允许随机误差的存在。因此相关 DMU 的数据需相当准确，否则计算出的效率可能会产生误差，使衡量的效率值失去意义。

第三节　软件 DEA-Solver 使用详解

之前的理论推导看上去好像很复杂，但实际我们求解 DMU 权重时，一般情况下不必用手算，只需将相应的数据导入相应的软件，即可自动求解得到 DMU 的权重值以及效率值。下面我们就以 DEA-Solver 软件为例，讲解如何进行权重和效率的计算。

一、软件安装

DEA-Solver 5.0 是一款简单易学的 DEA 分析软件，试用版本请到这里下载：http：//pan.baidu.com/s/1sjsG9Lb。由于 DEA-Solver 本身就是一组 Excel 的宏命令，因此这个软件打开就是一个 Excel 表格的形式。

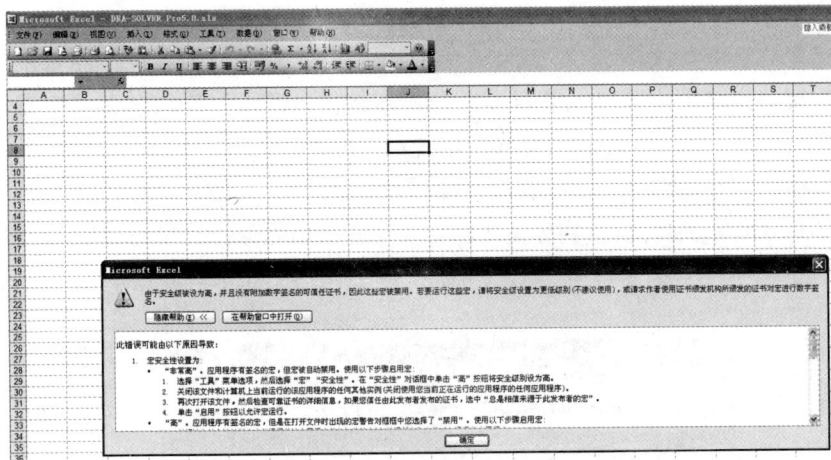

图 3-6 DEA-Solver 启动问题界面

如果打开软件显示如图 3-6 所示状况，弹出错误对话框，则说明 Excel 默认的宏的安全性较高，需要在工具—宏—安全性中，选择"中"即可（见图 3-7）。

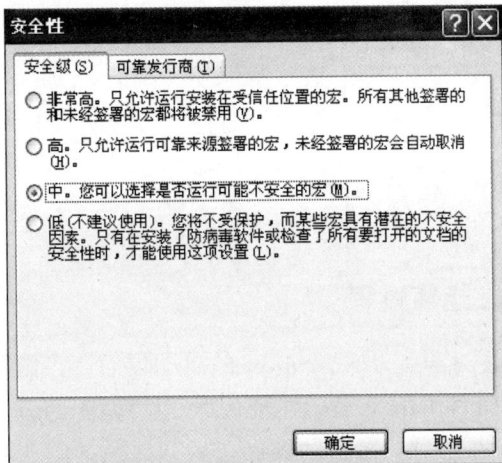

图 3-7 调整 Excel 宏安全性

二、数据输入及预处理

DEA-Solver 对于数据的要求较高，数据只能是数值型的，不能是字符型数据。此外，不需要将数据变成相同的单位，但需要注意的是数据中不能有 0，同时不能有负数，如果实在有负数需要处理，其输入输出可以换个方向，比如输出有负值，那么可以把它当做一个输入项来处理。

数据的输入有以下一些基本规则：

（1）表的名称默认是 sheet1，要改为 DAT。

（2）第一列输入决策单元信息以及分析案例信息即可。比如图 3-7 中案例信息是"Example 3.1"，决策单元的名称是"A、B、C、D、E、F、G"。

（3）输入"投入数据"，在第一行标题行中，"投入数据"的名称需要用英文字母"I"加"（ ）"后，再输入 x1 或 x2，"产出数据"也是一样的，其名称要加英文字母"O"加"（ ）"后，再输入 y1 或 y2。[①] 如图 3-8 所示：

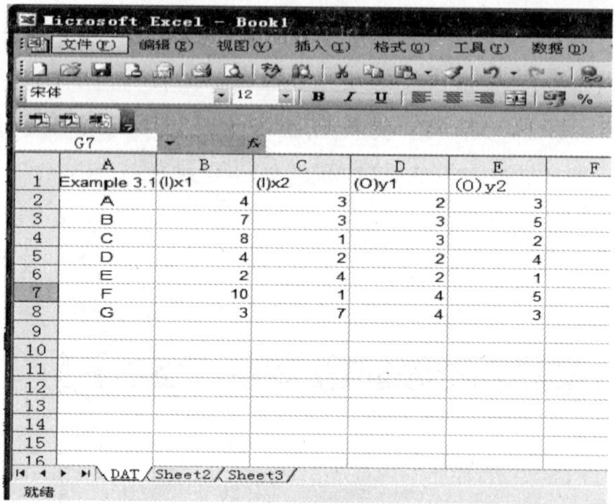

图 3-8　数据的输入

三、软件界面及运算过程

（1）启动界面。图 3-9 是 DEA-Solver 的启动界面，点击程序后，自动载入宏命令，之后点击"Click here to start"进入下一步。

（2）DEA 运行过程介绍。在启动界面之后，显示如图 3-10 所示，第一步，选择 DEA 模型；第二步，选择数据文件；第三步，选择结果保存的文件；第四步，DEA 计算。点击"OK"下一步进入选择模型。

（3）选择模型。DEA-Solver 提供了 34 个模型，如图 3-11 所示，左边的是进行模型的选择，右边的框是每个模型中选择输入导向的模型还是选择输出导向的模型。一般来说，选择输入导向还是输出导向取决于你自己的实际研究情境，最

---

① 英文字母"I"是英文单词 Input 的简写，字母"O"是英文单词 Output 的简写。

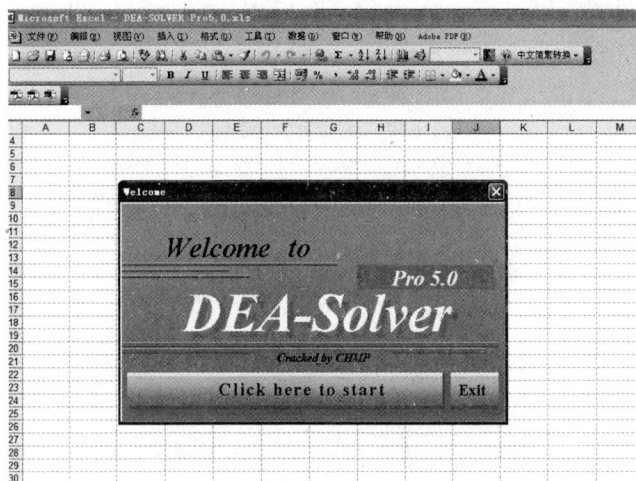

图 3-9 DEA-Solver 启动界面

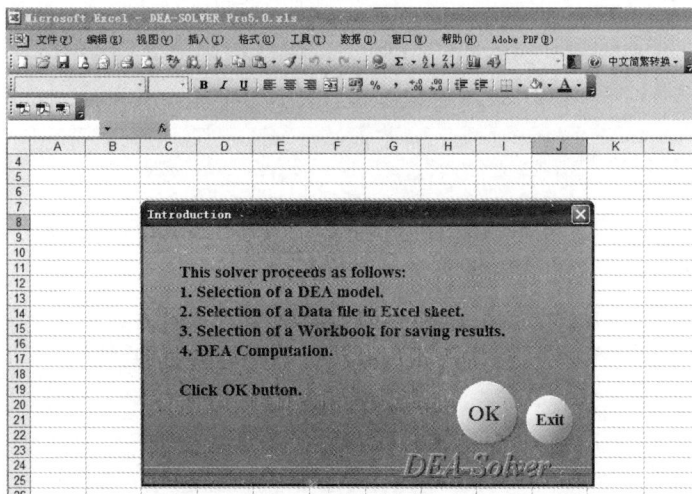

图 3-10 DEA-Solver 运算过程界面

终的结果是输入因素可以调整，那就用输入导向，如果输入因素无法调整，那就选择输出导向，其算出的效率值的结果是一致的。本书使用 CCR-I 模型（输入导向）作为例子进行分析，后续的结果解释也是基于 CCR-I 模型所做的分析。

（4）选择数据文件。点击"OK"后显示如图 3-12 所示，软件将要求导入原始数据，则找到原始数据存放的文件夹。

（5）选择数据表。一般的 Excel 打开之后，默认的有 3 个表，名字分别是 Sheet1、Sheet2、Sheet3，DEA-Solver 默认的选择数据表的名称是英文的"DAT"，

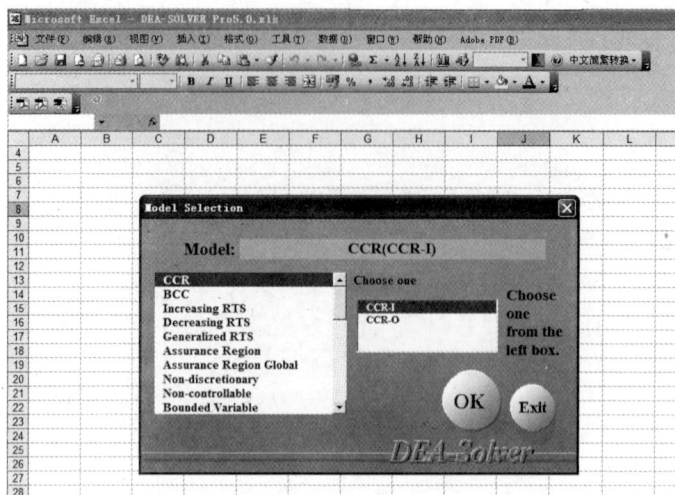

图 3-11 DEA-Solver 运算之模型选择

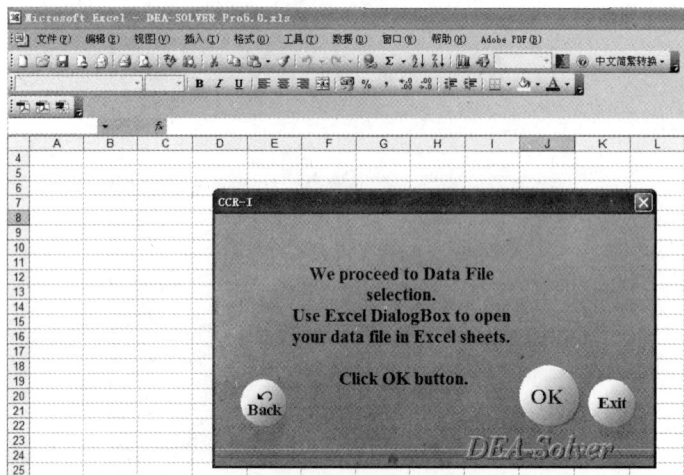

图 3-12 DEA-Solver 运算之选择数据文件

当然可以选择其他的表，但为了避免不必要的麻烦，建议初学者在原始数据录入时就直接先把数据表的名称改为"DAT"，如图 3-13 所示。

（6）选择要保存的文件。这一步比较简单，如图 3-14 所示，就是问你将最终运算结果保存在什么地方，选择保存到你所想要保存的文件夹即可，但在命名的时候有个技巧，就是一般都把名称命名为"模型名+output"形式，方便以后查找。

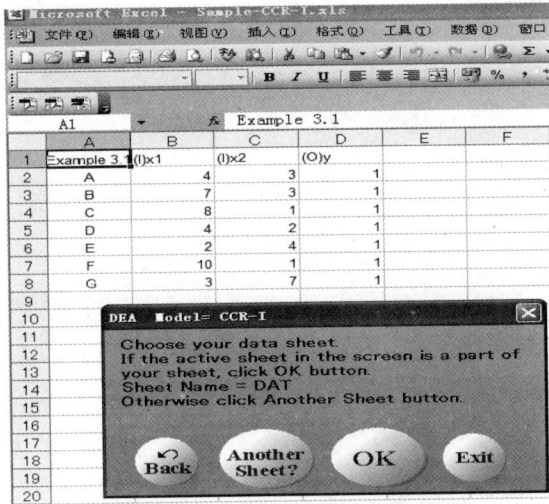

图 3-13　DEA-Solver 运算之选择数据表

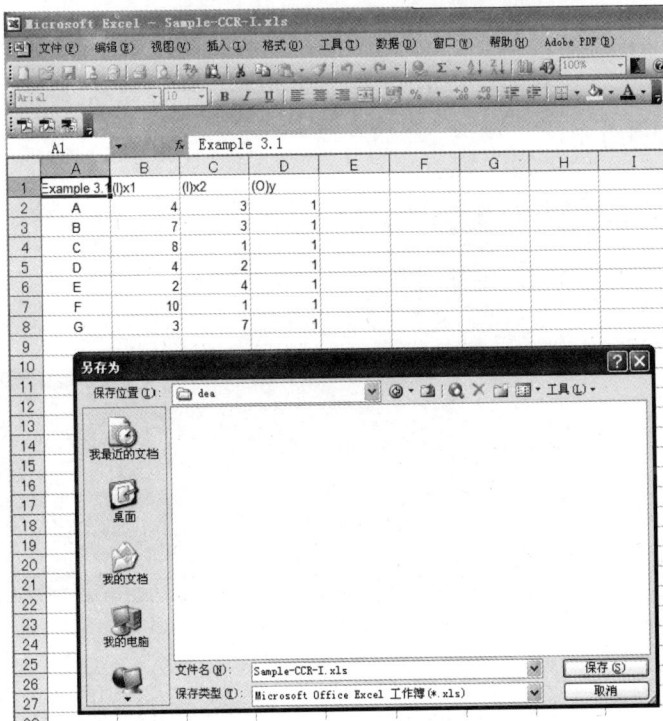

图 3-14　DEA-Solver 运算之保存结果

（7）运算。直接点击"Run"，则 Excel 表自动开始宏命令的计算。一般在几秒钟之内算出结果，如图 3-15 所示。

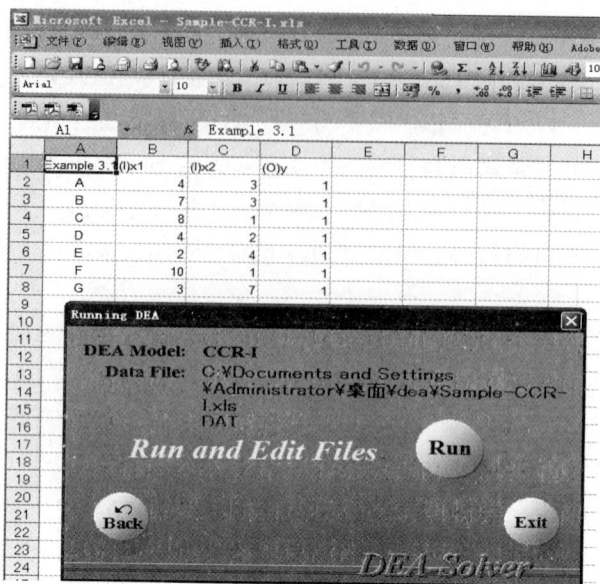

图 3-15　DEA-Solver 运算之计算

（8）运算结束。运算完毕，点击"Exit"退出，则显示如图 3-16 所示的结果，由 10 张表格组成。

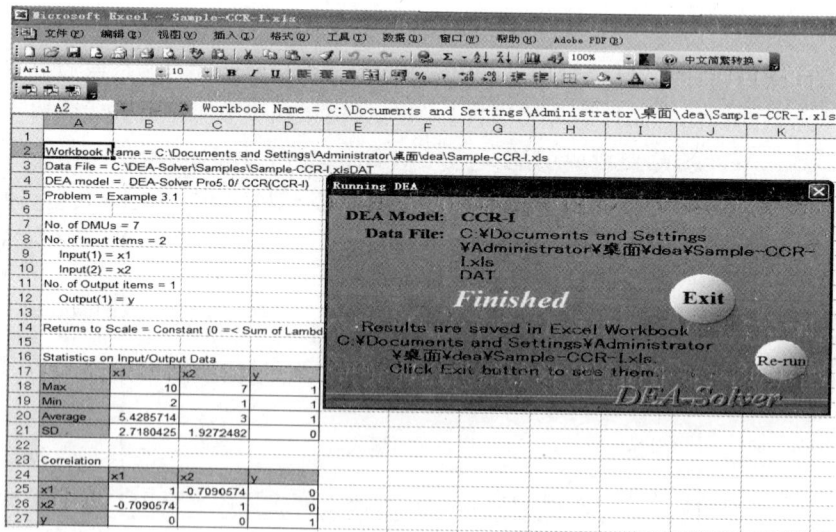

图 3-16　DEA-Solver 的运算结果

四、结果解释

接下来，我们对 DEA 的预算结果进行分析，一般运算结果包括 10 张表格，我们分别做介绍。

（1）DAT 表的解释。这张表就是原始数据，如图 3-17 所示。注意在进行运算时是不是原来的数据，以防出错。

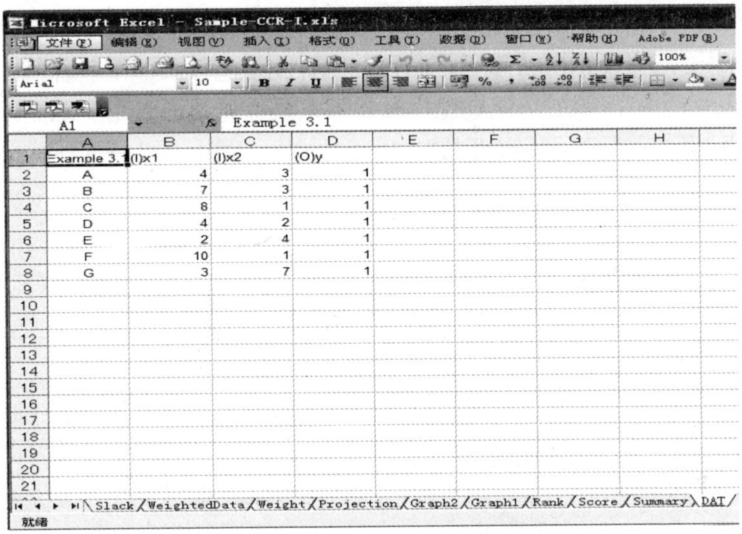

	A	B	C	D
1	Example 3.1	(I)x1	(I)x2	(O)y
2	A	4	3	1
3	B	7	3	1
4	C	8	1	1
5	D	4	2	1
6	E	2	4	1
7	F	10	1	1
8	G	3	7	1

图 3-17　DEA-Solver 结果之 DAT 表

（2）Summary 表。Summary 表包含了 DEA 分析所含的一些基本信息，如图 3-18 所示，其中最有用的是以下 3 个表格。

第 1 张表格是输入输出数据的最大值、最小值、均值、方差的数据信息，一般不做解释，仅仅作为了解被分析对象的基本情况之用。

第 2 张表格是相关系数表格，输入数据和输出数据不仅在逻辑上有相关性，具体数值上最好也能有一定的相关性，同时相关性还可以用于其他的扩展分析之用。

第 3 张表格是所有 DMU 效率值的平均值、最大值、最小值、方差的数据。这个表格一般要解释一下。比如例子中的数据：Average 为 0.879，那就说明这 7 个 DMU 平均来说有 12.1%的投入资源是浪费了。如果此时方差也比较大的话，可以得出这样的结论：DMU 之间的效率差异比较大。

（3）Score 表的解释。图 3-19 是 DEA-Solver 的效率值表，也叫 Score 表。Score 也就是各个 DMU 的有效性，是按照 DMU 的顺序排列的，效率值为 1 的几

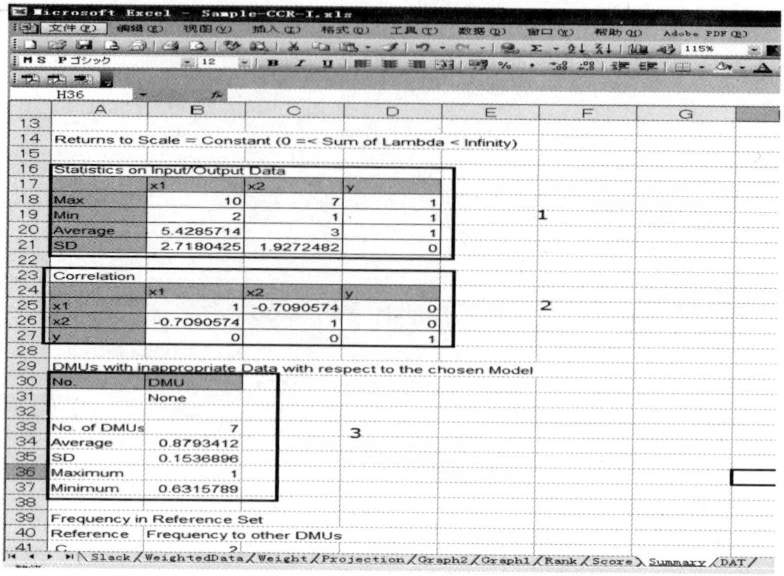

图 3-18 DEA 分析之 Summary 表格

个 DMU 在 CCR 模型里面是无法比较其优劣的，因此，其排名都是并列第一。对于数据的解释，例如，DMU-A 的效率值为 0.857，就可以直接解释为，A 的投入资源相对于最好的 DMU 来说，将近有 14.3% 的投入资源是浪费了。此处用的是 CCR-I 模型，因此改进方法就是减少 14.3% 的投入资源以使其变成有效的 DMU。

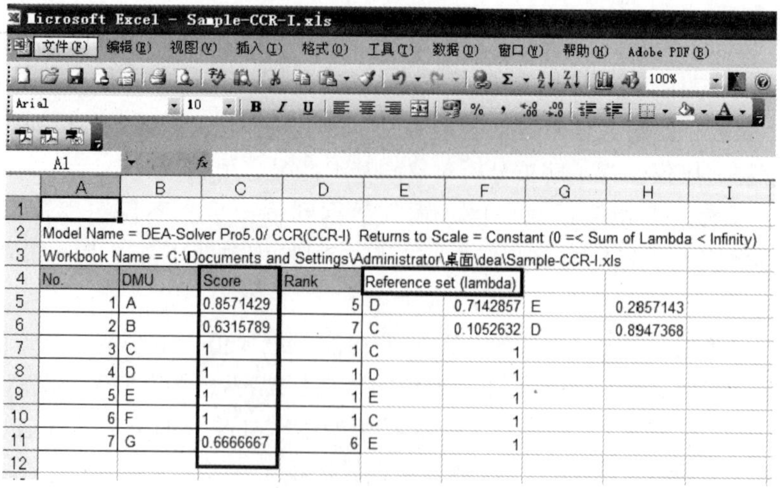

图 3-19 DEA 分析之 Score 表

（4）Rank 表的解释。图 3-20 是按照效率值的大小进行效率的排序，具体解释与 Score 表一样。

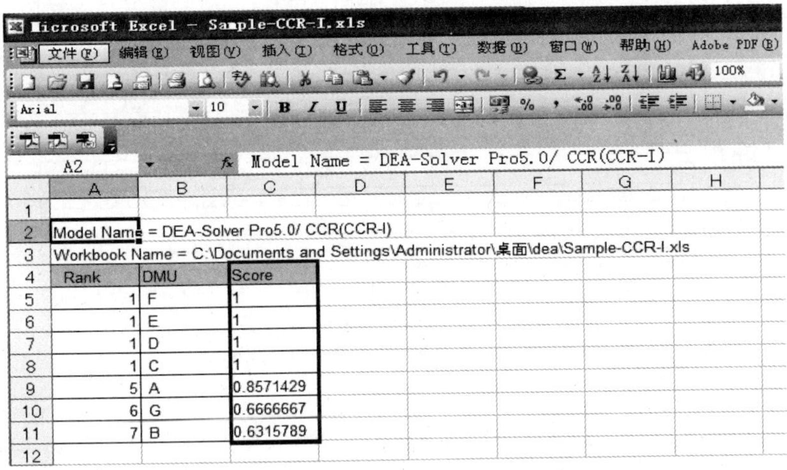

图 3-20　DEA-Solver 结果之 Rank 表

（5）Graph1-Graph2 表的解释。这两张表格实际没什么太大的作用，分别是按照 DMU 的顺序以及效率值大小的顺序画的效率值的条形图，如图 3-21、图 3-22 所示。

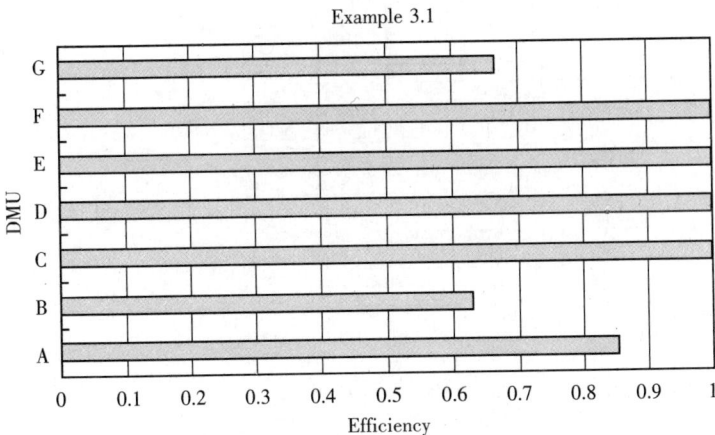

Example 3.1

图 3-21　DEA-Solver 结果之 Graph1 表

（6）Projection 表。Projection 表是指各个 DMU 如果效率值不为 1，相对是无效的话，应该如何变得有效，变成有效的坐标是多少，这前后变化了多少，以及变化的百分比。比如图 3-23 中的 DMU-A，其效率值为 0.8571，说明有 14.29%

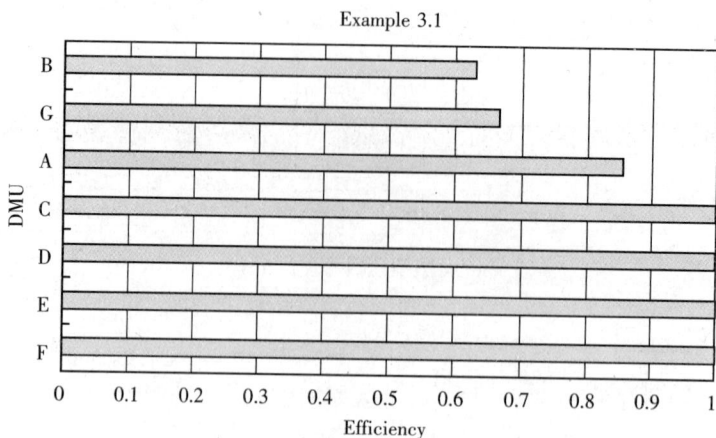

图 3-22　DEA-Solver 结果之 Graph2 表

的投入资源是浪费了，这个 DMU 是无效的，如果要变得有效，根据 CCR-I 模型，它应该减少 14.29% 的投入，减少后的坐标点位于有效前沿面上，其坐标为 A′ (3.428, 2.571)，与之前的坐标 A (4, 3) 相比，分别减少了 (0.571, 0.428)，其变化百分比为 14.29%。

No.	DMU I/O	Score Data	Projection	Difference	%
1	A	0.8571429			
	x1	4	3.4285714	-0.5714286	-14.29%
	x2	3	2.5714286	-0.4285714	-14.29%
	y	1	1	0	0.00%
2	B	0.6315789			
	x1	7	4.4210526	-2.5789474	-36.84%
	x2	3	1.8947368	-1.1052632	-36.84%
	y	1	1	0	0.00%
3	C	1			
	x1	8	8	0	0.00%
	x2	1	1	0	0.00%
	y	1	1	0	0.00%
4	D	1			
	x1	4	4	0	0.00%
	x2	2	2	0	0.00%
	y	1	1	0	0.00%
5	E	1			
	x1	2	2	0	0.00%
	x2	4	4	0	0.00%
	y	1	1	0	0.00%
6	F	1			
	x1	10	8	-2	-20.00%
	x2	1	1	0	0.00%
	y	1	1	0	0.00%
7	G	0.6666667			
	x1	3	2	-1	-33.33%
	x2	7	4	-3	-42.86%
	y	1	1	0	0.00%

Model Name = DEA-Solver Pro5.0/ CCR(CCR-I) Returns to Scale = Constant (0 =< Sum of Lambda < Infinity)
Workbook Name = C:\Documents and Settings\Administrator\桌面\dea\Sample-CCR-I.xls

图 3-23　DEA-Solver 结果之 Projection 表

（7）Weight 表的解释。图 3-24 是 Weight 表，Weight 表所得到的输入、输出的权重，表达的是这样的含义：这些权重是对于某个 DMU 来说，使得它的效率值达到最优时的权重，如果配以这样的权重，DMU 的效率都达不到 1，说明这个 DMU 真的是无效的。因此，针对不同的 DMU，输入、输出的权重是不同的，但对于某一个具体的 DMU 本身而言，这个权重是最好的。在实际应用中对于权重的取舍以及应用，需要考虑具体的实际情况，可以选择效率值最好的几个 DMU 的权重进行组合评价，也可以选择平均的效率值所对应的 DMU 的效率值进行评价。

Model Name = DEA-Solver Pro5.0/ CCR(CCR-I) Returns to Scale = Constant (0 =< Sum of Lambda < Infinity)					
Workbook Name = C:\Documents and Settings\Administrator\桌面\dea\Sample-CCR-I.xls					
No.	DMU	Score	V(1) x1	V(2) x2	U(1) y
1	A	0.8571429	0.14285714	0.1428571	0.8571429
2	B	0.6315789	5.26E-02	0.2105263	0.6315789
3	C	1	8.33E-02	0.3333333	1
4	D	1	0.16666667	0.1666667	1
5	E	1	0.21428571	0.1428571	1
6	F	1	0	1	1
7	G	0.6666667	0.33333333	0	0.6666667

图 3-24　DEA-Solver 结果之 Weight 表

（8）Weightdate 表的解释。图 3-25 是 Weightdata 表，一般不做具体分析，只是可以看一下输入的指标经过重组之后的和是不是 1，如果是的话，证明没什么问题，不是的话，可能数据处理的时候存在一些问题，这时候要看看原始数据的格式是否有问题等。

Model Name = DEA-Solver Pro5.0/ CCR(CCR-I) Returns to Scale = Constant (0 =< Sum of Lambda < Infinity)					
Workbook Name = C:\Documents and Settings\Administrator\桌面\dea\Sample-CCR-I.xls					
No.	DMU	Score	VX(1) x1	VX(2) x2	UY(1) y
1	A	0.8571429	0.5714286	0.4285714	0.8571429
2	B	0.6315789	0.3684211	0.6315789	0.6315789
3	C	1	0.6666667	0.3333333	1
4	D	1	0.6666667	0.3333333	1
5	E	1	0.4285714	0.5714286	1
6	F	1	0	1	1
7	G	0.6666667	1	0	0.6666667

图 3-25　DEA-Solver 结果之 Weightdata 表

（9）Slack 表的解释。图 3-26 是 Slack 表，Slack 是松弛变量，例如，针对 G 点 DMU 的数据其解释如下：G 点的效率值为 0.667，说明相对于最好的 DMU 来说，G 有 33.3%的投入资源是浪费了。因此必须进行改进，其改进路径有很多，其中最简单的一条就是等比例地降低 33.3%的投入资源。这个时候虽然已经到达有效前沿面，但是 x_2 的投入资源还可以降低 0.667 个单位。

No.	DMU	Score	Excess x1 S-(1)	Excess x2 S-(2)	Shortage y S+(1)
1	A	0.8571429	0	0	0
2	B	0.6315789	0	0	0
3	C	1	0	0	0
4	D	1	0	0	0
5	E	1	0	0	0
6	F	1	2	0	0
7	G	0.6666667	0	0.6666667	0

Model Name = DEA-Solver Pro5.0/ CCR(CCR-I) Returns to Scale = Constant (0 =< Sum of Lambda < Infinity)
Workbook Name = C:\Documents and Settings\Administrator\桌面\dea\Sample-CCR-I.xls

图 3-26　DEA-Solver 结果之 Slack 表

【本章小结】

本章主要讲授了针对政府、非营利组织、公益项目等组织进行绩效评价的全新方式——数据包络分析（DEA）。

首先，在思维方式上，要转变观念，明白以往的绩效评价方式的不足，其一是只讲投入不讲产出，其二是指标体系中的权重设计存在缺陷，而 DEA 正好是能够解决这两种问题的一个有效方法。DEA 的思想就是在若干个 DMU 之间进行效率评价，当某一个 DMU 被赋予最好的权重后与其他 DMU 比较，看其效率值能否达到 1，如果不能则说明这个 DMU 是无效的，需要对投入产出进行改进。

其次，在操作技术上，本章详细介绍了 DEA-Solver 软件的安装、数据输入以及 DEA 运算的具体步骤，并且对于数据结果中的每张表格进行了详细的解释。

当然，数据包络分析并不是万能的，它也有自己的缺陷或使用限制，那就是 DEA 的方法所获得的效率仅仅是相对效率，因此所得到的结果应用范围也受到限制；DEA 方法还很容易受到极端值以及 DMU 同构性的影响；最重要的是，DEA 虽然能做出不同 DMU 之间的相对排名，但 DEA 不解释影响效率的因素，不会告知研究者 DMU 为什么非有效，不能具体解释影响效率的因素，这需要与具体的管理实践方法相结合来查找原因。

【扩展阅读】

运筹学创始人：威廉·库珀

威廉·库珀（William W.Cooper，1914~2012）是管理科学运筹学的创始人之一，被称为管理科学之父。[2]

他是美国管理科学研究所的首任主席，是美国及全球著名的经济学家，曾担任得州大学商学院金融系、会计系、管理科学及信息系统系和管理系四个系的终身教授。威廉·库珀曾担任美国及欧洲经济和管理学领域主要顶级刊物的主编，如《管理科学》等，他还曾是美国联邦储备局、美国会计总署、金融总署和美国陆海空三军的高级顾问，曾被 Fortune 500 中的近 200 家公司聘为高级顾问。

威廉·库珀 1914 年 7 月 23 日出生在阿拉巴马州伯明翰。小时候在芝加哥长大，他的父亲在芝加哥拥有几家加油站，但不幸在大萧条期间关闭。库珀在高中二年级就开始辍学养家。他曾在保龄球馆工作过，在高尔夫球场当过球童，甚至还做过一段时间职业拳击手，并赢得了 58 胜 3 负的成绩。在高尔夫球场，他遇到了一生中的贵人——西北大学教授埃里克·科勒，资助他进入芝加哥大学并完成学业。

毕业后，在 1938~1940 年，他成为田纳西流域管理局一名会计。1940 年之后他开始在哥伦比亚大学读研究生；从哥伦比亚大学毕业后即被哈佛大学商学院聘为教授。13 年后受卡内基·梅隆大学的创办者 Mr.William Larimer Mellon 的邀请帮助他创办了卡内基·梅隆大学的商学院和公共关系学院，并一直担任商学院院长。30 年后，威廉·库珀教授在他 68 岁时，受得州大学商学院创始人 Dr. George Kozmetsky 之邀，携同他的合作者查恩斯（A.Charnes）教授和部分颇有成就的弟子来到了得州大学商学院。他的到来使得州大学商学院稳居全美商学院排行榜前十五，并且其会计系排名全美第一，管理科学及信息系统系排名全美第

图片名称：威廉·库珀[1]

---

[1] William W. Cooper. [EB/OL] [2012-06-22]. http://deasociety.org/home/wwcooper-passed-away.
[2] William W. Cooper. [EB/OL] [2014-05-05]. http://en.wikipedia.org/wiki/William_W._Cooper.

三。他和他的合作者查恩斯（A.Charnes）教授被提名诺贝尔经济学奖，库珀教授的学生 Dr.John Nash 于 1994 年获得了诺贝尔经济学奖。

库珀的著作通常以定量和富有创造性的方法来阐释管理学。与其他人合作或者独立执笔，编著了 17 本书，发表了 450 篇文章，他开发了实务与研究的新领域，例如，"目标规划"（Goal Programming）、"机会限制规划"（Chance Constrained Programming）、"数据包络分析"（Data Envelopment Analysis）。其在金融和会计领域有突出贡献，迄今美国金融和会计领域的字典仍是库珀教授主编的。

【实践操作】

2008 年大学效率比较

表 3-6、表 3-7 是国内几所知名高校 2008 年的投入产出指标，数据来源是 2008 年教育统计年鉴。

请根据这些指标做出效率评价，并解释其结果，并将此分析结果与社会上流行的其他大学评价得出的结果进行对比分析，指出其中存在的问题以及值得思考的问题。

表 3-6　2008 年 10 所高校资源投入指标

| 大学名称 | 投入指标 | | | | | | | | | | | | |
| | 人力指标 | | | | | | 物力指标 | | | | 财力指标 | | |
	两院院士（人）	长江学者（人）	博士生导师（人）	教授（人）	副教授（人）	讲师（人）	固定资产总值（亿元）	图书馆藏书量（万册）	重点实验室数量（个）	博士后流动站（个）	国家财政拨款（亿元）	学费收入（亿元）	其他收入（亿元）
清华大学	65	70	980	1201	1646	2789	24.44	614	12	34	3.5	1.5	5.46
北京大学	60	75	1019	1236	1411	2889	23.34	629	16	32	3.35	1.35	5.35
浙江大学	26	65	1047	1165	1200	2598	22.76	588	14	43	2.85	1.75	3.25
上海交通大学	33	51	658	722	1155	2978	22.8	545	6	26	2.95	1.56	5.12
南京大学	33	58	650	719	653	2080	21.29	491.7	6	23	3.1	2.2	3.59

续表

大学名称	投入指标												
	人力指标						物力指标				财力指标		
	两院院士（人）	长江学者（人）	博士生导师（人）	教授（人）	副教授（人）	讲师（人）	固定资产总值（亿元）	图书馆藏书量（万册）	重点实验室数量（个）	博士后流动站（个）	国家财政拨款（亿元）	学费收入（亿元）	其他收入（亿元）
上海复旦大学	35	40	846	652	794	5923	29.73	445	5	25	2.65	1.32	3.33
华中科技大学	18	34	781	970	1320	7739	20.55	398	5	29	2.95	1.95	4.35
武汉大学	12	21	678	1200	1000	3500	23.85	520	4	29	2.98	1.86	3.65
吉林大学	20	18	737	1293	1477	6524	28.3	551	5	27	2.45	2.1	2.87
厦门大学	20	21	685	1319	1319	2337	25	460	2	22	2.37	1.38	2.25

表 3-7　2008 年 10 所高校资源产出指标

学校	产出指标											Nature & Science 论文数（篇）
	人才培养成果		教学成果				科研、学术成果					
	在校生（人）	毕业生（人）	国家优秀教材（本）	获国家竞赛奖（个）	国家精品课程数量（门）	优秀博士论文数量（篇）	SCI收录的论文数量（篇）	EI收录的论文数量（篇）	ISTP收录的论文数量（篇）	国家最高科学技术奖（人）	国家自然/发明/进步奖（人）	中国十大科技进展（人）	
清华大学	31395	7450	25	30	28	9	2801	2920	2100	0	7	0	8
北京大学	29617	6580	20	23	28	5	1957	2450	2450	0	5	0	10
浙江大学	43000	9856	20	27	27	5	3034	2760	1432	0	2	0	1
上海交通大学	33398	7864	17	27	25	1	2243	2826	1035	0	3	0	2
南京大学	43477	9970	15	25	29	3	1414	1254	1120	0	0	0	12
上海复旦大学	26848	6540	5	4	23	5	1580	840	980	0	3	1	4
华中科技大学	55515	10750	10	40	18	0	1107	1362	775	0	1	0	0

续表

学校	产出指标												Nature & Science论文数（篇）
	人才培养成果		教学成果				科研、学术成果						
	在校生（人）	毕业生（人）	国家优秀教材（本）	获国家竞赛奖（个）	国家精品课程数量（门）	优秀博士论文数量（篇）	SCI收录的论文数量（篇）	EI收录的论文数量（篇）	ISTP收录的论文数量（篇）	国家最高科学技术奖（人）	国家自然/发明/进步奖（人）	中国十大科技进展（人）	
武汉大学	47620	10063	21	38	20	0	1107	720	557	0	0	0	0
吉林大学	56040	12350	16	15	4	2	1126	680	780	0	0	0	1
厦门大学	36410	7450	19	2	15	0	883	560	756	0	0	0	2

【参考资料】

DEA 分析案例：房地产绩效评价①

一、问题的提出

管理从根本上讲就是解决效率的问题，从管理演变的历史来看，管理演变的第一阶段是科学管理阶段，解决的问题是如何使劳动效率最大化；第二阶段是行政组织管理阶段，解决的问题是如何使组织效率最大化；第三阶段是人力资源管理阶段，解决的问题是如何使人的效率最大化。新制度经济学的代表人物威廉姆森认为：在竞争市场的压力下，有效率的组织会把无效率的组织驱逐出市场。因此，对于企业效率的研究是非常有意义的。

最近几年我国房地产业一直处于高速发展的过程中，目前大概有三万多家房地产开发企业，但是能够每年销售额超过 10 亿元以上的不过几十家而已。总体上看，国内房地产业的发展主要表现为量的扩张，多数房地产企业在经营活动中只是片面强调市场占有率或销售收入，而不注重自身竞争力的提高，走的是一条

---

① 孟川瑾，邢斐，陈禹. 基于 DEA 分析的房地产企业效率评价 [J]. 管理评论，2008，20（7）：57—62.

外延粗放型扩张之路，存在效率低下的问题。虽然在目前房价持续走高的情况下，房地产开发商不愁市场，销售收入和利润都还比较乐观。但是由于房地产企业政策性较强，受宏观经济形势影响比较明显，其竞争也将会相当激烈。从"国六条"出台后，房地产行业就已经开始了洗牌的进程，众多规模偏小、资金储备少、产业集中度低的房地产企业将在市场中遭受优胜劣汰、产业资源整合。国内各房地产企业将面对更加激烈的市场竞争，如何提高效率已成为房地产企业生存和发展的关键。

因此，有必要研究在国内房地产企业（特别是大企业）中，是否好的经营业绩来自高的经营效率，是否存在严重的资源利用不足，是否有具体的改进，以及在哪些方面改进才能提高企业业绩。只有这样，才能使企业在未来的激烈竞争中立于不败之地。

二、房地产企业的 DEA 分析实证

1. 数据的选取和处理

由于 DEA 采用的为非随机方法，资料数值变动及要素选择对其评估结果相当敏感，因此在使用 DEA 方法分析时，应尽量采取正式资料（Aoki、Vogt、and Yoshikawa，1994），故本文采用的数据均来自中国企业联合会和中国企业家协会共同发布的《中国企业发展报告（2006）》，主要选取了在房地产行业中按照营业收入排名的前 15 家企业作为决策单元。

本书选取的输入指标为总资产和人员，输出指标为营业收入和利润，如表 3-8 所示。为了符合 DEA 分析法中单调性（Isotonicity）原则，即投入要素的增加不可导致产出数量的减少，因此首先将各投入、产出要素资料进行相关分析，其结果如表 3-9 所示。除人员与利润之间弱相关以外，各投入与产出要素间具有相当的显著性。因此可推断本研究所选取的投入、产出要素总体上还算比较合理。

表 3-8　DMU 输入输出指标的相关分析

	总资产	人员	营业收入	利润
总资产	1	0.766636	0.87170469	0.601351
人员	0.76663598	1	0.59748159	0.296945
营业收入	0.87170469	0.5974816	1	0.5268008
利润	0.60135101	0.296945	0.52680081	1

资料来源：本研究分析。

针对所选取的 15 个 DMU，使用 DEA 分析软件 DEA-Solver，采用 CCR-I 和 BCC-I 输入导向的模型进行数据分析，得到结果如表 3-9 所示。

表 3-9　15 家房地产企业的平均效率

No.	DMU
Average	0.5225513
SD	0.29079299
Maximum	1
Minimum	0.19164188

资料来源：本研究分析。

从表 3-9 中可以看出，在营业收入排名前 15 的中国房地产企业，它们依然存在不少问题，其平均技术效率为 0.5225，表示在这 15 家公司中，就技术效率而言，有 47.7% 的投入要素未产生任何贡献而形成浪费，即在技术水准不变的条件下，所投入的资源未达到有效运用的程度。其原因主要是公司的管理人员未能妥善利用资源及不当决策所致，而这一部分资源浪费是管理层所能控制的范围，因此，可以在未来通过各种合理的、有效的管理方法来进一步挖掘企业的潜力，增加企业的效率。同时，我们还发现 15 家房地产企业的效率值的方差很大，效率高和效率低的企业都很多，彼此之间差别很大，分布成哑铃型，两边的多，而处于中间状态的少。说明我国房地产企业发展参差不齐，虽然排名靠前，但有的是由于企业的高效运作，而有的则是通过资源的大量投入带来大的产出。

2. 敏感性分析

由于实证分析所使用的 DEA 模型，是利用非随机线性规划的方式求解生产边界，使得所估计出的为一种确定性生产边界，对于不同 DMU 数据所反映的结果可能有很大差异，造成其极具敏感性，容易受到界外值的干扰，进而对效率估计值产生影响。因此在进行实证分析时，将依循 Fare、Grosskopf and Weber (1989) 利用 Jackknife Sampling 的方法，计算每次减少一个决策单元对其他决策单元效率指标值所造成的影响，其影响的程度越大，表示越有可能成为界外值，而在实证分析中应将此种决策单元予以删除，以确保估计结果的正确性。

在本次研究中，我们选择在各个指标中含有最低值和最高值的几个 DMU 进行敏感性分析，这几个 DMU 分别是华侨城集团公司、江苏华夏融创置地有限公司、宁波宁兴房地产有限公司、中华企业股份有限公司、万科企业股份有限公司、上海城开集团公司。通过对于极值点的剔除，对新的决策单元数据进行二次 DEA 分析，可以发现：删除极端值前后各项效率值的 Spearman 相关系数均呈现高度相关（见表 3-10），最低的相关系数是 0.881，最高的相关系数是 1.00，所有数据的敏感性都比较显著，也就是说我们选择的 DMU 具有很强的代表性，决策单元的选择是有效的。

表 3-10 房地产企业敏感性分析

删除项目	原技术效率 & 新技术效率	原纯技术效率 & 新纯技术效率	原规模效率 & 新规模效率
华侨城集团公司	1.00*	1.00*	1.00*
江苏华夏融创置地有限公司	0.998*	0.999*	0.982*
宁波宁兴房地产有限公司	0.929*	1.00*	0.881*
中华企业股份有限公司	1.00*	1.00*	1.00*
万科企业股份有限公司	1.00*	0.994*	0.998*
上海城开集团公司	1.00*	1.00*	1.00*

注：* 表示在1%的置信度下显著。
资料来源：本研究分析。

3. 效率值分析

本研究得到中国15家房地产企业的效率值，其技术效率、纯技术效率和规模效率、RTS 如表3-11所示。

表 3-11 15家房地产企业的效率值及规模报酬

	TE	PTE	SE	RTS	RTS of Projected DMU
华侨城集团公司	0.278273	1	0.278273	Decreasing	
上海绿地有限公司	0.557103	1	0.557103	Decreasing	
万科企业股份有限公司	0.370823	1	0.370823	Decreasing	
大连万达集团股份有限公司	0.421892	0.710141	0.594096		Decreasing
广州恒大实业集团公司	0.376453	0.853172	0.441239		Decreasing
江苏高力集团有限公司	1	1	1	Constant	
广州富力地产股份有限公司	0.320984	1	0.320984	Decreasing	
大华集团有限公司	0.330131	0.356598	0.925779		Decreasing
荣安集团股份有限公司	0.387085	0.468925	0.825473		Decreasing
世纪金源投资集团有限公司	0.210568	0.212728	0.989848		Constant
宁波银亿集团有限公司	0.926555	1	0.926555	Decreasing	
上海城开集团公司	0.191642	0.192104	0.997597		Constant
江苏华夏融创置地有限公司	1	1	1	Constant	
宁波宁兴房地产有限公司	1	1	1	Constant	
中华企业股份有限公司	0.466762	0.556665	0.838498		Decreasing
AVE	0.5225514	0.7566889	0.7377512		

资料来源：本研究分析。

从技术效率上看，江苏高力集团有限公司、江苏华夏融创置地有限公司、宁波宁兴房地产有限公司效率为1，属于技术有效。其他12家企业效率值小于1，属于技术无效。15家企业的平均效率只有52.3%，平均有47.7%的资源是浪费了，而从具体数据来看有10家的效率值甚至是低于50%的。看来虽然是营业收入前 15 名，但其营业收入主要靠资源的大量投入，而非有效的资源利用，还是属于粗放式经营，资源存在相当大的浪费。收入和利润的增加不是来自本身的内在的竞争能力，如果能够改善资源的配置，减少投入或在此基础上改变管理中的漏洞，都能大大增加营业收入和利润。

而从纯技术效率上看，平均水平为 75.7%，说明这 15 家企业在既定的资产和人员的投入上的营业收入和利润的产出的效率尚可。但从具体 15 家企业各自的纯技术效率来看，15 家企业中纯技术效率最大的为 1，最小的为 0.19，方差达到 0.3，说明各个企业之间的差别还是很大。其中，上海城开集团公司、世纪金源投资集团有限公司、大华集团有限公司、荣安集团股份有限公司的纯技术效率都小于 0.5，而其规模效率却接近于 1，因此，这几家公司技术无效的主要原因来自于纯技术无效。

从规模效率来看，15 家企业的效率平均为 0.73，说明在规模上，平均来说有 27% 的资源是浪费了。其中，江苏华夏融创置地有限公司、江苏高力集团有限公司、宁波宁兴房地产有限公司的规模效率为 1，处于规模报酬不变状态。而其余的企业规模效率都小于 1，都是规模报酬无效，并且都是规模报酬递减，广州富力地产股份有限公司、宁波银亿集团有限公司、华侨城集团公司、上海绿地有限公司、万科企业股份有限公司的技术效率小于 1，而纯技术效率为 1，说明这几家公司的效率低主要来自于规模效率，也就是说，由于资产和人员投入得过多造成的规模报酬递减。

4. 差额变数分析

通过对房地产 15 家企业的差额变数分析（见表 3-12），可以看出：按照最理想的状态，房地产行业平均营业收入至少应该增加 63106 万元，而行业平均利润还可以增加 11249 万元，才能使得资源没有浪费。从掌握的数据看，目前只有江苏华夏融创置地有限公司、江苏高力集团有限公司、宁波宁兴房地产有限公司 3 家公司不需要调整产出。而其他几家无效率的企业在按照效率值成比例的降低投入资源以外还需要增加营业收入和利润，具体数值见表 3-12。

表 3-12　15 家房地产企业的差额变数

DMU	Score	Shortage 营业收入 S+（1）	Shortage 利润 S+（2）
华侨城集团公司	0.2782725	0	136696.55
上海绿地有限公司	0.5571028	0	11698.253
万科企业股份有限公司	0.3708227	262756.42	0
大连万达集团股份有限公司	0.4218918	45161.868	0
广州恒大实业集团公司	0.3764526	0	73.111306

续表

DMU	Score	Shortage 营业收入 S+ (1)	Shortage 利润 S+ (2)
江苏高力集团有限公司	1	0	0
广州富力地产股份有限公司	0.3209843	377306.64	0
大华集团有限公司	0.3301306	188673.57	0
荣安集团股份有限公司	0.3870853	0	3856.2402
世纪金源投资集团有限公司	0.2105679	0	0
宁波银亿集团有限公司	0.9265548	72703.669	0
上海城开集团公司	0.1916419	0	16421.655
江苏华夏融创置地有限公司	1	0	0
宁波宁兴房地产有限公司	1	0	0
中华企业股份有限公司	0.4667623	258324.1	0
AVE		63106.81	11249.72

资料来源：本研究分析。

5. 效率与收入增长率的比较分析

为了验证 DEA 分析的相对有效性对于企业是有实际意义的，本次研究中找到了相关企业的销售收入增长率的排名和销售收入排名的数据，如表 3-13 所示。

表 3-13　效率排名与销售收入增长率排名

企业名称	DMU	销售收入排名	销售收入增长率排名	技术效率排名
华侨城集团公司	DMU1	1	14	13
上海绿地有限公司	DMU2	2	2	5
万科企业股份有限公司	DMU3	3	5	10
大连万达集团股份有限公司	DMU4	4	11	7
广州恒大实业集团公司	DMU5	5	10	9
江苏高力集团有限公司	DMU6	6	7	1
广州富力地产股份有限公司	DMU7	7	3	12
大华集团有限公司	DMU8	8	13	11
荣安集团股份有限公司	DMU9	9	9	8
世纪金源投资集团有限公司	DMU10	10	15	14
宁波银亿集团有限公司	DMU11	11	1	4
上海城开集团公司	DMU12	12	6	15
江苏华夏融创置地有限公司	DMU13	13	8	1
宁波宁兴房地产有限公司	DMU14	14	4	1
中华企业股份有限公司	DMU15	15	12	6

资料来源：本研究分析。

通过表 3-13 的数据可以看出:

(1) 销售收入高的企业其技术效率不一定很高。由于企业的规模不同,各自效率不一样,导致销售排名和技术效率排名之间的相关系数很小,只有 0.251。说明有些销售收入高的企业收入的来源很大程度上在于资源的大量投入,而不是资源的有效利用。

(2) 企业的销售收入增长率排名和技术效率排名相关性比较高,达到 0.41,说明技术有效性高的企业其销售增长也比较高。表 3-13 中所显示的技术效率排名与销售收入的排名变化趋势是一致的,除了个别 DMU 不太一致,这主要是因为决策单元只选择了 500 家中的 15 家,如果取得全部数据的话,排名走势将会趋于一致。

三、结 论

本文运用 DEA 方法对我国房地产企业 100 强中前 15 家的效率进行评价,在对相对效率进行比较的同时,将效率排名与企业销售收入增长率排名进行了比较,因为二者对比能反映出企业内部真实的效率和发展潜力,弥补了单纯采用财务指标测度企业效率的传统方法的缺陷,提高了企业效率评价方法及评价结果的科学性和准确性。经比较得出以下结论:

(1) 不能仅仅以销售收入来评价企业是否是 500 强,而更应该注重企业的经营效率。企业竞争的动力来自于高效的运作,效率是企业长期发展的保障。高的经营效率必然带来企业业绩的高增长,无效率的企业将会被市场中的高效率企业所取代。

(2) 技术效率无效的企业有两类,一类来源于纯技术无效,如上海城开集团公司、世纪金源投资集团有限公司、大华集团有限公司、荣安集团股份有限公司。对于纯技术无效的企业来说,应该加强对现有投入资源的管理,在本研究中就是资产和人员的管理,提高它们的利用效率。另一类来源于规模无效,如广州富力地产股份有限公司、宁波银亿集团有限公司、华侨城集团公司、上海绿地有限公司、万科企业股份有限公司。对于规模无效且处于规模报酬递减的企业,应该减少投入量,使它们达到固定规模报酬状态所需要的资源投入,这时候的效率达到最高。

(3) DEA 方法是评价企业相对有效性的一个科学的方法,将它与其他方法结合可以对企业进行科学的评价,快速找出行业中的标杆企业,并学习它们的管理方法和经验。尤其是房地产这类原始积累可能靠大量的资源投入的企业,在市场竞争不是很激烈的情况下,很难发现企业潜在的问题,通过 DEA 分析,能够找出问题,使得企业从快速发展到稳步发展,这种转变对于一个企业是至关重要的。

DEA 经典文献

研究者	时间	贡献
Farrell	1957	首先提出以生产边界衡量技术效率及价格效率，并建立数学规划模式予以计算
Charnels，Cooper and Rhodes（CCR）	1978	将 Farrell 的观念予以推广，衡量在固定规模报酬下多项投入、多项产出时的生产效率
Charnels，Cooper，Seaford and Stets（CCSS）	1983	推广 CCR（1978）的模式，提出一数学规划模式以评估 Cobb–Douglas 生产函数的效率
Charnels and Cooper	1984	对 CCR 模式中虚拟乘数提出非阿基米德数加以补充
Banker，Charnels and Cooper（BCC）	1984	以生产可能集合的四个公理和 Shepherd 距离函数导出衡量纯粹技术效率及规模效率的模式
Charnels，Clark，Cooper and Golan	1985	首先提出数据包络分析的窗口分析
Charnels，Cooper，Lewin，Morey and Rousseau	1985	首先对数据包络分析的敏感度提出分析
Banker，Conrad and Strauss	1986	首先对数据包络分析模式与 Translog 成本函数加以比较
Dyson and Thanassoulis	1988	修正数据包络分析模式以处理当虚拟乘数受限制时的效率评估问题
Thompson，Lange Meier，Lee and Thrall	1990	讨论数据包络分析模式中，乘数的范围在效率分析中的角色
Boussofiane，Dyson and Thanassoulis	1991	对数据包络分析的理论提出综合性的讨论
Chang and Gush	1991	对资料包络分析的理论是否无须预设函数形式、是否可估计规模报酬提出讨论
Ali，Cook and Seiford	1991	探讨数据包络分析模式中的乘数间有次序关系时模式的修正
Banker and Thrall	1992	探讨以数据包络分析估计规模报酬
Førund	1992	比较参数与非参数的效率评估法
Andersen and Petersen	1993	针对同是有效率的决策单元提出进一步判别的方法
Doyle and Green	1994	发表交叉效率的概念，相对于传统的自我评估，其为一种同侪评估的方式
Squishy	1997	同时考虑生产活动与成本绩效条件下，衡量规模报酬及规模经济
Cooper，Park and Yu	1999	发展 AR–I 数据包络分析模式，可同时处理精确数据、区间资料及次序数据，且包含领域保证的概念

DEA 相关网站

1. http：//www.ecs.umass.edu/mie/dea/

Lawrence M. Seiford 教授主持的一个关于 DEA 的文献索引，主要是 1978~1996 年有关 DEA 的论文索引。

2. http：//www.emp.pdx.edu/dea/homedea.html

一个关于 DEA 的介绍性网站，由 Tim Anderson 博士主持。该网站提供了关于 DEA 的基本知识，也可以从该网站链接到其他专业性的 DEA 网站上。

3. http：//www.deazone.com

一个 DEA 专业网站，包括 DEA 文献、DEA 图书、DEA 课程、DEA 软件、DEA 常见问题等的链接等。

4. http：//www2.warwick.ac.uk/fac/soc/wbs/subjects/orms/research/areas/dea/

Warwick 大学的 DEA 研究小组（包括 Robert Dyson，Emmanuel Thanassoulis，Antreas Athanassopoulos，Ali Emrouznejad，Rachel Allen，Ana Ribeiro dos Santos，Nikos Maniadakis 等成员）关于 DEA 的一个专门网站，包括 DEA 模型、文献索引、软件、课程、数据集、DEA 工作者等情况，内容较为详细。

5. http：//www.spsschina.com

数据分析论坛，包含很多 DEA 优秀的课件、软件的下载和答疑。

第四章 项目计划

【基本要求】

通过对本章理论基础的学习，逐步掌握项目管理的基本概念以及项目管理的知识体系，了解项目经理在制定公共管理项目计划中的角色和项目团队的组建。通过具体实践技术的学习，初步了解项目计划的基本方法和技术，具备基本的项目计划能力，为今后从事公共管理事业、管理公共项目做好理论和实践上的准备。

【问题导读】

请读者带着以下问题进行本章的学习：

- 你知道几种项目管理的知识体系？分别有什么不同？
- 领导让你策划一个项目，项目计划主要内容有什么？
- 项目质量计划的具体方法有哪些？
- 项目进度计划的具体方法有哪些？
- 项目成本计划的具体方法有哪些？
- 项目风险计划的具体方法有哪些？

【理论基础】

第一节 项目管理基础

如今，项目的概念已经渗透到社会的方方面面，企业开发新产品是一个项

131

目，国家投资一个高速铁路也是一个项目，学生做一次社会调查也是一个项目，老师做一次教学活动也是一个项目。项目可大可小，不管哪种项目，要取得成功就离不开项目管理的思想。

一、项目

1. 项目的概念

一般我们把企业或其他组织机构的活动分为两类：一类是连续不断、周而复始的活动，人们称之为"作业"，比如工厂的流水线生产等；另一类是临时性、一次性的活动，人们称之为项目，如建一座大楼等。

那么到底什么是项目？项目是在限定条件下，为实现特定目标而执行的一次性任务。这个定义包含三层含义：[①]

（1）项目是动态的。项目是一项有待完成的任务，有特定的环境与要求。这一点明确了项目自身的动态概念，即项目是指一个过程，而不是过程终结后所形成的成果。例如，人们把一个新图书馆的建设过程称为一个项目，而不把新图书馆本身称为一个项目。

（2）项目有约束条件。项目必须在一定的组织机构内，利用有限的资源（人力、物力、财力等）在规定的时间内完成任务，任何项目的实施都会受到一定的条件约束。在众多的约束条件中，质量、进度、费用是项目普遍存在的三个最主要约束条件。

（3）项目交付有指标。项目任务必须要满足一定性能、质量、数量、技术指标的要求。这是项目能否实现，能否交付用户的必备条件。功能的实现、质量的可靠、数量的饱满、技术指标的稳定，是任何可交付项目必须满足的要求，这些在项目合同中都有严格的要求。

2. 项目的特征

项目作为一类特殊的活动有区别于其他活动的特征，可归纳为以下六个方面：[②]

（1）独特性。项目是一次性任务，每个项目都有其特别的地方，没有两个项目会是完全相同的。项目的独特性可能表现在项目的目标、环境、条件、组织、过程等方面。

（2）一次性。由于项目的独特性，项目任务一旦完成，项目即告结束，不会有完全相同的任务重复出现，即项目不会重复，这就是项目的一次性。

---

① 伍春来，王振雨. 最轻松的方法学习项目管理 ［M］. 北京：经济管理出版社，2007：3-4.
② 陈建西，刘纯龙. 项目管理学 ［M］. 成都：西南财经大学出版社，2005：5-6.

（3）多目标属性。项目作为一类特别的活动，有其明确的目标。项目的目标包括成果性目标和约束性目标。在项目过程中，成果性目标都是由一系列技术指标来定义的，同时受到多种条件的约束，其约束性目标往往是多重的。如图 4-1 所示，项目的总目标是多维空间的一个点，而总目标的达成受到功效、费用、时间等约束性目标的限制。

（4）生命周期属性。项目的生命周期特性是指任何项目都会经历启动、实施、结束这样一个过程，此外，还表现在项目的全过程中启动阶段比较缓慢，实施阶段比较快速，而结束阶段又可能比较缓慢的规律。

（5）相互依赖性。项目的相互依赖性是指项目是为实现目标而开展任务的集合，它不是一项项孤立的活动，而是一系列活动有机组合而形成一个完整的过程。此外，项目还常与组织中同时进展的其他工作或项目相互作用。

（6）冲突属性。项目的冲突属性体现在项目组的成员在解决项目问题时，几乎一直是处在资源和领导问题的冲突中。项目之间有时会为了资源而与其他项目进行竞争，有时则会为了人员与其他职能部门竞争。

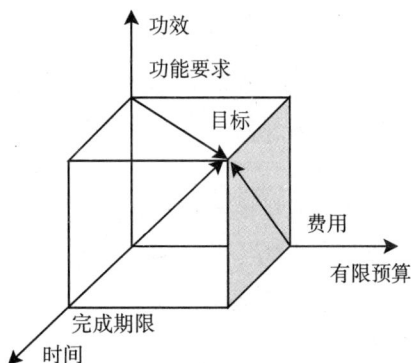

图 4-1 项目的多目标属性示意图

3. 项目的组成要素

一般来说，项目主要由以下五个要素构成：①项目的范围；②项目的组织；③项目的质量；④项目的费用；⑤项目的时间进度。

项目五要素中，项目的范围和组织结构是最基本的，而项目的质量、时间进度、费用可以有所变动，是依附于项目范围和组织的。[①]

---

① 伍春来，王振雨. 最轻松的方法学习项目管理 [M]. 北京：经济管理出版社，2007：7-8.

4. 公共项目

公共项目指由国家政府事业机构从事的、为社会大众提供便利的公共基础设施工程。它是根据国家政策而采取的一系列行为及其过程。公共事业的管理目标就是将一定的政策或目的具体化，变成可掌握、可衡量、可操作的东西。

（1）公共项目的分类。对于公共项目的分类，齐中英等认为，公共项目有三种分类加上一种特殊项目，即：

①按提供公共消费品的内容不同，分为城市基础设施项目、公共卫生项目、教育项目、文化项目和体育项目等。

②按投资来源划分，包括政府投资项目和非政府投资项目。

③按照项目受众享受项目是否需要缴费，划分为经营性项目和非经营性项目。

④政府采购项目也可以视为一类特殊的项目管理。[①]

（2）公共项目的特点。公共项目在逻辑上必然具有项目的一般特征，但同时被赋予了公共产品的特点：

①项目的公共性。公共项目的产出或服务一般都是公共品或准公共品，公共品具有非竞争性和非排他性，在理论上可以为社会所有公民免费享用，譬如公路、广播、义务制教育等。

②公共项目的外部性。公共项目作为公共选择的结果，必然产生获利方与失利方或者获大利方与获小利方，其中的"获"与"失"、"大"与"小"就是项目的外部效应。由于公共项目的规模一般比较大、周期比较长、涉及利益对象也比较复杂，所以公共项目的外部效应需要经过较长的周期才能逐一显现。

常见的公共项目包括：市民广场、水电暖气管道、公共给排水工程、能源项目、水利项目、交通项目等基础设施建设，以及教育事业发展项目、环境保护项目、工农业发展项目，等等。

二、项目管理

1. 项目管理定义

美国项目管理学会在《项目管理知识体系纲要》中对于项目管理的定义是："项目管理就是指把各种系统、方法和人员结合在一起，在规定的时间、预算和质量目标范围内完成项目的各项工作。"

可以看出项目管理的四个基本目标：

P：Performance，即达到预期的绩效；

C：Cost，即在费用成本和预算约束内；

---

① 齐中英，朱彬. 公共项目管理与评估 ［M］. 北京：科学出版社，2004：5~6.

T：Time，即必须按时完成；

S：Scope，即符合指定的工作范围大小。

而且这四个变量是相互联系的，也就是说组织在缩短项目完成时间的同时，还要控制甚至减少成本，还要保证绩效范围不变。[①]

2. 项目管理的产生及其发展

现代项目管理通常被认为是第二次世界大战的产物，开始主要是用于国防和军工项目。随着知识经济的发展和信息社会的进步，现代项目管理已成为集技术与方法论为一体的专门学科，在发达国家中已经广泛应用于 IT、金融、服务以及工程等诸多行业，因此，现代项目管理也就逐步成了现代社会中主要的管理领域。

近代项目管理通常被认为是始于 20 世纪 40 年代。20 世纪 50 年代美国出现的"关键路径法"（Critical Path Method，CPM）和"计划评审技术"（Project Evaluation and Review Technique，PERT）是近代项目管理产生的标志。项目管理最初的计划和控制技术与系统论、组织理论、经济学、管理学、行为科学、心理学、价值工程、计算机技术等结合起来，并吸收了控制论、信息论及其他学科的研究成果，发展成为一门较完整的独立学科体系。

项目管理在其发展过程中主要经历了三个阶段：[②]

一是产生阶段，即古代的经验项目管理阶段。在这个阶段项目实施的目标是完成任务，如埃及金字塔、古罗马的供水渠、中国的长城等，还没有形成行之有效的方法和计划，没有科学的管理手段和明确的操作技术规范。

二是形成和发展阶段，即近代科学项目管理阶段。在这个阶段着重强调项目的管理技术，实现项目的时间、成本、质量三大目标，例如利用关键路径法（CPM）和计划评审技术（PERT）对美国军事计划以及阿波罗登月计划的成功管理。

三是成熟阶段。项目管理除了实现时间、成本、质量三大目标外，管理范围不断扩大，应用领域进一步增加，与其他学科的交叉渗透和相互促进不断增强，以项目管理知识体系所包含内容为指导，向全方位的项目管理方向发展。

总的来讲，项目管理科学的发展是人类生产实践活动发展的必然产物。项目管理在我国也有数十年的发展历史。20 世纪 50 年代，在新中国恢复经济建设时期，我国成功地管理了苏联援助的 156 个项目，奠定了我国工业化的基础。20世纪 60 年代，我国成功地完成了大庆油田、红旗渠、原子弹、氢弹、人造卫星

① 陈建西，刘纯龙. 项目管理学 [M]. 成都：西南财经大学出版社，2005：14.

② 白思俊等. 现代项目管理概论 [M]. 北京：电子工业出版社，2006：10-11.

和南京长江大桥等项目。20 世纪 80 年代以来，现代项目管理理论和实践在我国得到广泛应用。1991 年 6 月中国项目管理研究委员会（Project Management Research Committee China，PMRC）正式成立，促进了我国项目管理与国际项目管理专业领域的沟通与交流，促进了我国项目管理专业化和国际化的发展。

随着高复杂性项目的增多，决策者的决策往往只能建立在很少的确定性和大量的推测基础上，项目管理面临着前所未有的高风险环境，传统的项目管理已表现出以下几方面的缺陷：

（1）过分关注时间、预算和性能指标而忽视了客户。虽然注重项目的时间、预算和性能与满足客户需要从理论上讲是一致的，因为性能指标包含了客户的需要和要求，但项目经理往往容易忽视客户的心理，凭个人兴趣制造一些令同行专家羡慕的项目成果。

（2）过分关注项目的方法和工具的应用。项目管理方法和工具的应用使项目管理人受益匪浅，但项目管理的"二八现象"以不争的事实说明：项目管理仅有 20% 失败于项目管理技术方法，80% 失败于员工不负责任、政治风波以及不能有效地沟通等一些非技术性原因。

（3）项目范围的定义太狭窄。传统的项目管理将项目经理的管理领域定义为项目的执行，即在限定的范围内完成工作，项目经理缺乏足够的预算资源以对项目的投资方负起完全责任，很难有效地为客户服务。

因此，传统的项目管理变革势在必行，必须以满足客户需求为核心，重新定义项目经理的责任与作用，创造更加科学、更加适应新的商业环境的项目管理理论和技术，以更好地发挥项目管理的作用。

这种变革必须围绕着"以客户为中心是项目管理变革的核心"这个理念，使项目人员的角色从他人开发计划的执行者，变成能对客户需求做出迅速而有效反应的参与者。要实现客户的满意，需要项目团队全体成员持续的和有意识的努力。

首先，要重组项目组织的经营方式，建立一个全新的以客户为中心的项目组织文化，强调提供给客户的项目价值最大化，容忍和鼓励逆向思维，以冲破习惯的束缚，激励、挑战和超越自我。

其次，在组织内分享权力，适当授权。

再次，树立项目整体生命周期观点，强调项目关键人员在项目全过程对项目负责，注重项目成果交付后的正常运行、维修。

最后，制定严格的规章制度和周密的程序、方法，确保项目工作不陷入责任真空。

3. 项目管理的特点

传统的管理注重专业性管理，而项目管理则注重综合性管理，并且项目管理工作有严格的时间期限。与传统管理相比，项目管理有以下三个特点：[1]

(1) 项目管理的对象是项目。项目管理是针对项目的特点而形成的一种管理方式，因而其适用对象是项目，特别是大型的、比较复杂的项目。

(2) 项目管理贯穿着系统工程的思想。项目管理把项目看成一个完整的系统，依据系统论"整体—分解—综合"的原理，可将系统分解为许多责任单元，由责任者分别按要求完成目标，然后汇总、综合成最终的成果。

(3) 项目管理的组织具有特殊性。项目管理的一个最为明显的特征即是其组织的特殊性，其特殊性表现在：

①项目管理的组织是临时性的。由于项目是一次性的，而项目的组织是为项目的建设服务的，项目终结了，其组织的使命也就完成了。

②项目管理的组织强调其协调控制职能。由于项目管理是一个综合管理过程，其组织结构的设计必须要充分考虑到是否有利于组织各部分的协调与控制，以保证项目总体目标的实现。目前项目管理的组织结构多为矩阵结构。此外，项目的组织还需要根据项目生命周期各个阶段的具体情况适时地调整组织的配置，以保障组织的高效、经济运行。

③项目管理是一种基于团队管理的项目经理负责制。由于项目系统管理需要集中权力以控制工作正常进行，因此实行的是项目经理负责制。

④项目管理的方式是目标管理。项目管理是一种多层次的目标管理方式。项目管理者只能以综合协调者的身份，组织被授权的专家执行项目，确定项目目标以及时间、经费、工作标准等限定条件，项目管理只要求在约束条件下实现项目的目标，其实现的方法具有灵活性。

4. 项目管理的基本职能

项目管理的基本职能主要包括以下几项[2]：

(1) 项目计划。项目计划就是根据项目目标的要求，对项目范围内的各项活动所做出的合理安排。它系统地确定项目的任务、进度和完成任务所需的资源等，使项目在合理的工期内，用尽可能低的成本，以尽可能高的质量完成。

(2) 项目组织。项目管理的组织，是指为进行项目管理、完成项目计划、实现组织职能而进行的项目组织机构的建立、组织运行与组织调整等组织活动。一般来说，项目管理的组织职能包括五个方面：组织设计、组织联系、组织运行、

① 陈建西，刘纯龙. 项目管理学 [M]. 成都：西南财经大学出版社，2005：14-15.
② 陈建西，刘纯龙. 项目管理学 [M]. 成都：西南财经大学出版社，2005：16.

组织行为和组织调整。项目组织是实现项目计划、完成项目目标的基础条件，组织的好坏对于能否取得项目成功具有直接的影响。

（3）项目评价与控制。项目计划只是根据预测而对未来做出的安排，由于在编制计划时难以预见的问题很多，因此在项目组织实施过程中往往会产生偏差。如何识别偏差、消除偏差或调整计划，保证项目目标的实现，是项目管理的评价与控制职能所要解决的。通常认为，项目评价是项目控制的基础和依据，项目控制则是项目评价的目的和归宿。

5. 公共项目管理的特征

公共项目又可称为公共投资项目，由于其享受主体是所有公民，所以是关系民生的重要问题。许多公共投资项目投入资金大、周期长、风险大、影响范围大，一旦项目投入运作，就牵涉到各方的配合与利益，与社会的稳定息息相关。公共项目获得成功之后，将带动生产力的飞速发展，并且对许多行业产生积极影响，对提高人民的生活水平做出极大贡献。反之，当项目运作失败，则将对国家造成巨大损失，不但投入无法收回，同时将造成深远的不良影响，如环境的破坏、生态的恶化甚至于丧失人民的支持等。

公共项目管理虽然也是属于项目管理的范畴，但是由于公共项目的外部性和公共性的特点，公共项目管理呈现出与普通项目管理许多不同之处：

（1）经济效益与社会效益。在确定项目阶段，一般项目第一位考虑的是经济效益。虽然公共项目也考虑经济效益，但更要考虑社会效益和环境效益，能否满足社会发展的需要、能否有利于提高公众的福利，是确定公共项目的最重要标准。

（2）收入与收益。在做项目分析和评估时，一般项目可以只做财务分析，即只分析该项目的资金支出和收入，而公共项目除了财务分析之外，还要做经济分析，要考虑和计算项目的直接影响和间接影响。所以，公共项目评估计算的是成本和收益，即所谓的成本—收益分析（Cost-Benefit Analysis 或 Benefit-Cost Analysis），而不是成本和收入。

（3）自我监督与公众监督。在项目的管理监督主体方面，一般项目一般由项目投资企业或投资企业委托的机构负责管理和监督；而公共项目的管理主体则可能是政府机构、政府所属企业、政府授权或委托的非政府组织或私营企业。一般项目的监督一般比较松散，有一定的规范，但制度性和公开性不是很强。公共项目的监督，除了项目单位自身的监督，还要接受公众的监督。

三、项目管理的知识体系

在了解了项目和项目管理的基本知识后，我们需要进一步知道项目管理到底包含哪些方面的内容。实际上项目管理需要许多知识和方法，项目管理知识体系就是项目管理所需知识和方法的总和。美国项目管理协会（Project Management Institute，PMI）经历了不断的发展，于 1996 年完善了所谓的"项目管理知识体系"（Project Management Body of Knowledge，PMBOK）。

目前项目管理领域有三个广为流行的知识体系：

（1）以欧洲国家为主的体系——ICB（IPMA Competence Baseline），国际项目管理资质标准，由国际项目管理协会（International Project Management Association，IPMA）编制。

（2）以美国为主的体系——PMBOK（Project Management Body of Knowledge），由美国项目管理协会（Project Management Institute，PMI）编制。

（3）以英国为主的体系——PRINCE（受控环境下的项目管理：PRojects IN Controlled Environments），由英国政府商务部（Office of Government Commerce，OGC）开发。

下面就这三种及我国的项目管理知识体系（C-PMBOK）作详细介绍。[①]

1. IPMA 的项目管理知识体系 ICB

国际项目管理协会（IPMA）的项目管理知识体系 ICB 包括项目管理中知识和经验的 42 个要素（28 个核心要素和 14 个附加要素），并要求参与该体系的成员国必须建立适应本国项目管理背景的项目管理知识体系，按照 ICB 转换规则建立本国的国际项目管理专业资质认证国家标准——NCB。

表 4-1　ICB 项目管理知识体系

类　别	内　容	
28 个核心要素	1. 项目和项目管理 2. 项目管理的实施 3. 按项目进行管理 4. 系统方法与综合 5. 项目背景 6. 项目阶段与生命周期 7. 项目开发与评估 8. 项目目标与策略 9. 项目成功与失败的标准 10. 项目启动 11. 项目收尾 12. 项目结构 13. 范围与内容 14. 时间进度	15. 资源 16. 项目费用与融资 17. 技术状态与变化 18. 项目风险 19. 效果量度 20. 项目控制 21. 信息、文档与报告 22. 项目组织 23. 团队工作 24. 领导 25. 沟通 26. 冲突与危机 27. 采购与合同 28. 项目质量管理

[①] 陈建西，刘纯龙. 项目管理学［M］. 成都：西南财经大学出版社，2005：24-32.

类　别	内　容	
14 个附加要素	1. 项目信息管理 2. 标准和规则 3. 问题解决 4. 谈判、会议 5. 长期组织 6. 业务流程 7. 人力资源开发	8. 组织的学习 9. 变化管理 10. 营销、产品管理 11. 系统管理 12. 安全、健康与环境 13. 法律方面 14. 财务与会计

2. PMI 的项目管理知识体系 PMBOK

从 1981 年美国项目管理协会（PMI）组委会批准总结实践经验，制定项目管理"标准"的研究开始，经过二十多年的实践、探索、总结、提高和完善，2004年 PMI 第四次对研究成果进行修订，形成了 2004 年版的《项目管理知识体系指南（第 3 版）》（Project Management Body of Knowledge，PMBOK）。PMBOK 是一个动静结合的整体，包括动态的项目进程五大过程管理和静态的项目管理九大知识领域，形成了一套独特而完整的科学体系，如表 4-2 所示。

表 4-2　PMBOK 项目管理知识体系

类　别	内　容		
五大过程管理	项目的初始过程：初步确定项目组成员、确定项目界限、初步确定项目计划、项目初始阶段总结评审 项目的计划过程：建立 WBS 计划、确认项目流程、确认项目详细计划、计划评审、批准项目计划、确定项目计划基线等 项目的实施过程：组织和协调人力资源和其他资源，组织和协调各项任务与工作，激励项目团队完成既定的工作计划，生成项目产出物 项目的控制过程：制定标准、监督和测量项目工作的实际情况、分析差异和问题、采取纠偏措施等管理工作和活动 项目的结束过程：完成项目移交准备工作、完成项目结束和移交工作计划、结束项目和完成项目文档等		
九大知识领域	项目整体管理　　项目范围管理　　项目时间管理 项目费用管理　　项目质量管理　　项目人力资源管理 项目沟通管理　　项目风险管理　　项目采购管理		

3. OGC 的项目管理的知识体系 PRINCE

PRINCE（PRojects IN Controlled Environments，受控环境中的项目）是一种对项目管理的某些特定方面提供支持的方法，它是组织、管理和控制项目的一种行之有效的方法。PRINCE 2 是基于过程的结构化的项目管理方法，适用于所有类型项目（不管项目的大小和领域，不再局限于 IT 项目）的易于剪裁和灵活使用的管理方法。

PRINCE 2 知识体系包括八类管理要素、八个管理过程和四种管理技术（如表4-3所示），PRINCE 2 将其进行了整合，勾画出项目管理的全部视野。

表4-3 PRINCE 2 知识体系

类别	内容
八类管理要素	组织（Organisation） 计划（Plans） 控制（Controls） 项目阶段（Stages） 风险管理（Management of Risk） 在项目环境中的质量（Quality in a Project Environment） 配置管理（Configuration Management） 变化控制（Change Control）
八个管理过程	指导项目（Directing a Project，DP） 开始项目（Starting up a Project，SU） 启动项目（Initiating a Project，IP） 管理项目阶段边线（Managing Stage Boundaries，SB） 控制一个阶段（Controlling a Stage，CS） 管理产品交付（Managing Product Delivery，MP） 结束项目（Closing a Project，CP） 计划（Planning，PL）
四种管理技术	基于产品的计划（Product-based Planning） 变化控制方法（Change Control Approach） 质量评审技术（Quality Review Technique） 项目文档化技术（Project Filing Techniques）

4. 中国的项目管理知识体系（C-PMBOK）

2001年5月中国项目管理研究委员会（PMRC）根据ICB的要求建立了《中国项目管理知识体系纲要》（C-PMBOK），其后又建立了《国际项目管理专业资质认证中国标准》。

《中国项目管理知识体系》（C-PMBOK）以项目生命周期为基本线索，从项目及项目管理的概念入手，按照项目管理的四个阶段论述了各阶段的主要工作及其相应的知识内容，阐述了项目管理过程所需要的共性知识及其方法、工具，共分为88个模块，中国项目管理知识体系框架如表4-4所示。

四、项目计划

项目计划是项目管理中的技术问题，历史经验表明：项目管理仅有20%失败于项目管理技术方法，80%失败于员工不负责任、政治风波以及不能有效地沟通等一些非技术性原因。因此，本章第一节大量描述的是项目管理的基础知识和知识体系，从上面的描述可以看出，项目管理是一个复杂的系统工程，其知识体系

表 4-4　中国项目管理知识体系框架

概念阶段	计划阶段	实施阶段	收尾阶段
一般机会研究	项目背景描述	采购计划	范围确认
特定项目机会研究	目标确定	招标采购的实施	重量验收
方案策划	范围计划	合同管理基础	费用决算与审计
初步可行性研究	范围定义	合同履行和收尾	项目资料与验收
详细可行性研究	工作分解	实施计划报告	项目交接与清算
项目评估	工作排序	安全计划	项目审计
商业计划书的编写	工作延续时间估计	项目进展报告	项目后评估
	进度安排	进度控制	
	资源计划	费用控制	
	费用估计	质量控制	
	费用预算	安全控制	
	质量计划	范围变更控制	
	质量保证	生产要素管理	
共性知识			
项目管理组织形式	企业项目管理	信息分发	风险监控
项目办公室	企业项目管理组织设计	风险管理计划	信息管理
项目经理	组织计划	风险识别	项目监理
多项目管理	团队建设	风险评估	行政监督
目标管理与业务过程	冲突管理	风险量化	新经济项目管理
绩效评价与人员激励	沟通计划	风险应对计划	法律法规
方法和工具			
要素分层法	不确定性分析	责任矩阵	质量控制的数理统计方法
方案比较法	环境影响评价	网络计划技术	挣值法
资金的时间价值	项目融资	甘特图	有无比较法
评价指标体系	模拟技术	资源费用曲线	
项目财务评价	里程碑计划	质量技术文件	
国民经济评价方法	工作分解结构	并行工程	

包含方方面面的知识。不从宏观的角度了解项目管理，仅仅学习项目管理的实践技术会本末倒置。要想真正掌握项目管理的精髓，就必须在对于项目管理有了宏观了解的基础上再去学习相关的细节内容。

在对于项目管理有了宏观的了解后，我们进入到微观的环节。项目的成败首先取决于项目计划工作的质量，因为项目计划是确定项目协调、控制方法和程序的基础及依据，是制定和评价各级执行人的责权利的依据，是项目经理和项目工作人员的工作依据和行动指南，是对项目进行评价和控制的标准。

任何项目的管理都要从制订项目计划开始，因此本章接下来主要讲述项目计划的内容。

1. 项目计划的定义

项目计划是项目内组织根据项目目标的规定，对项目实施过程中的各项活动做出周密的安排。[①] 项目计划是预测未来，确定要达到的目标，估计会碰到的问题，并提出实现目标、解决问题的有效方案、方针、措施和手段的过程。一般来说，项目计划描述了为完成目标所需的各项任务的详细范围，确定项目组成员的工作责任与职权，它可以促进项目组成员与项目委托人、管理部门之间的交流与沟通，增加客户的满意度，使项目各项工作协调一致，并在协调关系中了解哪些是关键因素。

项目启动后的计划阶段作为项目实施的前期工作阶段，应对项目实施进程进行全面的、系统的描述和安排。计划阶段的主要工作包括：项目背景描述、目标确定、范围计划、范围定义、工作分解、工作排序、工作时间估计、进度安排、资源计划、费用估计、费用预算、质量计划以及增量保证。

2. 项目计划的作用

项目计划在项目管理中的作用不可小视，有效的项目计划可以达到以下目的：[②]

（1）将风险和不确定性降低到最小程度。项目计划可作为进行分析、协商及记录项目范围变化的基础，用来衡量进度的偏差、风险的估算、资源的调度等。

（2）项目计划可以规定操作标准，进行有效的跟踪、反馈，并能够确保在最短的时间内获取所需要的成果，使项目组成员明确自己的目标，以确保以短时间、低成本来实现目标。[③]

（3）为执行工作提供基础，能够促进项目组成员及项目委托人和管理部门之间的协调与沟通。

（4）确定有效的工作控制程序，确定项目组成员、工作的责任范围以及相应的职权，以便按要求去指导和控制项目的工作。

不管是简单还是复杂的项目，都需要一个可行、高效的计划。项目计划明确规定项目人员什么时候做什么事情，只有这样，项目经理才能顺利统管全局并协调各方面的工作，有效地防止项目实施中出现混乱。

3. 项目计划的原则

项目计划在制定过程中应该遵循如下原则：[④]

（1）目标性原则。任何项目计划的制定都是围绕项目目标的实现而展开的，任何项目都有一个或几个确定的目标，以实现特定的功能、作用和任务。

（2）合理性原则。计划方案的合理性主要是指所用资料、数据是基于项目的

① 王胜. 全面项目管理 [M]. 北京：中国经济出版社，2004：117-118.
② 张丽璃. 项目经理360度全程序工作手册 [M]. 北京：中国经济出版社，2007：71.
③ 魏娜. 公共管理的方法与技术 [M]. 北京：中国人民大学出版社，2003：287.
④ 魏娜. 公共管理的方法与技术 [M]. 北京：中国人民大学出版社，2003：288.

环境分析而得到的。任何系统都必然要与外部环境进行物质、能量、信息的交换，环境因素的存在以及变化的情况，对项目实施计划的制定、组织机构的设置、施工进度的选择，以及人员的配备等都会产生重要的影响。

（3）动态性原则。项目计划执行过程中，外部环境复杂多变，不可控制的因素很多，始料未及的情况常有发生，应考虑多种应变计划和方案，做好各种应变的准备。要随着环境和条件的变化而不断调整和修改，以保证完成项目目标，这就要求项目计划要有动态性，以适应不断变化的环境。

（4）可行性原则。构成项目计划的任何子计划的变化都会影响其他子计划的制定和执行，要保证先有资源、技术、资金、人力和物力等方面的可行性，然后力求方案计划的可操作性以及现实可能性。

（5）系统性原则。项目计划本身是一个系统，由一系列子计划组成。各个子计划不是孤立存在的，它们彼此之间相互独立又密切相关，从而使制定出的项目计划也要具有系统的目的性、相关性、层次性、适应性、整体性等基本特征，使项目计划形成有机协调的整体。

第二节　项目计划基础

项目计划是项目实施的基础，是组织根据项目目标的规定对项目中的各项活动做出周密的安排，主要解决组织人员各自的职责、项目面临的时间价值及机会成本、资源的分配及利用，如何既保持进度又能使项目成功等问题。不管是普通的项目管理还是公共项目管理，其规划的形式、内容、步骤、成果方面都是一致的。

一、项目计划的形式

项目计划按照制定的过程，可分为概念性计划、详细计划、滚动计划三种形式。[①]

1. 概念性计划

概念性计划通常称为自上而下的计划。这种计划的任务是确定初步的工作分解结构图（Work Breakdown Structure，WBS），并根据图中的任务对总的计划进行自上而下的分解。在项目计划中，概念性计划的制定规定了项目的战略导向和

---

① 魏娜. 公共管理的方法与技术 [M]. 北京：中国人民大学出版社，2003：288.

战略重点。

2. 详细计划

详细计划通常称为自下而上的计划。这种计划的任务是制定详细的工作分解结构图，该图需要详细到为实现项目目标必须做的每一项具体任务，然后自下而上汇总估计。在项目计划中，详细计划的制定提供了项目的详细范围。

3. 滚动计划

滚动计划是根据计划的执行情况和客观环境的变化定期修订计划，是计划不断向前滚动的方法。由于制定计划时很难准确预测未来客观环境和计划各要素的发展变化，随着计划的延长，影响计划执行的不确定性因素会越来越多，计划的不确定性越来越大，计划将越来越暴露出其不适应性。如果不考虑客观环境的变化，仍然执行原有计划，就会影响到计划目标的实现，带来巨大的损失，因此，需要采用滚动计划法对计划不断进行修订。

滚动计划的制定方法是：把计划执行分成几个阶段，在第一个计划执行期结束时，根据该阶段的执行情况和外部与内部有关因素的变化情况，对原计划进行修订，使计划向前滚动一个阶段，依据同样的方法，定期修订计划，促使计划逐期滚动。

滚动计划具有非常明显的优点：首先，它可使项目组织始终有一个切合实际的计划作为指导，有助于提高计划的质量；其次，它可使长期计划、中期计划和短期计划之间相互紧密链接，从而确保即使项目执行由于环境的变化而产生了偏差，也能及时地进行调整；最后，它可以增大计划的灵活性，提高项目组织的应变能力。

二、项目计划的内容

制定项目计划是为了合理地安排所需的资源，项目计划包括全部相关任务的细目分类表、日程表、预算表。此外，项目风险和意外事故也必须考虑到，可能入选的团队成员、工作场地、设备和供应商都要确定好。[①]

一般来说，项目计划的主要内容有：项目范围计划、项目进度计划、项目成本计划、项目人力资源计划、项目沟通计划、项目风险管理计划以及项目采购计划。而其中时间、成本、质量被认为是项目管理的"三角守恒机制"，由于篇幅的限制，以下主要对项目计划中的范围、时间、质量、成本这四个部分进行讲解。[②]

---

① 凯斯·雷克. 项目管理总论 [M]. 张蓓译. 汕头：汕头大学出版社，2003：18.
② 张丽璃. 项目经理360度全程序工作手册 [M]. 北京：中国经济出版社，2007：75.

1. 项目范围计划

项目范围计划是确定项目范围并编写项目说明书的过程。项目范围说明书说明进行此项目的原因，进而形成项目的基本框架，这样就使得项目所有者或项目管理者能够系统地、逻辑地分析项目关键问题以及项目形成中的相互作用要素，使得项目的有关利益人员在项目实施前或项目有关文件书写以前，能就项目的基本内容和结构达成一致。

进行项目范围计划所使用的方法是工作分解结构（WBS）。

2. 项目进度计划

成功的项目管理离不开成功的项目进度管理，按时完成任务是项目成功的基本前提。项目进度计划主要是确定完成一个项目需要完成哪些活动，找出完成这些活动应该满足的顺序，确定完成每项活动的时间，制定一个可以控制的时间表来实现目标。进度计划可分为进度控制计划与状态报告计划。

（1）进度控制计划。进度控制计划是根据实际条件和合同要求，以拟建项目的交付使用时间为目标，按照合理的顺序所安排的实施日程。其实质是把各个活动的时间估计值反映在逻辑关系图上，通过调整，使得整个项目能在工期和预算允许范围内最好地安排任务。

（2）状态报告计划。项目经理在项目实施过程中需要了解项目的进展情况和存在的问题，以便预测今后发展的趋势，解决存在的问题。而且，项目委托人也要根据项目的进展情况，及时做好使用前的准备。状态报告计划要求简明扼要、表达清楚。必须明确谁负责编写报告、向谁报告、报告的内容和报告所需的信息涉及面的大小。所写的内部报告与对项目委托人的报告应协调一致，避免互相矛盾，影响问题的解决。

项目进度计划编制的主要方法有横道图（甘特图）和网络计划技术。

3. 项目质量计划

项目质量计划就是要将与项目有关的质量标准标示出来，提出如何达到这些标准要求的设想。质量计划包括确定哪种质量标准适合该项目并决定如何达到这些标准。在项目计划中，它是程序推进的主要推动力之一，应当有规律地执行并与其他项目计划程序并行。

项目质量计划主要包括质量策略、范围阐述、产品说明、标准和规则等。

（1）质量策略。质量策略是"一个注重质量的组织的所有努力和决策"。执行组织的质量策略经常能被项目所采用。如果执行组织忽略了正式的质量策略，或者如果项目包含了多重的执行组织，项目管理小组就需要专为这个项目而开发一个质量策略。

（2）范围阐述。范围阐述是对质量计划的主要输入，因为它是揭示主要的子项目和项目目标的书面文件，后者界定了重要项目的相关人员的需求。

（3）产品说明。虽然产品说明的因素可以在范围阐述中加以具体化，但产品说明通常仍需阐明技术要点的细节和其他可能影响质量计划的因素。

（4）标准和规则。项目管理小组必须考虑任何适用于特定领域的专门标准和规则。

项目质量计划编制的主要方法有流程图、实验设计等。

4. 项目成本计划

项目成本计划主要说明需要何种预算细则，核算哪些成本，进行哪些对比，用何种技术方法收集和处理信息，以及如何及时检查和采取补救措施等。成本计划的主要内容之一是成本控制计划。项目成本计划是一种按照时间分段的预算，可以用来测量和监控项目的成本绩效。按时段把估算成本叠加起来即可求得成本基准计划。一般情况下，我们在成本估算的基础上，根据工作分解结构和项目进度计划来制定项目成本基准计划。

项目成本计划编制的主要方法有类比估算法、参数模型法等。

三、项目计划的步骤

不管是项目计划中的哪一部分内容，其编制过程基本上都是一致的。[①]

1. 定义项目的交付物

这里的交付物不仅包括项目的最终产品，也包括项目的中间产品，要把项目任务、活动的产出明确地定义出来。比如我们进行一个大型的体育馆的建设，虽然最终产品是建成的体育馆这一建筑物，但产品定义中可能包括项目可行性研究报告、地质灾害评估报告、场地地形图、岩石工程勘察报告、方案效果图、初步设计图纸、施工图设计图纸、地基处理、主体结构等诸多中间产品的定义。

2. 确定任务

确定任务是确定实现项目目标需做的各项工作，并以项目分解结构图反映。在项目管理中，我们通常采用自上而下的工作分解结构，即把最高级的项目分解为阶段，把阶段分解为过程（或活动），把过程（活动）分解成任务，目的是使项目更容易控制，通过控制容易实现的小目标来最后实现项目目标。自上而下的工作分解结构通常采用树根状结构，如图4-2所示。

3. 建立逻辑关系图

建立逻辑关系图就是在假设资源独立的前提下，确定各项任务之间的相互依赖关系，以直观的图的形式来表示各个项目任务在项目周期中的位置。

_____

① 张丽璃. 项目经理360度全程序工作手册 ［M］. 北京：中国经济出版社，2007：81-84.

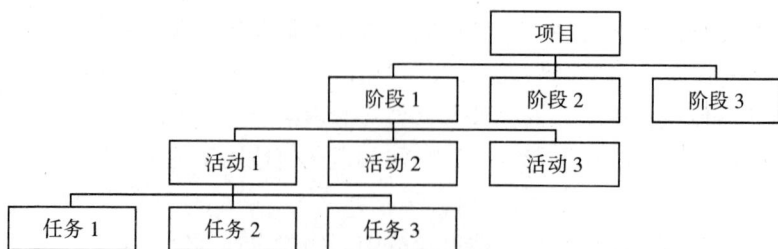

图 4-2　项目分解结构图

4. 分配时间

（1）为任务分配时间。项目的实现是需要时间的，可以根据任务的复杂程度、以往同类项目的经验、活动在项目中的位置给任务分配时间。

（2）确定项目组成员可支配时间。可支配时间是指具体花在项目任务上的时间，所以项目组成员可支配时间应扣除支配时间中的假期、教育培训以及其他非用于项目任务上的时间。

5. 为任务分配资源并进行平衡

对任务持续时间、任务开始日期、任务分配进行调整，从左到右平衡计划，保持各项任务之间的相互依赖关系并证实其合理性。通过资源平衡可使项目组成员承担合适的工作量，还可调整资源的供需状况。

6. 确定管理支持性工作

这是一项贯穿项目管理始终的工作，具体可包括项目管理、项目会议等。

7. 准备计划汇总

其包括进度计划、产品里程碑、资源汇总、任务分配书等。

四、项目计划的成果

项目计划的成果一般是一个文件或文件的汇集，其主要包括以下内容：

1. 主要文件资料

● 项目证书。

● 项目管理方法或战略的阐述。

● 范围阐述，包括工作细目和项目目标。

● 工作分解结构（WBS），是把项目工作分解到控制系统可以操作的程度。

● 成本估算、进度计划的开始日期和责任分配，一直分解到 WBS 的控制系统可以操作的水平。

● 为进程和成本制定的绩效测量标准。

● 对项目每个阶段的具有里程碑意义的事件和目标日期的记载。

- 关键的或必需的人员。
- 主要风险，包括制约因素和假设以及每个阶段的对应计划。
- 辅助的管理计划，包括范围管理计划和进度管理计划等。
- 已经公布的和悬而未决的决定。

2. 辅助说明

- 没有包括在这个项目计划中的其他计划程序的输出。
- 在项目计划开发期间产生的附加信息和文件（比如制约因素和假设如果事先没考虑到）。
- 技术性文件、要求、特征和设计等方面的文件。
- 有关标准文件。

第三节　项目计划的技术方法

在项目的执行中，有两类问题经常困扰我们：其一是部门和工作配合方面。如由于多个部门或几项工作的衔接关系事先没有计划好，导致一些部门中途停下来，等另外一些部门把某些事情做好，项目才能往下进行；项目或者活动快要达到某个目标的时候，发现有一项耗费时间的工作还没做。其二是辅助性工作或事务拖延时间。大量实际例子表明：在项目或活动的进行过程中，主要工作的进展不会让人劳神，而辅助性工作和细节问题却让人头疼不已；到了最后的环节，往往不是为了克服难点、照顾重点，而是那些需要较长时间完成的配套工作使人着急。

如何理顺纷乱复杂的细节，分清各个千头万绪又相互交叉的事项，进行高效的协调和控制，已是许多项目管理人员以及各个公众活动者、策划者共同关注的问题。这就需要事先有科学的项目计划方法。本节主要介绍几种常见的项目计划方法。[①]

一、项目范围计划管理技术方法

项目范围是指为了成功达到项目目标，项目规定所要完成的工作。如果项目范围确定得不好，极有可能造成最终的项目费用提高、延长工作时间、返工、降低劳动生产率、影响项目组的士气，等等。

---

① 李卫星. 综合项目和公众活动统筹法［M］. 北京：机械工业出版社，2005：1-2.

项目范围说明书一般包括：

（1）项目的合理性说明，解释为什么要进行这一项目。项目合理性说明为以后权衡各种利弊关系提供依据。

（2）项目成果的简单描述。确定项目成功所必须满足的数量标准，且尽量量化标准，未被量化的目标往往具有风险。

（3）项目可交付成果。一份主要的、具有归纳性的清单。

（4）项目目标的实现程度。

（5）辅助性细节。

项目范围定义的结果是形成工作结构分解图（WBS）。项目结构分解工作一般包括如下三个方面内容：

（1）项目结构的分解。按照系统规划将一个项目分解开，得到不同层次的项目单元。

（2）项目单元的定义。即对项目工作具体内容进行详细描述，以便在实施过程中，与工作对应的技术设计、计划、组织安排等工作能够同步进行。

（3）项目单元间的逻辑关系分析。即将全部项目单元还原成一个有机的项目整体。

1. 工作分解结构的概述[①]

工作分解结构（WBS）是一个以项目产品或服务为中心的子项目组成的项目"家族树"，它规定了项目的全部范围。工作分解结构是为方便管理和控制而将项目按等级分解成易于识别和管理的子项目，再将子项目分解成更小的工作单元，直至最后分解成具体的工作（或工作包）的系统方法，是项目范围计划的重要工具和技术之一。

工作分解结构图可以将项目分解到相对独立的、内容单一的、易于成本核算与检查的工作单元（或工作包），并能把各工作单元在项目中的地位与构成直观地表示出来。工作分解结构图是实施项目、创造项目最终产品或服务所必须进行的全部活动的一张清单，也是进度计划、人员分配、成本计划的基础。

2. 工作分解结构的设计

（1）分解层次与结构。项目工作分解结构的设计对于一个有效的工作系统来说非常关键。根据项目管理和控制的需要，项目工作分解既可按照项目的内在结构进行分解，又可按项目的实施顺序进行分解。由于项目本身的复杂程度、规模大小各不相同，因此项目可分成很多级别，从而形成了工作分解结构的不同层次。

---

① 陈建西，刘纯龙. 项目管理学 [M]. 成都：西南财经大学出版社，2005：76-79.

工作分解结构每细分一个层次表示对项目元素更细致的描述。任何分支最底层的细目叫做工作包。工作包是完成一项具体工作所要求的一个特定的、可确定的、可交付以及独立的工作单元，为项目控制提供充分而合适的管理信息。WBS结构应以等级状或树状结构来表示，其底层范围应该很大，代表详细的信息，能够满足项目执行组织管理项目对信息的需要，结构上的上一个层次应比下一层要窄，而且该层次的用户所需的信息由本层提供，以后依次类推，逐层向上。

一般情况下，结构设计有 4~6 个层次就足够了，同时必须保证信息在各层次之间能自然、有效地交流，且使结构具有能够增加的灵活性。

（2）WBS 编码设计。工作分解结构中的每一项工作都要编上号码，用来唯一确定其在项目工作分解结构的身份，这些号码的全体叫做编码系统。编码系统同项目工作分解结构本身一样重要，在项目计划和以后的各个阶段，项目各基本单元的查找、变更、费用计算、时间安排、资源安排、质量要求等都要参照这个编码系统。

在 WBS 编码中，任何等级的工作单元都是其全部次一级工作单元的总和。所有子项目的编码的第一位数字相同，而代表子项目的数字不同，紧接着后面数字是零。再下一级的工作单元的编码依次类推。如图 4-3 所示，是一个成本软件开发的工作分解结构及编码。

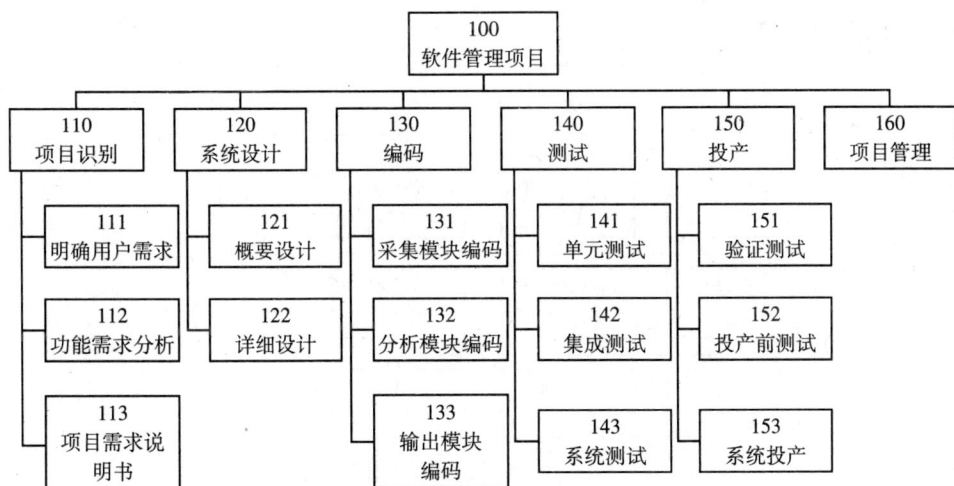

图 4-3　成本软件项目分解结构及编码

3. 工作分解结构的编制方法

编制工作分解结构的方法多种多样，主要包括类比法、自上而下法、自下而上法等。

（1）类比法。此法就是以一个类似项目的 WBS 为基础，编制本项目的工作分解结构。例如，某客机制造公司计划设计生产某种新型战斗机时，可以参考使用以往制造客机而设计的子系统，开始新项目的 WBS 的编制。这种一般性产品导向的 WBS 就成为新飞机项目的范围定义和新型战斗机成本估算等工作的起点。

（2）自上而下法。此法常常被视为构建 WBS 的常规方法，即从项目最大的单位开始，逐步将它们分解成下一级的多个子项。这个过程就是要不断增加级数，细化工作任务。

（3）自下而上法。此法是让项目团队成员尽可能详细地列出他们认为完成项目必须要做的工作，然后对其进行分类、整合，并且归总到一个整体活动或 WBS 的上一级内容当中去的方法。例如，设计制造新型战斗机时，自下而上由项目团队中的商业分析人员确定用户对项目的要求以及该项目的内容；再由工程师们确定对用户系统的要求和对发动机的要求；最后由项目小组将这几项任务都归入到战斗机制造项目的设计总项中去。

自下而上法一般都很费时，但这种方法对于 WBS 的创建来说，效果特别好。项目经理经常对那些全新系统或方法的项目采用这种方法，或者用该法来促进全员参与或项目团队的协作。工作分解结构图如图 4-4 所示。

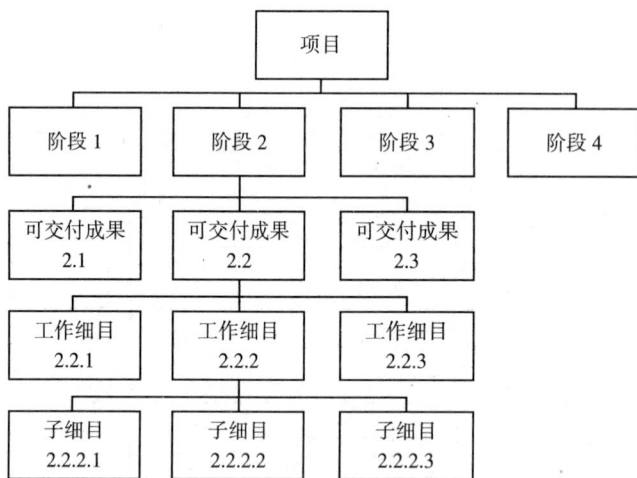

图 4-4　工作分解结构图

4. 项目工作分解结构的步骤

在进行项目工作分解时，一般有以下几个主要步骤：

（1）先明确并识别出项目的各主要组成部分。即明确项目的主要可交付成果，在进行这一步时需要解答的问题是：要实现项目的目标需要完成哪些主要工作？

（2）确定每个可交付成果的详细程度。确定可支付成果是否已经达到了足以编制恰当的成本估算和历时估算的要求。若是则进入到第四步，否则接着进入第三步。

（3）确定可交付成果的组成元素。组成元素应当用切实的、可验证的结果来描述，以便于进行绩效测量。这一步要解决的问题是：要完成上述各组成部分，有哪些更具体的工作要做？

（4）核实分解的正确性。需要回答下列问题：

①最底层项对项目分解来说是否是必需且充分？如果不是，则必须修改组成元素（添加、删除或重新定义）。

②每项的定义是否清晰完整？如果不完整，描述则需要修改或扩展。

③每项是否都能够恰当地编制进度和预算？是否能够分配到接受职责并能够圆满完成这项工作的具体组织单元（例如部门、项目团队或个人）？如果不能，需要做必要的修改，以便于提供合适的管理控制。

一般编制了 WBS，就要填写线性责任表（Linear Responsibility Chart，LPC），以显示谁负责哪个任务，如表 4-5 所示。线性责任表会对必须咨询谁或通知谁做出规定，从而克服上述问题。

表 4-5　线性责任表

项目参与者 任务描述	李××	苏××	张××	刘××	孙×
设计格式	2		1		
最终格式布局	1	2			
编写使用指南			1	2	
设计包装	1		2	2	
制定销售计划			1	2	2
生产协调	1	2	2		

注：1=实际负责；2=支持；3=必须通知到；空格=不涉及。

5. 项目工作分解注意事项

对于实际的项目，特别是对于较大的项目而言，在进行工作分解时，要注意以下几点：

（1）要清楚地认识到，WBS 应该在进度安排和资源分配之前编制。确定项目的分解结构就是将项目的产品或服务、组织、过程这三种不同的结构综合为项目分解结构的过程，也就是给项目的组织人员分派各自角色和任务的过程。

（2）对于项目最底层的工作要非常具体，而且要完整无缺地分配给项目内外的不同个人或者是组织，以便于明确各个工作的具体任务、项目目标和所承担的责任，也便于项目的管理人员对项目的执行情况进行监督和业绩考核。

（3）对于最底层的工作块，一般要有全面、详细和明确的文字说明并汇集编制成项目工作分解结构词典，用以描述工作包、提供计划编制信息（如进度计划、成本预算和人员安排），以便于在需要时随时查阅。

（4）在进行工作分解时，并非工作分解结构中所有的分支都必须分解到同一水平，即你不必把 WBS 强制分解成对称的形式。对于某一分支，分解到能满足既定准确度要求（针对时间和成本估计）的某一个层次，即可停止。各分支中的组织原则可能会不同。任何项目也并不是只有唯一正确的工作分解结构。

（5）大项目可以多达 20 层，超过 20 个层次就是分解过度了。对于较小的项目，一般分解到 4~6 个层次就可以了。因此把项目分解到能够做出既定准确度的估计就可以了，一个基本的规则是，如果已经分解出你能够控制的工作，就立即停止。计划的详细程度不要超过你能控制的范围。任务工期不要超过 4~6 周，工程和软件编程的任务不要超过 1~3 周。[①]

二、项目进度技术方法

对于项目进度的计划，一般有两种方法：横道图和网络计划技术，下面分别做介绍。[②]

1. 横道图（甘特图）

（1）横道图。1917 年美国人甘特发明了横道图（也称为甘特图），横道图是用来表示项目进度的一种线性图形技术。在项目管理中，横道图主要是用水平长条线表示项目中各项任务和活动所需要的时间，以便有效地控制项目进度。它打破了表格对计划形式的束缚，一张横道图上能容纳的信息量、信息之间的条理性和关联性非表格可比。[③]

横道图是一个二维平面图，如图 4-5 所示。横维表示进度或活动时间，纵维表示工作包内容。横道线显示了 A、B、C、D 四项工作的开始时间和结束时间，横道线的长度表示了该项工作的持续时间。其中 A 和 B 两个任务可以并行操作。横道图的实质就是将串行的操作尽可能地变成并行操作，最大限度地节省时间，横道图的时间维决定着项目计划粗略的程度。

（2）横道图的优点及适用范围。横道图的最大优势是比较容易理解和改变。一眼就能看出活动什么时间应该开始，什么时间应该结束。也可以清楚地显示活动的进度是否落后于计划，如果落后于计划那么是何时落后于计划的，等等。

---

① 詹姆斯·刘易斯.项目经理案头手册 [M].雷晓凌译.北京：电子工业出版社，2009：59.

② 陈建西，刘纯龙.项目管理学 [M].成都：西南财经大学出版社，2005：80-92.

③ 李卫星.综合项目和公众活动统筹法 [M].北京：机械工业出版社，2005：1-2.

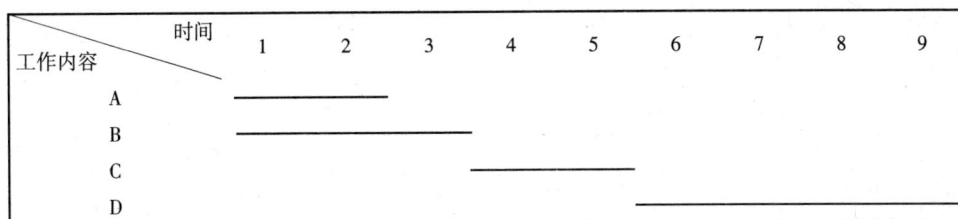

图 4-5　项目进度横道图

横道图只是对整个项目或者把项目作为系统来看的一个粗略描述，它有以下缺陷：首先，不能表示出这些活动之间的相互关系，也不能表示活动的网络关系。其次，不能表示活动如果较早开始或者较晚开始而带来的结果。最后，它没有表明项目活动执行过程中的不确定性，因此没有敏感性分析。这些弱点严重制约了横道图的进一步应用。所以，传统的横道图一般只适用于比较简单的小型项目。

（3）横道图的类型。在项目管理的实践中，将网络图与横道图相结合，使横道图得到了不断的改进和完善。除了传统横道图以外，还有带有时差的横道图和具有逻辑关系的横道图。

①带有时差的横道图。网络计划中，在不影响工期的前提下，某些工作的开始和完成时间并不是唯一的，往往有一定的机动时间，即时差。这种时差在传统的横道图中并未体现，而在改进后的横道图中可以体现出来，如图4-6所示。

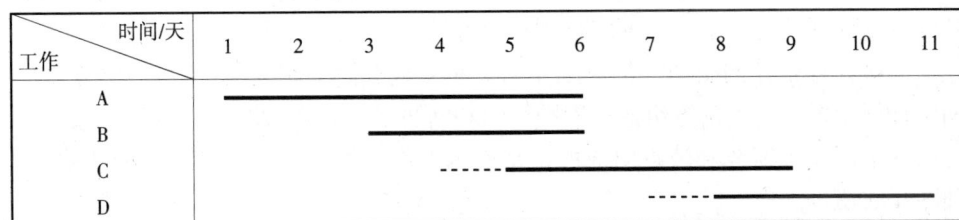

—— 工作进度　　---- 时差

图 4-6　带有时差的横道图

②具有逻辑关系的横道图。将项目计划和项目进度安排这两种职能组合在一起，在传统的横道图中表达出来从而形成具有逻辑关系的横道图，如图4-7所示。

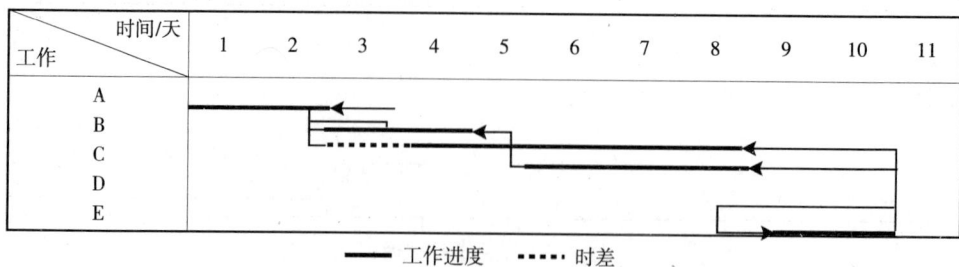

时间/天 工作	1	2	3	4	5	6	7	8	9	10	11
A											
B											
C											
D											
E											

—— 工作进度　　····· 时差

图 4-7　具有逻辑关系的横道图

上述两种类型的横道图，实际上是将网络计划原理与横道图两种表达形式进行有机结合的产物，其既具备了横道图的直观性，又兼备了网络图各工作的关联性。

2. 网络计划

（1）网络计划技术。随着项目的规模越来越大，其影响因素越来越多，项目的组织管理工作也越来越复杂。用横道图这一传统的进度管理方法，已不能明确地表明各项工作之间相互依存与相互作用的关系，管理人员很难迅速判断某一工作的推迟和变化，无法确定项目中最重要的、起支配作用的关键工作及关键路径。为了适应对复杂系统进行管理的需要，20世纪50年代末，在美国相继研究并使用了两种进度计划管理方法，即关键路径法（Critical Path Method，CPM）和计划评审技术（Program Evaluation and Review Technique，PERT），将这两种方法用于进度管理，并利用网络计划对项目的工作进度进行安排和控制，便形成了新的进度计划管理方法——网络计划技术方法。

网络计划是在网络图上加注工作的时间参数等而编制成的进度计划，所以，网络计划主要由两大部分组成，即网络图和网络参数。

网络图是由箭线和节点组成的用来表示工作流程的有向、有序的网状图形，如图4-8所示。

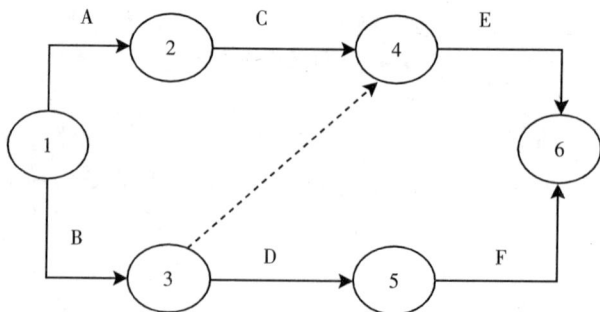

图 4-8　网络图

网络参数是根据项目中各项工作的延续时间和网络图所计算的工作、节点、路径等要素的各种时间参数。网络计划技术的种类与模式很多，但以每项工作的延续时间和逻辑关系来划分，可归纳为四种类型，如表 4-6 所示。[①]

表 4-6　网络计划技术的类型

类型		延缓时间	
		肯定	不肯定
逻辑关系	肯定型	关键路径法（CPM）搭接网络	计划评审技术（PERT）图形评审技术（GERT）
	非肯定型	决策关键路径法（DCPM）	随机评审技术（QGERT）风险评审技术（VERT）

网络计划的基本形式是关键路径法（CPM）和计划评审技术（PERT），这两种方法并无本质的区别，但从使用目的来说略有不同。用 PERT 法编制项目进度计划时，以"箭线"或"事项"代表工作，按工作顺序，依次连结完成网络结构图，在估计工作的持续时间的基础上即可计算整个项目工期，并确定关键路径。这种方法重点是研究项目所包含的各项工作的持续时间。用 CPM 法编制项目进度计划时，其图形与 PERT 法基本相同，除了具有与 PERT 法相同作用之外，CPM 法还可以调整项目的费用和工期，以研究整个项目的费用与工期的相互关系，争取以最低的费用、最佳的工期完成项目。PERT 无法准确确定工作持续时间，只能以概率论为基础加以估计，在此基础上，计算网络的时间参数。而 CPM 法能以经验数据为基础较准确地确定各工作的持续时间。对于一般项目来说，根据经验和知识，能够对项目的各项工作所需时间进行合理、准确的确定。所以，项目管理中最常用的是 CPM 法。

除基本形式外，网络计划技术在项目管理的实践中适应不同的管理需要而生成不同侧重点的管理技术，如决策关键路径法（Decision Critical Path Method，DCPM）在网络计划中引入了决策点的概念，使得在项目的执行过程中可根据实际情况进行多种计划方案的选择。图形评审技术（Graphical Evaluation and Review Technique，GERT）引入了工作执行完工概率和概率分支的概念，一项工作的完成结果可能有多种情况。风险评审技术（Venture Evaluation Review Technique，VERT）可用于对项目的质量、时间、费用三个坐标进行综合仿真和决策。

（2）网络图。绘制网络图是应用网络计划技术的基础。网络计划技术按网络的结构不同，可以分为双号网络和单号网络，网络图也就有了相应的种类：双号

---

① PMI. PMI Research Program Overview［M］. America，Gower Pub Co，2003：34-35.

网络图和单号网络图。

双号网络图（Activity-On-Arrow，AOA）用箭线表示活动，节点表示事件。由于可以使用前后两个事件的编号来表示这项活动的名称，故称双号网络图（见图 4-9）。

单号网络图（Activity-on-Node，AON）用节点表示活动，箭线表示事件，其中箭线仅仅表示各个活动之间的先后顺序，所以称为单号网络图（见图 4-10）。

在使用单号网络图的过程中，当有多个活动不存在前导活动时，通常把它们表示成从一个叫做"开始"的节点引出。类似地，当多个活动没有后续活动时，通常把它们表示成一个叫做"终止"的节点上。

项目管理者使用双号网络图（AOA）表示还是使用单号网络图（AON）表示，在很大程度上取决于个人的偏好。一般来说双号网络图比较难以绘制，但可以清楚地识别各项事件（里程碑）。单号网络图不需要使用虚拟活动，而且画起来也比较容易。在本章中，我们大部分采用双号网络图（AOA），其实可以画出等份的单号网络图，得到的结果是一样的，所以就不再用单号网络图表示。

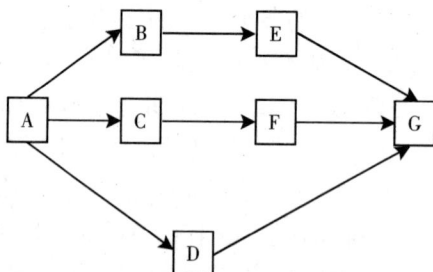

图 4-9 双号网络图

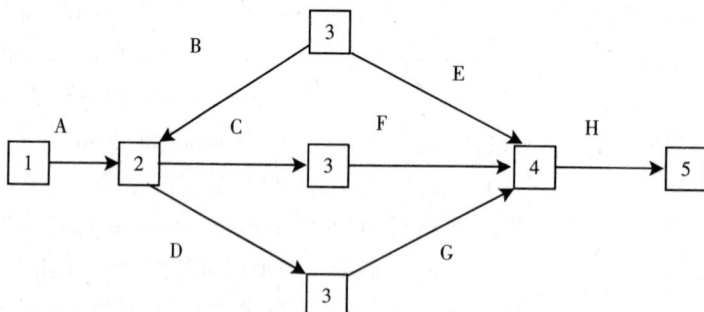

图 4-10 单号网络图

①网络图的绘制。

网络图的绘制过程其实就是网络模型的建立过程，它是利用网络图编制网络计划，以实现对项目时间及资源合理利用的第一步。网络图的绘制可以分为以下三个步骤：

● 项目分解。要绘制网络图，首要的问题是进行项目分解，明确项目工作的名称、范围和内容等。

● 工作关系分析。项目管理人员在深入了解项目、对项目资源有充分考虑的基础上，通过比较、优化等方法进行工作关系分析，以确定工作之间合理、科学的逻辑关系，明确工作的前后关系，并形成项目工作列表。

● 绘制网络图。绘制网络图时要注意以下几个问题：

第一，一个网络图只有一个开始节点和一个结束节点。因为项目只有一个开始时间和一个结束时间，所以项目计划也只有一个开始节点和一个结束节点。如果几项活动同时开始或者同时结束，在双号网络图中可以将这几项活动的开始节点合并为一个节点，如图4-11所示；而在单号网络图中可以设置一个虚拟开始（或者结束）活动，作为该网络图的开始节点（或者结束节点），如图4-12所示。

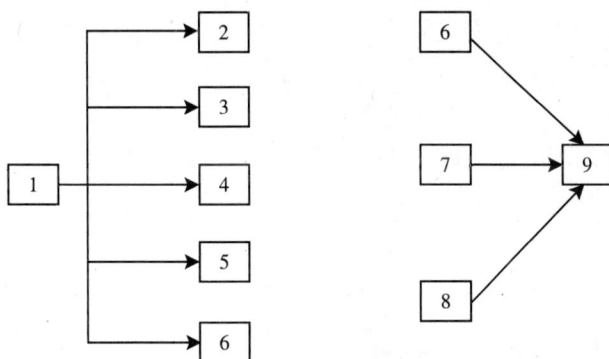

图 4-11　双号网络图

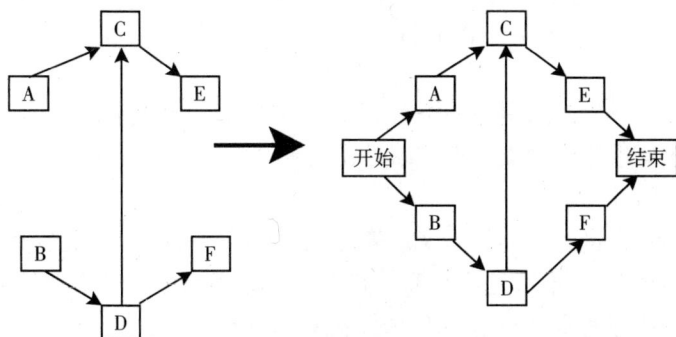

图 4-12　单号网络图

159

第二，网络图是有方向的，不应该出现循环回路。从网络图中某一节点出发，沿着某个路径运行，最后如果又回到该出发节点，所经过的路径就形成了循环回路，这时网络图所表示的逻辑关系就会出现混乱，各个工作之间的先后次序将无法判断。

第三，一对节点不能同时出现两项活动。如果有这种情况，必须引入虚活动。虚活动是为了表明相互依存的逻辑关系，消除活动与活动之间含混不清的现象而设置的，它既不消耗资源，也不占用时间，如图4-13所示。

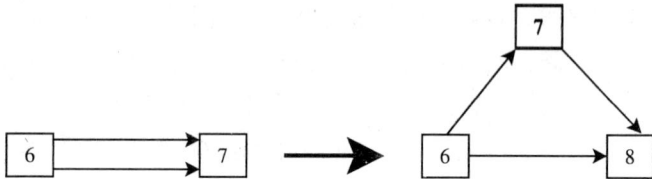

图4-13　引入虚活动图

第四，网络图中不能出现无箭头箭线和双箭头箭线。网络图中箭头所指的方向是表示活动进行的先后次序，如果出现无箭头箭线和双箭头箭线，活动先后顺序就会无法判断，会造成各个活动之间的逻辑关系的混乱。

第五，网络图中不能出现无节点的箭线。无节点的箭线不符合网络图中关于活动的定义，如图4-14所示，无箭尾节点的箭线和无箭头节点的箭线都是不允许出现的。

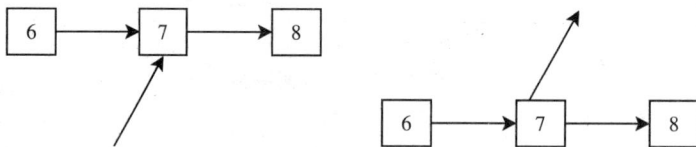

图4-14　无节点的箭线图

第六，在同一个网络图中的所有节点，不能出现相同的编号。如果用数字编号，一般要求每根箭线箭头节点的编号要大于其箭尾节点的编号。

②活动时间计算。

一般会根据大量的历史数据来估算每项活动的完工时间。显然，历史数据可用性越高，所做的估计就会越准确。然而，许多项目的事件和活动都是非重复的，因此项目经理通常会使用以下方法来估计时间：

第一，乐观的时间估计（a）。该方法假定一切都按照计划进行，而且只遇到最少困难的情况下估计项目活动所需时间。这种情况发生的概率大约为 1%。

第二，悲观的时间估计（b）。该方法假定一切都不能按照计划进行，而且最大量的潜在困难都将会发生的情况下估计项目活动所需要的时间。这种情况发生的概率大约也是 1%。

第三，最可能的时间估计（m）。这个时间是指项目经理认为在一切情况都比较正常的条件下，项目活动最可能需要的时间。

为了确定最可能的时间估计，我们可将这三个时间合并为单个时间期望值（T），但首先必须假设标准方差是时间需求范围的 1/6，并且活动所需要的时间概率分析可以近似用 β 分布来表示，由此可得出期望时间 T 的计算公式：

$$T = (a + 4m + b)/6$$

以表 4-7 为例，我们可从表中看出，有些活动的工期是确定已经知道的，也就是说 a、b、m 都是一样的，比如活动 C；有些活动的最可能时间和乐观时间相同（a = m），比如活动 G；有些活动的最可能时间和悲观时间相同（b = m），例如活动 D。

表 4-7　项目活动时间表

活动	乐观时间（a）	最可能的时间（m）	悲观时间（b）	前序活动
A	12	22	26	—
B	14	18	22	—
C	12	12	12	—
D	5	11	11	A
E	7	14	15	B
F	3	4	5	B
G	9	9	21	C
H	5	8	21	B, D
I	4	11	12	G, H

为了对各个活动工期的不确定性进行测算，引入方差，计算公式为：

$$\sigma^2 = [(b - a)/6]^2$$

并且标准差可以由方差求出，即方差的平方根。

根据表 4-7 可得到如下结果（见表 4-8）：

表 4-8　根据表 4-7 可得到的结果

活动	期望时间 T	方差	标准差
A	21	5.44	2.33
B	18	1.78	1.33

活动	期望时间 T	方差	标准差
C	12	0	0
D	10	1	1
E	13	1.78	1.33
F	4	0.11	0.33
G	11	4	2
H	8	1	1
I	10	1.78	1.33

③关键路径和时差。

在确定了项目的活动时间后，就需要找到关键路径，所谓关键路径就是项目中花费时间最长的路径。继续考虑上面的例子，我们假设下面是从第 0 天开始实施这个项目的，我们可以同时开始实施活动 A、B、C，首先根据表 4-7 绘制网络图 4-15，因为这些活动每一个都没有前序活动。然后继续进行下面的活动和事件。我们发现有 5 条路径可以通向事件 7，它们分别是：

A—D—H，总共需要时间为 21 + 10 + 8 = 39 天；

B—虚拟—H，总共需要时间为 18 + 8 = 26 天；

B—E，总共需要时间为 18 + 13 = 31 天；

B—F—I，总共需要时间为 18 + 4 + 10 = 32 天；

C—G—I，总共需要时间为 12 + 11 + 10 = 33 天。

这些路径中，A—D—H 是最长的，需要花费时间 39 天，这意味着 39 天是整个网络能够完工的最短时间，我们称之为网络的关键时间，A—D—H 就是关键路径，通常用加黑或加粗线来表示（见图 4-15）。

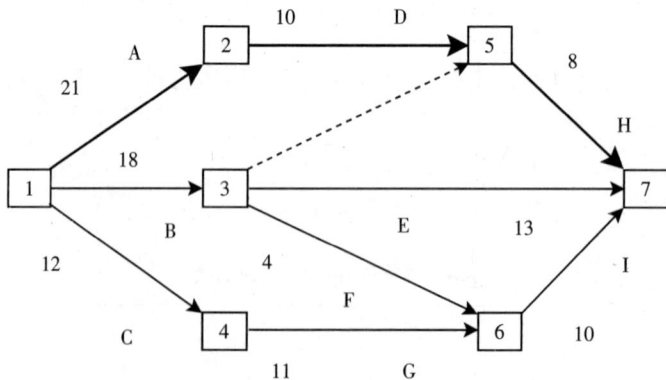

图 4-15　网络的关键时间图

在这个简单的例子中，很容易就可以找到并且计算出从开始到结束的每一条路径，接着就可以得到关键路径。但是现实中的网络一般都是相当复杂的，想要找出并且算出所有路径可能是非常繁重的工作，有时候几乎是不可能的。下面介绍一种可行而且相对比较容易的方法，这种方法可以比较容易地得到关键路径。

● 事件的时间

事件的时间分为最早时间和最迟时间。

如果某一事件为某一活动或者若干活动的箭尾事件时，事件最早时间为各活动最早可能开始的时间。如果某一事件为某一活动或者若干活动的箭头事件时，事件最早时间为各活动的最早可能结束时间。我们通常按照箭头时间计算事件的最早时间，用 $T_E(j)$ 表示，它等于从开始事件到本事件最长路径的时间长度。一般假设开始事件的最早时间等于零，即 $T_E(1) = 0$。箭头事件的最早时间等于箭尾事件的最早时间加上活动作业时间。当同时有两个或者若干个箭线指向箭头事件时，选择这些活动的箭尾事件最早时间与各自活动作业时间之和的最大值。计算公式如下：

$$T_E(1) = 0$$

$$T_E(j) = MAX\{TE(i) + T(i, j)\}(j = 2, 3, \cdots, n)$$

式中，$T_E(j)$ 为箭头事件的最早时间；$T_E(i)$ 为箭尾事件的最早时间；$T(i, j)$ 为作业时间。

根据上面的计算方法，我们可以得到上面例子中各个事件的最早时间，它们分别是 $T_E(1) = 0$，$T_E(2) = 21$，$T_E(3) = 18$，$T_E(4) = 12$，$T_E(5) = 31$，$T_E(6) = 23$，$T_E(7) = 39$。

事件最迟时间是箭头事件各活动的最迟必须结束时间，或者箭尾事件各活动的最迟必须开始时间。为了尽量缩短工程的完工时间，把结束事件的最早时间，即整个项目的最早可能结束时间作为结束事件的最迟时间。事件最迟时间通常按照箭尾事件的最迟时间计算，从右往左反顺序进行。箭尾事件的最迟时间等于箭头事件的最迟时间减去活动的作业时间。当箭尾事件同时有两个以上的箭线时，该箭尾事件的最迟时间必须同时满足这些活动的最迟必须开始时间。所以在这些活动的最迟必须开始时间中选出一个最早的时间，即：

$$T_L(n) = T_E(n) \quad (n \text{ 是结束事件})$$

$$T_L(i) = MIN\{T_L(j) - T(i, j)\}(i = n - 1, n - 2, \cdots, 1)$$

式中，$T_L(j)$ 为箭头事件的最迟时间；$T_L(i)$ 为箭尾事件的最迟时间；$T(i, j)$ 为相应活动的作业时间。

根据上面的计算方法，我们可以得到上面例子中各个事件的最迟时间，$T_L(7) = T_E(7) = 39$，$T_L(6) = 29$，$T_L(5) = 31$，$T_L(4) = 18$，$T_L(3) = 25$，$T_L(2) = 21$，

$T_L(1) = 0$。

● 活动的时间。第一，活动的最早开始时间 $T_{ES}(i, j)$。每一个活动都必须在其前序活动结束后才能够开始，前序活动最早结束时间就是获得最早可能的开始时间，简称为活动最早开始时间，用 $T_{ES}(i, j)$ 表示。它等于该活动的箭尾事件的最早时间，即：

$T_{ES}(i, j) = T_E(i)$

第二，活动最早结束时间 $T_{ES}(i, j)$。它是活动最早可能结束时间的简称，等于活动最早开始时间加上该活动的作业时间，即：

$T_{EF}(i, j) = T_{ES}(i, j) + T(i, j)$

第三，活动最迟结束时间 $T_{LF}(i, j)$。它是在不影响活动最早结束的条件下，工序最迟必须结束的时间，简称为活动最迟结束时间。它等于活动箭头事件的最迟时间，即：

$T_{LF}(i, j) = T_L(j)$

第四，活动最迟开始时间 $T_{LS}(i, j)$。它是在不影响项目最早结束的条件下，活动最迟必须开始的时间，简称为活动最迟开始时间。它等于活动最迟结束时间减去活动的作业时间，即：

$T_{LS}(i, j) = T_{LF}(i, j) - T(i, j)$

● 时差

在不影响项目最早结束时间的条件下，活动最早开始（或者结束）时间可以推迟的时间，称为该活动的总时差，即：

$T_E(i, j) = T_{LS}(i, j) - T_{ES}(i, j)$

我们可以看出，如果总时差为零，开始和结束的时间没有一点机动的余地，由这些活动和事件所组成的线路就是网络中的关键路径。显然，总时差为零的活动就是关键活动。这种用计算活动总时差的方法确定网络图中的关键活动和关键路径是确定关键路径的最常用的方法。另外，我们也可以看出，活动总时差越大，表明该活动在整个网络中的机动时间越大，可以在一定范围内将该活动的资源用到关键程序上去，以达到缩短项目结束时间的目的。

上面例子中各个活动的总时差计算结果如表 4–9 所示。

表 4–9　总时差计算结果

活动	最迟开始时间	最早开始时间	总时差
A	0	0	0
B	7	7	0
C	6	6	0

续表

活动	最迟开始时间	最早开始时间	总时差
D	21	21	0
E	26	18	8
F	25	18	7
G	18	12	6
H	31	31	0
I	29	29	0

接下来就是根据之前的活动顺序、活动时间以及资源要求，汇总项目的时间进度表。一般最终的进度计划文件包括估算各项活动的时间、时间估算的依据、制定项目进度表等主要内容。

不同的项目进度计划方法所需要的时间不同：横道图所需要的时间最少；CPM 要把每个活动者加以分析，如果数目较多，还需利用计算机求出总日期和关键路径，花费的时间和费用也将增加；PERT 是项目进度计划中最复杂的一种。

三、项目质量计划技术方法

这里所讨论的项目质量计划是在项目中最常用的那一部分。还有许多其他的质量计划可能在一些特定的项目或者一些应用领域中有用。[①]

1. 成本效益分析

项目质量计划程序必须考虑成本效益平衡。达到质量标准，首先就是减少了返工，这就意味着高效率、低成本，以及提高项目相关人员的满意度。

2. 基本水平标准

基本水平标准包括将实际的或计划中的项目实施情况与其他项目的实施情况相比较，从而得出提高水平的思路，并提供检测项目绩效的标准。其他项目可能在执行组织的工作范围之内，也可能在执行组织的工作范围之外；可能属于同一应用领域，也可能属于别的领域。

3. 流程图

流程图是显示系统中各要素之间相互关系的图表。常用的流程图技巧包括：

（1）因果图，又称 Ishikawa 图，用于说明各种直接原因和间接原因与所产生的潜在问题和影响之间的关系。图 4-16 是一种常用的因果图示例。

（2）系统或程序流程图，用于显示一个系统中各组成要素之间的相互关系。图 4-17 是设计复查程序流程图示例。

---

① 陈建西，刘纯龙. 项目管理学 [M]. 成都：西南财经大学出版社，2005：256-258.

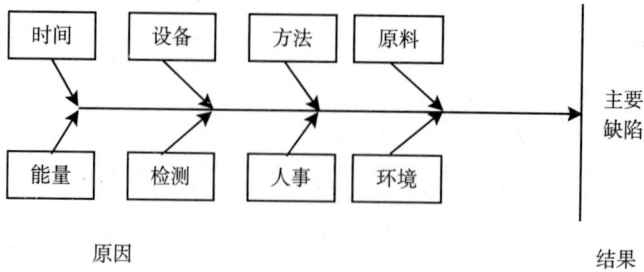

图 4-16 因果图

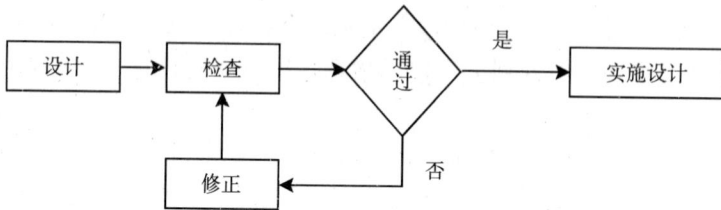

图 4-17 程序流程图

流程图能够帮助项目小组预测可能发生哪些质量问题，在哪个环节发生，因而有助于使解决问题手段更为高明。

4. 实验设计

实验设计是一种分析技巧，它有助于鉴定哪些变量对整个项目的成果产生最大的影响。这种技巧最常应用于项目生产的产品（例如，汽车设计者可能希望决定哪种刹车与轮胎的组合能具有最令人满意的运行特性，而成本又比较合理）。

一般来说，一个项目质量计划结束后，应该提交以下成果：

（1）项目质量管理计划。应该说明项目管理班子将如何实施其质量方针，也就是实施质量管理的组织结构、责任、程序、过程和资源。

（2）项目具体实施说明。需要非常具体地说明各种问题的实际内容以及如何在质量控制过程中加以衡量。

（3）核对表。其用途是检查和核对某些必须采取的步骤是否已经付诸实施。

四、项目成本管理技术方法

1. 资源计划编制技术

项目成本管理首先要编制项目资源计划，资源计划编制就是确定完成项目活动所需要资源（人、设备、材料）的种类，以及每种资源需要量。这个过程必须与成本估算密切地结合进行。项目资源计划编制的流程如图 4-18 所示。

```
┌─────────────────────┐   ┌─────────────────┐   ┌─────────────────┐
│      输入           │   │   工具和技术     │   │     输出        │
│ 1. 工作分解结构      │   │ 1. 专家评定      │   │ 1. 资源要求     │
│ 2. 历史信息          │   │                 │   │                 │
│ 3. 范围说明          │   │                 │   │                 │
│ 4. 资源库描述        │   │                 │   │                 │
│ 5. 组织方针          │   │                 │   │                 │
└─────────────────────┘   └─────────────────┘   └─────────────────┘
```

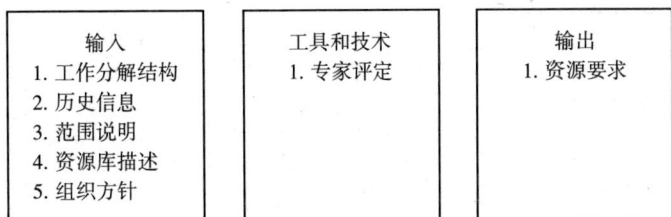

图 4-18　项目资源计划编制流程

（1）资源计划编制的输入，主要包括以下一些内容：

①工作分解结构。工作分解结构确定了需要资源的项目组成部分，因此是资源计划编制的基本依据。为了确保合适的控制，其他计划编制过程的所有有关结果都要通过工作分解结构来提供。

②历史信息。在可能的情况下，应该使用以前类似工作所需资源的历史信息。

③范围说明。包括项目合理性和项目目标都应在资源计划中明确地予以考虑。

④资源库描述。在资源计划编制中必须了解拥有可供使用资源（人、设备、材料）的种类。在资源库描述中，详细资料的数量和具体水平是不同的。例如，在工程设计项目的早期阶段，资源库中拥有大量的"工程师和高级工程师"。然而，在同一项目的后期阶段，资源库可能仅限于那些因为参加了早期阶段而对本项目熟悉的个人。

⑤组织方针。在资源计划编制期间必须考虑到执行组织的关于招聘人员、租用或采购物资和设备的方针。

（2）资源计划编制的工具和技术。

资源计划的编制经常需要用专家评定方法来评价这一过程的输入信息。这些专家可由具有专门知识或经培训的团体和个人提供，可能的来源包括：

①执行组织中的其他单位；②咨询人员；③专业和技术协会；④工业团体。

（3）资源计划编制的输出。

资源计划编制的输出结果是一份说明书，说明工作分解结构中各组成部分需要资源的类型和所需的数量。

2. 成本估算技术

成本估算就是编制一个为完成项目各活动所必需资源成本的近似估算。成本估算包括确定和考虑各种不同的成本估算替代方案。成本估算流程如图 4-19 所示。

（1）成本估算的输入。在进行成本估算时，除了要输入之前的工作分解结构、资源要求以外，还需要知道以下信息：

①资源单价。准备估算的个人或团体，为了计算项目成本，必须知道每种资

输入	工具和技术	输出
1. 工作分解结构	1. 类比估算法	1. 成本估算
2. 资源要求	2. 参数模型法	2. 详细依据
3. 资源单价	3. 自下而上估算法	3. 成本管理计划
4. 活动历时估算	4. 三点估算	
5. 历史信息	5. 计算机工具	
6. 账目表		

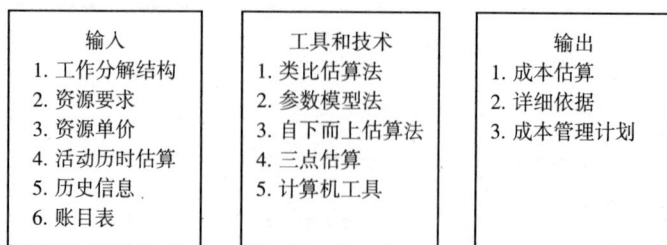

图4-19　成本估算流程

源的单价（例如，每小时人工费、大宗材料成本），如果不知道每种资源单价，可能不得不对单价本身进行估算。

②活动历时估算。对任何预算中包含了资金的附加成本（即利息）的项目，活动历时估算将影响其成本估算。

③历史信息。许多种类的资源成本信息可以从项目文档、商业成本估算数据库或项目队伍的知识来获取。

④账目表。账目表说明了执行组织用于报告一般日记账中财务资料的编码结构。项目成本估算必须记入正确的账目中。

（2）成本估算的工具和技术。成本估算的具体技术有以下几种：[①]

①类比估算法。是指利用以前类似项目的实际成本作为估算当前项目成本的基本依据。当项目信息的详细程度有限时（例如，在早期阶段），常采用这种方法估算项目总成本。该方法综合利用历史信息和专家判断。相对于其他估算技术，类比估算通常成本较低、耗时较少，但准确性也较低。可以针对整个项目或项目中的某个部分进行类比估算。类比估算可以与其他估算方法联合使用。如果以往活动是本质上而不只是表面上类似，并且从事估算的项目团队成员具备必要的专业知识，那么类比估算就最为可靠。

②参数模型法。参数模型法指将项目特征（参数）用于数学模型来预测项目成本。模型可以是简单的（如居住房屋施工每平方米居住面积将花费多少金额）或复杂的（如一个进行成本估算的软件模型，该模型使用13个单独的调整因子，其中每一个因子又有5~7个要素）。参数估算的准确性取决于参数模型的成熟度和基础数据的可靠性。参数估算可以针对整个项目或项目中的某个部分，并可与其他估算方法联合使用。

③自下而上的估算。这种方法首先对单个工作包或活动的成本进行最具体、

① ［美］项目管理协会. 项目管理知识体系指南（第四版）［M］. 王勇，张斌译. 北京：电子工业出版社，2009：136-137.

细致的估算，然后将各个工作的估算自下而上汇总估算出项目总成本。自下而上估算的准确性及其本身所需的成本，通常取决于单个活动或工作包的规模和复杂程度。较小的单位工作项在提高精度的同时将增加成本。

④三点估算。通过考虑估算中的不确定性与风险，可以提高活动成本估算的准确性。这个概念起源于计划评审技术（PERT）。PERT分析方法对以上三个估算进行加权平均，来计算预期活动成本（Ce）。

$$C_e = (C_o + 4C_m + C_p)/6$$

其中，

最可能成本（C_m）：对所需进行的工作和相关费用进行比较现实的估算的活动成本。

最乐观成本（C_o）：基于活动的最好情况所得到的活动成本。

最悲观成本（C_p）：基于活动的最差情况所得到的活动成本。

⑤计算机工具。项目管理软件（例如，成本估算应用软件、电子表格软件、模拟和统计软件等）被广泛地用来帮助成本估算。这些产品可以简化上述方法的使用，提高了考虑多种成本估算替代方案的速度。

（3）成本估算的输出。

①成本估算。活动成本估算是对完成项目工作可能需要成本的量化估算。成本估算可以是汇总的或详细分列的。成本估算应该覆盖活动所使用的全部资源，包括（但不限于）直接人工、材料、设备、服务、设施、信息技术，以及一些特殊的成本种类，如通货膨胀补贴或成本应急储备。如果间接成本也包含在项目估算中，则可在活动层次或更高层次上计列间接成本。[①]

成本估算一般以货币（美元、法郎、日元等）单位表示，以便进行项目内和项目间的比较。成本估算也可采用其他一些单位诸如人时或人日表示，除非这样做会引起项目成本估算的错误（例如，由于不能区分不同资源间巨大的成本差别而错误估算项目成本时）。在某种情况下，估算必须采用多种计量单位表示以利于适当的管理控制。

②详细依据。成本估算的详细依据应包括：

● 估算工作范围的描述。它常由工作分解结构的参考资料中获得。

● 估算所依据的文档，即估算是如何编制的。

● 所作假定的文档。

● 各种已知制约因素的文件。

---

① ［美］项目管理协会. 项目管理知识体系指南（第四版）[M]. 王勇，张斌译. 北京：电子工业出版社，2009：138.

● 结果误差范围的说明。

详细依据的数量和形式因应用领域而异。保留原始资料对理解估算的编制过程十分有价值。

③成本管理计划。成本管理计划说明了如何管理成本偏差（例如，对大问题和小问题的应对措施是不同的）。成本管理计划根据项目的需要，可以是正式或非正式的，非常详细的或只有大体框架的。它是整体项目计划的一个附属部分。

3. 成本预算技术

制定预算是汇总所有单个活动或工作包的估算成本，建立一个经批准的成本基准的过程。成本预算实际上就是把整个成本估算分配到各个工作项上去。项目预算决定了被批准用于项目的资金，将根据批准的预算来考核项目成本绩效。成本预算流程如图 4-20 所示。

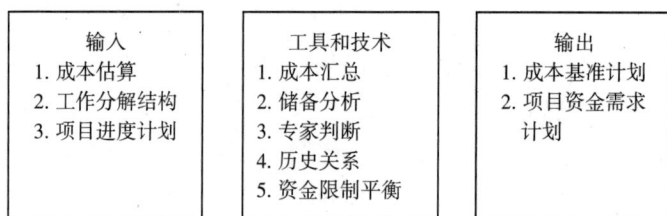

```
┌─────────────────┐   ┌─────────────────┐   ┌─────────────────┐
│      输入        │   │    工具和技术     │   │      输出        │
│  1. 成本估算     │   │  1. 成本汇总     │   │  1. 成本基准计划  │
│  2. 工作分解结构  │   │  2. 储备分析     │   │  2. 项目资金需求  │
│  3. 项目进度计划  │   │  3. 专家判断     │   │     计划         │
│                 │   │  4. 历史关系     │   │                 │
│                 │   │  5. 资金限制平衡  │   │                 │
└─────────────────┘   └─────────────────┘   └─────────────────┘
```

图 4-20　成本预算流程

成本预算的输入与成本估算阶段一致，因此不再赘述。不同的是成本预算的技术和输出。

（1）成本预算的工具和技术①。

①成本汇总。首先，以 WBS 中的工作包为单位对活动成本估算进行汇总，然后再由工作包汇总至 WBS 的最高层次，并最终得出整个项目的总成本。

②储备分析。通过预算储备分析，可以计算出所需的应急储备与管理储备。应急储备是为未规划但可能发生的变更提供的补贴，这些变更由风险登记册中所列的已知风险引起。管理储备则是为未规划的范围变更与成本变更而预留的预算。项目经理在使用或支出管理储备前，可能需要获得批准。虽然管理储备不是项目成本基准的一部分，但包含在项目总预算中。

---

① ［美］项目管理协会. 项目管理知识体系指南（第四版）［M］. 王勇，张斌译. 北京：电子工业出版社，2009：140-141.

③专家判断。在制定预算的过程中，应该根据项目工作的需要，基于所在应用领域、知识领域、学科、行业等的专业知识，来做出专家判断。这些专业知识可来自受过专门教育或具有专门知识、技能、经验或培训经历的任何小组或个人。专家判断可从执行组织内的其他部门、顾问、干系人、客户、专业与技术协会、行业团体等多种渠道获取。

④历史关系。有关变量之间可能存在一些可进行参数估算或类比估算的历史关系，可以基于这些历史关系，利用项目特征（参数）来建立数学模型，预测项目总成本。类比模型或参数模型的准确性及所需成本可能变动很大。

⑤资金限制平衡。应该根据对项目资金的任何限制，来平衡资金支出。如果发现资金限制与计划支出之间的差异，则可能需要调整工作的进度计划，以平衡资金支出水平。这可以通过在项目进度计划中添加强制日期来实现。

（2）成本预算的输出，主要包括两部分：成本基准计划和项目资金需求。

①成本基准计划。成本基准计划是一种按时间分段的预算，用于测量、监督和控制项目的总体成本。按时段把估算的成本叠加起来即可求得成本基准计划，它一般以 S 曲线形式表示，如图 4-21 所示。许多项目，特别是大型项目，可以有许多成本基准计划来测量成本的不同方面。例如：开支计划或现金流预测都是测量支付的成本基准计划。

②项目资金需求。根据成本基准，确定总资金需求和阶段性（如季度或年度）资金需求。成本基准中既包括预计的支出，也包括预计的债务。项目的资金投入通常以增量而非连续的方式进行，故呈现出图 4-21 中所示的阶梯状。

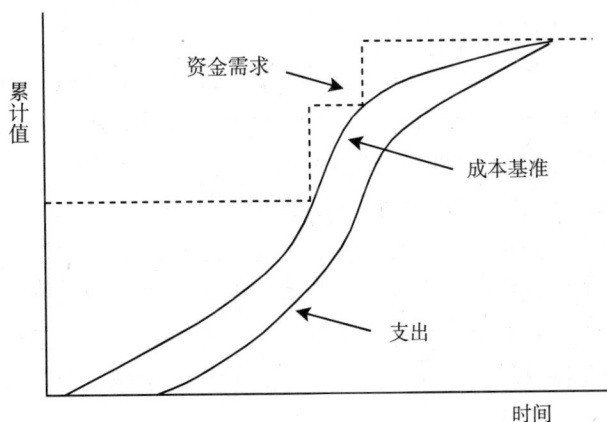

图 4-21 成本基准、支出与资金需求

五、项目风险管理技术方法

在项目计划中的四大主要内容之外，经常在项目计划中使用到的还有项目风险的计划，在此特别提出。在具体识别风险时，可以利用一些具体的工具和技术，主要有德尔菲法、头脑风暴法、核对表法。[①]

1. 德尔菲法

德尔菲法本质上是一种反馈匿名函询法。其做法是，在对所要预测的问题征得专家的意见之后，进行整理、归纳、统计，再匿名反馈给各专家，再次征求意见，再集中，再反馈，直至得到稳定的意见。

德尔菲法最早出现于 20 世纪 50 年代末，是当时美国为了预测在其"遭受原子弹轰炸后，可能出现的结果"而发明的一种方法。1964 年美国兰德（RAND）公司的赫尔默（Helmer）和戈登（Gordon）发表了"长远预测研究报告"，首次将德尔菲法用于技术预测中，以后便迅速地应用于美国和其他国家。除了科技领域之外，还可以用于其他领域的预测，如军事预测、人口预测、医疗保健预测、经营和需求预测、教育预测等。

（1）德尔菲法的基本特征。德尔菲法是一种利用函询形式的集体匿名思想交流过程。它有区别于其他专家预测方法的三个明显的特点：匿名性、多次反馈、小组的统计回答。

①匿名性。匿名是德尔菲法的极其重要的特点，从事预测的专家彼此互不知道其他有哪些人参加预测，他们是在完全匿名的情况下交流思想的。

②多次有控制的反馈。小组成员的交流是通过回答组织者的问题来实现的。它一般要经过若干轮反馈才能完成预测。

③小组的统计回答。小组的统计回答报告一个中位数和两个四分点，其中一半落在两个四分点内，一半落在两个四分点之外。这样，每种观点都包括在这样的统计中，避免了专家会议法只反映多数人的观点的缺点。

（2）德尔菲法的程序。在德尔菲法实施中，始终有两方面的人在活动：一是预测的组织者；二是被选出来的专家。首先应注意的是德尔菲法中的调查表与通常的调查表有所不同，它除了有通常调查表向被调查者提出问题，要求回答的内容外，还兼有向被调查者提供信息的责任。它是专家们交流思想的工具。

德尔菲法的程序是以轮来说明的。在每一轮中，组织者与专家都有各自不同的任务。

---

① 陈建西，刘纯龙. 项目管理学［M］. 成都：西南财经大学出版社，2005：97—102.

①第一轮：

首先，由组织者发给专家不带任何框框，只提出预测问题的开放式调查表，请专家围绕预测主题提出预测事件。

其次，组织者汇总整理专家调查表，归并同类事件，排除次要事件，用准确术语提出一个预测事件一览表，并作为第二轮调查表发给专家。

②第二轮：

首先，专家对第二轮调查表所列的每个事件作出评价。例如，说明事件发生的时间、争论问题和事件或迟或早发生的理由。

其次，组织者统计处理第二轮专家意见，整理出第三张调查表。第三张调查表包括：事件、事件发生的中位数和上下四分点，以及事件发生时间在四分点外侧的理由。

③第三轮：

首先，发放第三张调查表，请专家重审争论；对上下四分点外的对立意见作一个评价；给出自己新的评价（尤其是在上下四分点外的专家，应重述自己的理由）；如果修正自己的观点，也请叙述改变理由。

其次，组织者回收专家们的新评论和新争论，与第二轮类似，统计中位数和上下四分点；总结专家观点，重点在争论双方的意见，形成第四张调查表。

④第四轮：

首先，发放第四张调查表，专家再次评价和权衡，做出新的预测。是否要求做出新的论证与评价，取决于组织者的要求。

其次，回收第四张调查表，计算每个事件的中位数和上下四分点，归纳总结各种意见的理由以及争论点。

注意，并不是所有被预测的事件都要经过四轮。可能有的事件在第二轮就达到统一，而不必经过后两轮。在第四轮结束后，专家对各事件的预测也不一定都达到统一。不统一也可以用中位数和上下四分点来作结论。

（3）预测结果的表示。德尔菲法的预测结果可用表格、直观图或文字叙述等形式表示。

①楔形图。楔形图的顶端表示中位数，底边长为最迟时间和最早时间间隔，纵坐标上的数字为项目代号，如图4-22所示。

②截角楔形图。截角楔形图的顶点表示中位数，截角端点为上下四分点。底边长表示四分点间隔。截角楔形图上的号码为所代表的事件的号码，如图4-23所示。

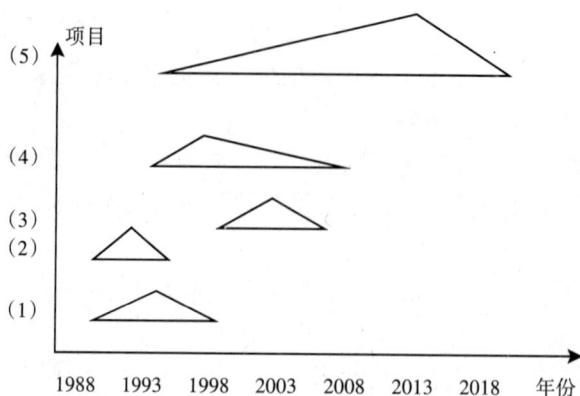

图 4-22 楔形图

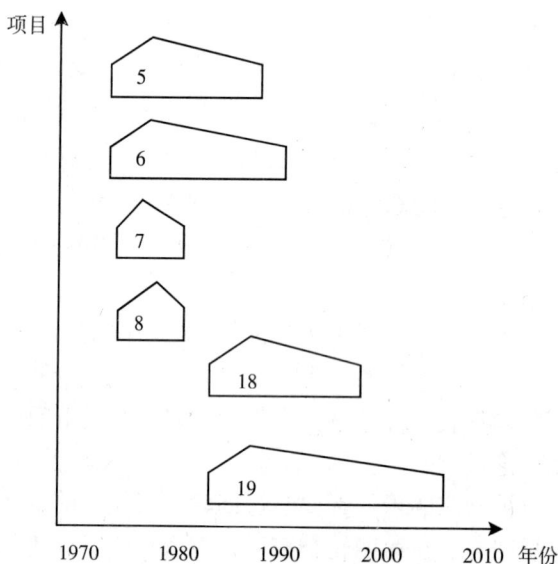

图 4-23 截角楔形图

③表示两种或然率的预测结果的截角楔形图。预测组织者有时要求专家按一定或然率预测事件可能发生的时间。如果要求按两种或然率回答（例如，50%和90%或然率），那么，对每一事件的发生时间的预测结果有两种（一般或然率越高，预测的事件发生时间越迟），把这两种结果都用截角楔形图表示出来，就得到图 4-24。

④直方图。德尔菲法评估结果也可用直方图表示。直方图的横坐标表示不同时间段，纵坐标表示赞同事件发生在相应时间段的专家比例。图 4-25 表示了估计某事件在不同时间段发生的专家比例。

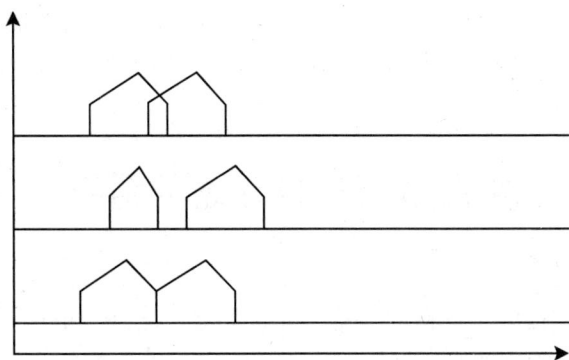

图 4-24　表示两种或然率的截角楔形图

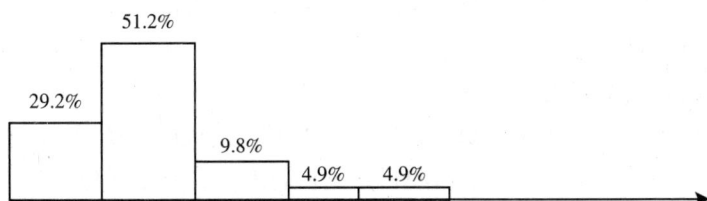

图 4-25　直方图

2. 头脑风暴法

头脑风暴法是在解决问题时常用的一种方法，具体来说就是团队的全体成员自发地提出主张和想法，要团队想出尽可能多的主意，鼓励成员有新奇或突破常规的主意。

头脑风暴法的做法是：当讨论某个问题时，由一个协助的记录人员在翻动记录卡或黑板前做记录。首先，由某个成员说出一个主意，接着下一个出主意，这个过程不断进行，每人每次想出一个主意。这一循环过程一直进行，直到想尽了一切主意或限定时间已到。

应用头脑风暴法时，要遵循两个主要的规则：不进行讨论，没有判断性评论。一个成员说出他（她）的主意后，紧接着下一个成员说。人们只需要说出一个主意，不要讨论、评判，更不要试图宣扬。

3. 核对表法

核对表是基于以前类似项目信息及其他相关信息编制的风险识别核对图表。把人们经历过的风险事件及其来源罗列出来，写成一张核对表，项目管理人员就容易想到本项目会有哪些潜在的风险。核对表一般按照风险来源排列。利用核对表进行风险识别的主要优点是快而简单，缺点是受到项目可比性的限制。

核对表可以包含多种内容，例如，以前项目成功或失败的原因、项目其他方面计划的结果（范围、成本、质量、进度、采购与合同、人力资源与沟通等计划成果）、项目产品或服务的说明书、项目班子成员的技能、项目可用资源，等等。

第四节　项目计划的组织

项目的成功完成除了优良的设备、先进的技术之外，更重要的是人的因素。项目经理作为项目管理的基石，他的管理、组织、协调能力，他的知识素质、经验水平和领导艺术，甚至是个人性情都对项目管理的成败有着决定性的影响。

为了完成某个项目，需要项目经理把各种技能的人组织起来，并要求大家关注同样的目标，密切配合，协同工作，这便形成了项目团队。项目团队的优劣很大程度决定着项目的成败。因此，为项目组建一个优秀的团队，并在项目实施中不断建设、发展，是项目成功的有力保障。以下分别从项目经理、项目团队的角度来阐述如何组织一个项目，这是项目计划得以实施的基本保障。[①]

一、项目经理

项目组织结构的模型表明在整个项目组织中，项目经理就是项目的负责人，其最主要的职能是保证组织的成功，在项目及项目管理过程中起着关键的作用，是决定项目成败的关键角色。

项目经理是一个组织中指挥和管理项目的核心，是项目组织的关键。项目经理的基本职责是领导项目团队在预算范围内按时优质地完成全部工作内容，实现项目目标。项目经理协调各个团队成员的活动，使他们作为一个整体，并履行各自职责。

1. 项目经理的地位和职责

（1）项目经理的地位。项目经理是项目管理工作的核心，在整个管理活动中具有举足轻重的作用，因此，要想项目经理具有管理的权威性，必须赋予项目经理一定的地位。

项目经理是项目的全权代理人，面对项目进行全权管理，对项目目标的实现负有全部的责任。[②] 项目管理说到底还是进行人的管理。在整个项目的实施中，不仅涉及客户、投资方、贷款方、分包商、供应商、设计方、咨询顾问等多方面

---

① 陈建西，刘纯龙. 项目管理学［M］.成都：西南财经大学出版社，2005：60-67.

② 伍春来，王振雨. 最轻松的方法学习项目管理［M］.北京：经济管理出版社，2004：64.

的项目当事人，还可能涉及政府的有关部门、社会公众、新闻媒体、市场中相关的竞争者等项目关系人。他们之间将不可避免地产生矛盾、冲突。这些都需要人来协调和解决。项目经理就是解决这些问题的关键人物。

在契约关系上，项目经理作为项目的被委托方指定的代表人，是进行合同管理的合法当事人，具有代表承约商的最高法律权力，负责履行合同义务、执行合同条款、承担合同责任，必要时进行合同的变更，他的权力、责任、利益都将受到法律的约束和保护。项目经理在处理项目各当事人、各关系人的关系中，按合约行使职责是其最高准则，有权拒绝合同以外强加给他的责任和义务。

项目经理地位的最直接的体现就是项目经理负责制。项目经理负责制也是目前国际上项目管理的主要形式，承约商通过竞争获得项目的承建权和管理权后，便在内部组成项目团队专门负责，并以契约的形式委托项目经理全权负责和管理。项目经理制的推行，不仅可以降低项目的成本，加快项目实施的进度，还能有效地控制项目的外部环境和内部环境。

（2）项目经理的职责。项目经理的首要职责就是做好管理的计划、组织、控制等职能工作，使项目取得预期的效果。如果没有一位合适的项目经理，项目管理就不会成功，项目经理在整个项目实施中需要履行以下职责：

①计划。首先项目经理要高度明确项目目标，并就该目标与客户取得一致意见，其次，在与项目团队成员的充分沟通基础上共同制定实现项目目标的计划，并建立项目管理信息系统，以便将项目的实际进程与计划进行比较。

②组织。组织职能的履行主要是为项目获取适合的资源，将项目任务分解授权予项目内部成员或项目团队外部承包商，在给定预算和时间进度计划下完成项目任务。组织职能还有一个更重要的内容是营造一种高绩效的工作环境。

③控制。对项目实施过程进行控制，是项目成功的有力保障。因此，项目经理应设计一套项目管理信息系统跟踪实际工作进程，并将其与计划安排进程进行比较，不断纠正项目偏差，完善项目计划。

2. 项目经理技能和工作技巧

（1）项目经理应具备的技能。为了有效地履行项目计划、组织、控制职能，项目经理必须具备一系列技能，来激励项目团队成员取得成功，保证各项行动朝着项目目标的方向前进。一般认为，领导能力、培训能力、沟通技巧、应对困难的决心和解决问题的能力以及管理时间的技能，都是一个有效的项目经理所必须具备的技能。

①领导能力。项目经理的领导能力是项目成功的重要前提之一，它要求项目经理能对项目有明确的领导和指导，能解决和处理各种问题，善于起用新人，并使之与团队融洽相处，能迅速做出集体决策与个人决策，能准确无误地沟通信

息，能代表项目团队与外界交流，能平衡经济与人力间的矛盾。

②冲突处理能力。当纠纷与冲突对项目管理功能产生危害时，会导致项目决策失误、进度延缓、项目搁浅，甚至彻底失败，所以，项目经理应保持对冲突的敏锐观察，识别冲突可能产生的不同后果，尽量利用对项目管理有利的冲突，同时降低和消除对项目产生严重危害的冲突。

③建设项目团队的能力。为保证项目有一个高效运作的团队，项目经理应对团队成员进行训练和培养，创造一种学习的环境，鼓励成员在项目活动中自我发展、勇敢创新，并努力减少他们对失败的恐惧，造就项目团队良好的协作氛围、相互信任的人际关系，从而建设一支有着不竭动力的高绩效项目团队。

④解决问题的能力。项目经理应该有一个及时准确的信息传送系统，要在项目团队、承包商及客户之间进行开放而及时的信息沟通，以及早发现项目存在的问题，设计成熟而成本低廉的解决方案来解决问题，把问题可能对项目造成的影响或危害降到最低。当项目出现较复杂的问题时，项目经理要具有洞察全局的能力，领导团队成员及项目利益关系者共同提出最佳的解决方案。

（2）项目经理的工作技巧。在具备以上能力的同时，项目经理还应该具备以下一些与人相处的重要技巧：

①影响。项目经理的正式权力通常是由项目组织中的高层领导授予的，我们称之为"合法权力"。但项目经理的正式权力往往作用不大，他们的权力通常来自大家对他们的经验、过去的优秀成绩、说服力和彻底而果断的决策能力的尊重，即影响力。因此，项目经理应注意培养自己的其他权力形式，不断提升因其具有的专长而形成的"专长权力"，以增强对项目团队的影响力，获得所有项目组织成员的支持。

②授权。授权是一个过程，在这一过程中挑选出合适的人选，在合适的范围内给予其做出决策和采取行动的合适权力。授权可以使项目经理从日常琐事中脱身，全力处理全局性、战略性问题；同时也是充分利用项目成员人才资源，提高决策速度及科学性的有效措施。成功授权应在充分了解项目成员的基础上选择适当的人选，阐明所授权力的内容、时间、成本及成果要求，并建立适当的控制机制确保授权在正确的范围内运行。但授权不等于下放责任，项目经理仍必须对整个项目负责。

③谈判。谈判是在满足项目要求的前提下，与他人达成协议或妥协的过程。项目经理需要就项目的各个方面进行谈判，如资源、时间、质量、程序、成本及人员。在谈判中，结果总是对一方比对另一方更有利或更不利。一名优秀的项目经理必须是一名优秀的谈判者，尽量使谈判双方的受益差距最小，以避免矛盾。

④沟通。经常而有效的沟通是项目顺利进行、获取改进项目工作的建议、保

持客户满意度的保证。项目经理应具备良好的沟通能力，通过多渠道进行及时、真实和明确的沟通，以获得客户对项目预期目标的清晰理解，获得项目团队内部的相互信任，协同工作。

3. 项目经理的选任

（1）外部招聘。外部招聘就是公开发布招聘信息，规定项目经理的业务水平和领导能力等方面的要求，同时还有学历、外语水平和年龄等方面的限制。

①科学设置岗位。用人单位运用人力资源管理中的基本原理，根据岗位的工作性质、责任轻重、难易繁简程度和所需资格条件，对现有岗位情况进行全面调查、分析和评价，规范项目经理的岗位职责。

②成立选聘机构、规定选聘程序。由单位领导、专业技术人员组成选聘领导小组，并制定聘用计划和规定，在一定范围内发布招聘信息。

③面试。将符合基本条件的应聘者的材料提交选聘领导小组审议，并用面试的方法全面考察应聘者。一般来说，采用的是非结构化胜任特征模型的面试方式来选择项目经理。

（2）内部选拔。除了外部招聘以外，组织还可以从组织内部选拔有能力的人来担任项目经理。具体选拔方法有：

①行动测定法。模拟一些项目实施中的紧急情况，让选拔对象去处理，然后由专家组来评议。

②评议法。基于被选拔人的历史功绩、日常工作、专业水平、领导能力、沟通水平等多方面的因素，由领导小组直接进行评议。

③评价中心法。将选拔工作直接委托给专业的人才评价中心，由他们对被选拔人进行心理、能力、素质等方面的专业测试。

二、项目团队

要完成项目要求，团队成员必须能够同心协力，精诚合作。在许多项目开始的时候，从未在一起工作过的人员被分配到了一起，为了成功实现项目目标，必须使这样一组人员发展成为一个有效率的团队。

1. 项目团队的定义

团队就是指为了达到某一确定目标，构成由分工与合作而形成不同层次的权力和责任的人群。团队是相对部门或小组而言的，部门和小组的一个共同特点是：存在明确内部分工的同时，缺乏成员之间的紧密协作。团队则不同，队员之间没有明确的分工，彼此之间的工作内容交叉程度高，相互间的协作性强。团队在组织中的出现，根本上是组织适应快速变化环境要求的结果，团队是高效组织应付环境变化的最好方法之一。项目团队，就是为适应项目的实施及有效协作而建立的团队。

项目团队的具体职责、组织结构、人员构成和人数配备等方面因项目性质、复杂程度、规模大小和持续时间长短而异。简单地把一组人员调集在一个项目中一起工作，并不一定能形成团队。

项目团队不仅仅是指被分配到某个项目中工作的一组人员，它更是指一组互相联系的人员同心协力地进行工作，以实现项目目标，满足客户需求。而要使项目成员发展成为一个有效协作的团队，一方面要项目经理做出努力，另一方面也需要项目团队中每位成员积极地投入到团队中去。

2. 项目团队的组建

团队建设是指把一组人员组织起来实现项目目标的过程。这是一个持续不断的过程，是项目经理和项目团队的共同职责。要成功组建项目团队，项目经理首先必须拥有一定的人事管理权，能直接参与项目成员的选择，决定其在项目中的角色，所有项目成员的工作必须直接向其汇报等。项目经理拥有人事管理权，便可为项目选择最胜任的成员，并为这些成员分配适宜的角色，使他们各得其所，发挥出较高工作水平。

同时由于项目团队成员的性格特点、知识技能和兴趣偏好各不相同，项目经理必须努力去了解项目团队成员的技能、知识和兴趣，把个人的偏好与角色要求相匹配，恰当地运用每个成员的才能，使其各得其所，团队成员才能够相互促进和协作，项目团队才能理想工作。

项目团队的建设要以形成以下五种特点为目标：

（1）共同的目标。每个组织都有自己的目标，项目团队更不能例外。共同的目标是项目团队存在的基石，正是在这一目标的感召下，项目队员凝集在一起，并为之共同奋斗。

共同目标包容了个人憧憬与个人目标，充分体现了个人的意志与利益，共同目标能产生足够的吸引力，能够引发并保持团队成员的激情，并随着环境的变化而有着相应的调整。每个队员也都了解它、认同它，都认为共同目标的实现是达到共同憧憬的最有效途径。

（2）合理分工与协作。项目团队中每个人的行动都会影响到其他人的工作，因此，团队成员都需要了解为实现项目目标而必须做的工作及其相互间的关系。每个成员都应该明确自己的角色、权力、任务和职责，即项目共同目标在团队成员间的分解及具体化，同时，更重要的是在目标明确之后，必须明确各个成员之间的相互关系，以便在以后项目执行过程中少花时间和精力去处理各种误解。

（3）高度的凝聚力。凝聚力指成员在项目内的团结与吸引力和向心力，它能使团队成员积极热情地为项目成功付出必要的时间和努力。

（4）团队成员相互信任。项目团队成员相互关心，承认彼此存在的差异，信任其他人所做和所要做的事情，能自由地表达不同意见，不怕打击报复大胆地提出一些可能产生争议或冲突的问题，这样的团队必将是一个有效的团队，必将使团队能力得到充分发挥。项目经理应该认识到这一点，通过委任、公开交流、自由交换意见来推进彼此之间的信任，努力建立团队成员间的相互信任。

（5）有效的沟通。高效的项目团队还需具有高效沟通的能力，拥有全方位的、各种各样的、正式的和非正式的信息沟通渠道，能保证沟通直接、高效、层次少，实现信息和情感上的沟通，形成开放、坦诚的沟通气氛。

3. 项目团队的发展

一个项目团队从开始到终止，是一个不断成长和变化的过程。项目团队一般要经历形成、磨合、规范、执行和解散五个阶段。不同的阶段，项目成员的工作任务及团队间的人际关系有很大的差别，项目经理应采用不同的领导策略加以适应。

（1）形成阶段。在这一阶段，团队成员因项目而走到一起，大家互不相识，不太清楚项目是干什么的和自己应该做些什么，他们从项目经理处寻找或相互了解，谨慎地研究和学习适宜的举止行为，每个成员都试图了解项目目标和他们在团队中的合适角色。这一时期的特征是队员们既兴奋又焦虑，而且还有一种主人翁感。

在这一阶段，项目经理的领导任务是要让成员了解并认识团队有关的基本情况，明确每个人的任务，为自己找到一个有用的角色，培养成员对项目团队的归属感，激发其责任感，努力建立项目团队与项目组织外部的联系与协调关系。

（2）磨合阶段。这一阶段队员们开始执行分配到的任务。但由于现实可能与当初的期望发生较大的偏离，团队的冲突和不和谐便成为这一阶段的一个显著特点。

成员之间由于立场、观念、方法、行为等方面的差异而产生各种冲突。冲突可能发生在领导与个别团队成员之间、领导与整个团队之间以及团队成员相互之间、团队成员与周围环境之间、团队成员与项目外其他部门之间。整个项目团队工作气氛趋于紧张，问题逐渐暴露，团队士气比形成阶段明显低落。

在这一阶段，团队成员逐步在明确自己所扮演的角色及其功能、权限和责任感，项目经理的领导任务是建立切实可行的行为和工作标准，在团队中树立威信、排除冲突，以理性的、无偏见的态度来解决团队成员之间的争端。

（3）规范阶段。经历了磨合阶段的考验，在这一阶段队员的不满情绪不断减少，项目团队逐步适应了工作环境，项目规程得以改进和规范化，控制及决策权从项目经理移交给了项目团队，团队凝聚力开始形成，项目团队确立了成员之间、成员与项目经理之间、团队与外部环境之间的良好关系。

这一阶段的矛盾程度明显低于磨合时期，项目经理的领导任务主要是在项目成员及任务间进行适当的资源配置，团队成员有了明确的工作方法、规范的行为模式。

（4）执行阶段。这一阶段团队能感觉到高度授权，会根据实际需要，以团队、个人或临时小组的方式进行工作，团队相互依赖度高，他们经常合作，并在自己的工作任务外尽力相互帮助。随着工作的进展，团队获得满足感，个体成员会意识到为项目工作的结果是他们正获得职业上的发展。团队精神和集体的合力在这一阶段得到了充分的体现，每位成员在这一阶段的工作和学习中都取得了长足的进步和巨大的发展。

在这一阶段，项目成员相互配合，充分发挥着团队集体的主动性、积极性和创造性。项目经理的领导任务主要是适当授权和分派工作，放手让成员自主完成项目任务，通过有效的控制、尊重和信任来激发成员。

（5）解散阶段。随着项目的竣工，团队准备解散，团队成员考虑自身今后的发展，并开始做离开的准备，团队开始涣散。因此，必须改变工作方式才能完成最后各种具体任务。但同时由于项目团队成员之间已经培养出感情，所以彼此依依不舍，惜别之情难以抑制，团队成员们领悟到了凝聚力的存在。

在这一阶段项目经理的主要任务是收拢人心，稳住队伍，适度调整工作方式，向团队成员明确还有哪些工作需要做完，否则项目就不能圆满完成，目标就不能成功实现。

【本章小结】

本章是公共管理实践教学的一个重点内容。大学生学到了很多管理学的基本理论和理念，却很难用在具体实践中去。而项目管理是"理论"和"实践"相连接的关键，可以让学生将所学的知识得到充分的应用，是接触实际工作之前增加动手能力。

首先，从理念层面，介绍了项目管理的基础知识，包括项目、项目管理以及公共项目的概念。并介绍了项目管理的知识体系，包括 ICB、PMBOK、PRINCE以及我国的 C-PMBOK。然后介绍了项目计划的基础知识，这部分内容有项目计划的形式、内容、步骤以及成果。项目计划是项目实施的基础，是组织根据项目目标的规定对项目中的各项活动做出周密的安排。通过这部分内容的学习，可以帮助学生转变思维，将原来的做单一事情的思维方式转变为做项目的思维方式，脑海里树立起项目管理的思想。

其次，从具体操作层面，本章还重点介绍了针对项目范围、项目进度、项目质量、项目成本、项目风险进行计划的技术方法。包括：工作分解结构（WBS）、横道图（甘特图）、关键路径法、计划评审技术、因果图、成本估算、德尔菲法和头脑风暴法等具体技术，这些都能从实践的角度提高学生的动手能力和分析能力。

最后，本章还从人的角度介绍了项目经理和项目团队的基本知识，因为一个成功的项目除了优良的设备、先进的技术之外，更重要的是人的因素。不仅要有项目经理的管理、组织、协调，还需要有项目团队的成员同心协力、精诚合作。

【扩展阅读】

甘特图发明者：亨利·劳伦斯·甘特

亨利·劳伦斯·甘特（1861~1919），人际关系理论和科学管理运动的先驱者之一，甘特图（Gantt Chart）即生产计划进度图的发明者。[2]

甘特出生于美国马里兰州的一个农民家庭，1880年，甘特从霍普金斯大学毕业，1887年来到米德维尔钢铁厂任助理工程师。在这里，他结识了泰勒并和泰勒一起去了西蒙德公司和伯利恒公司。此后，甘特与泰勒密切合作，共同研究科学管理问题。1902年以后，甘特离开了泰勒，先后在哥伦比亚、哈佛、耶鲁等大学任教。

亨利·劳伦斯·甘特[1]

甘特是泰勒创立和推广科学管理制度的亲密的合作者，也是科学管理运动的先驱者之一。甘特提出了任务和奖金制度，发明了甘特图，即生产计划进度图。甘特非常重视工业中人的因素，因此他也是人际关系理论的先驱者之一。

甘特为管理学界所熟知的是他发明的甘特图。甘特用图表帮助管理进行计划与控制的做法是当时管理技术上的一次革命。有了它，管理部门就可以从一张事先准备好的图表上，看到计划执行的进展情况，并可以采取一切必要行动使计划能按时完成，或使计划在预期的许可延误范围内得以完成。在以后的管理发展

---

① 亨利·劳伦斯·甘特［EB/OL］．［2013-2-10］．http：//www.baike.com/wiki/亨利·劳伦斯·甘特.

② 亨利·劳伦斯·甘特——甘特图的发明者［EB/OL］．［2013-12-13］．www.cssn.cn/glx/glx_glds/201312/t20131213_907059.shtml.

中，所有的控制生产的图表和表格几乎都从甘特最初的工作中得到了启发，现代网络技术中的关键路径法和计划评审技术，仍然以计划和控制时间与成本的原则为基础，其基本思想就是源于甘特图表。

在科学管理运动中，甘特引人注目的另一点，是他对人的关注。甘特强调工业教育要形成一种"工业的习惯"。这种习惯的内容就是勤劳与合作。甘特认为，建立工业的习惯能使雇主与工人同时受益，雇主的利润提高，工人的工资增加，而且还对工人的健康有益，能提高工人的工作兴趣。形成工业习惯的前提是士气，员工的士气是管理部门与工人之间建立互信和合作气氛的基础。企业目标与员工心理上的需求是否一致，是关系到人的积极性和工作效率的一个重要方面。当企业目标与员工需求一致时，员工就会在工作中积极主动、富有创造性。在管理方式上，甘特强调，任何企业取得成功的首要条件是采取一种被领导者愿意接受的一种领导方式。管理中的金钱刺激只是影响人们的许多动机中的一个动机，远远不是全部。作为管理者除了要重视经济因素外，还要更多地关注其他相关因素。有些管理学家认为，甘特的这些思想是早期关于人类行为认识的里程碑，也是人际关系理论的先驱者。

【实践操作】

项目进度规划

A公司是广州一家经营电子产品的企业，近几年业务得到了成倍的发展，原来采用手工处理业务的方式已经越来越显得力不从心，因此，经过公司董事会研究决定，在公司推行一套管理软件，用管理软件替代原有的手工作业的方式，同时，请公司副总经理负责此项目的启动。

副总经理在接到任务后，即开始了项目的启动工作。经过前期的一些工作后，副总经理任命小李为该项目的项目经理，小李组建了项目团队，并根据项目前期的情况，开始进行项目的计划，表4-10所示为初步项目进度计划表。

表4-10 项目进度计划表

任务名称	工作量	开始时间	结束时间
项目范围规划	5	2014年1月1日	2014年1月6日

任务名称	工作量	开始时间	结束时间
分析软件需求	20	2014 年 1 月 6 日	2014 年 1 月 26 日
设计	21	2014 年 1 月 26 日	2014 年 2 月 16 日
开发	30	2014 年 2 月 16 日	2014 年 3 月 16 日
测试	66	2014 年 2 月 16 日	2014 年 4 月 22 日
培训	63	2014 年 2 月 16 日	2014 年 4 月 19 日
文档	43	2014 年 2 月 16 日	2014 年 3 月 29 日
典型试验	97	2014 年 1 月 26 日	2014 年 5 月 3 日
部署	7	2014 年 5 月 3 日	2014 年 5 月 10 日
实施工作总结	3	2014 年 5 月 10 日	2014 年 5 月 13 日

项目进行了一半，由于公司业务发展的需要，公司副总经理要求小李提前完工，作为项目经理，小李对项目进行了调整，保证了项目的提前完工。[①]

问题：

1. 请用 400 字以内的文字描述你作为项目前期的负责人，在接到任务后将如何启动项目？

2. 作为项目经理，你的项目进度控制中的重点是什么？请描述你在项目进度控制中的甘特图及双号网络图，并比较甘特图与网络图的区别。

3. 假设公司总经理要求提前完工，作为项目经理将如何处理？请用 400 字以内的文字描述你应该如何处理。

【参考资料】

案例 1　悉尼歌剧院项目

悉尼歌剧院闻名全球，不仅因为其造型独特，周围风景宜人，更是因为其天价的工程成本。该剧院的建造是现代建筑史中最受公众关注也最具有争议的建筑典范。歌剧院内除了歌剧厅之外还建有剧场、电影院和其他设施。

剧院的建设构思始于 1955~1956 年，当时新南威尔士政府主持了旨在征求有创意、有突破的歌剧院设计，建造地点就在悉尼海港大桥附近的半岛上。

---

① 信管网. 信息系统项目管理师整体管理案例分析模拟题［EB/OL］.［2013-06-06］. http: //www.cnitpm.com/st/3909.html.

丹麦建筑师约恩·乌茨恩（Jorn Utzon）提交的建筑设计独具一格。该设计被选定，乌茨恩受命领导工程建设工作。

可能由于激情和政治抱负的双重推动，新南威尔士政府在许多技术性计划和建设问题还没有解决的情况下，同意工程提前启动。1959年总理启动工程建设，在壮观的开工典礼上，推土机伴随着乐团演奏开始了施工区域的清理工作。

政府在未征求建筑师意见的情况下任命了项目工程师欧卫·阿勒普及其合作者。这与一般惯例相左。这个决定的原因至今不为人所知。

作为工程师，欧卫·阿勒普的资历不成问题，他们都很有能力，然而以往的经验并没有让他们学会在建筑师的认同下解决新的建筑问题。

为了解决贝壳状结构的建构等一些复杂问题，项目进行了许多试验性工作。经过深思熟虑和实验论证之后，乌茨恩最终决定通过标准程序将巨大的贝壳建成球面的切片。

由于乌茨恩对工程的每个细节都要努力做到完美，工程建设各个阶段的这种要求就意味着建设工作将进展缓慢。随着时间的推移，工程延误招致了本土建筑师和执政党反对者的猛烈攻击。

乌茨恩不怎么在意地方观点，有时还与工程师发生不愉快，但他一直坚持对细节的完美要求。1963年许多外部工程已完工，然而这时有人抱怨建设耗时太长且造价太过昂贵。

工程面临许多问题，当时的一个主要问题就是建筑内部复杂的建筑工作，牵涉了胶合板的大面积使用，而这种胶合板只能由当地一家工厂生产。乌茨恩面临采购困难。同时政府的公共事务部要求就订购工作进行招标，而事实上却没有其他的胶合板供应商。这进一步导致了工程延缓。

1965年，自由国家党呼吁"重新装扮"歌剧院并选举上台。政府继续对工程造价提出疑义。因此，作为建筑整体概念重要部分的内部建设工作没有得到实施，乌茨恩的构想几近破灭。

公共事务部长另外聘请了一位建筑师监督工程建设。部长与欧卫·阿勒普和其他合作者进行了讨论，但没能向乌茨恩提供支持。

1966年，工程建设进入第七年，剧院舞台与贝壳穹顶已经完成并开始安装舞台设备。此时乌茨恩已经辞职。乌茨恩曾预计工程在18个月内以2200万美元的造价完工。在公共事业部长的领导下一个新的管理团队接管工程建设。工程又过了7年最终完工，估计最后造价1.02亿美元，是当初预计造价的10倍。

资料来源：拉尔夫·基林. 项目管理 [M]. 王伟辉 译. 北京：经济管理出版社，2005：149-151.

案例分析：

悉尼歌剧院的案例使我们明白：

（1）项目管理的重要性，明白不对项目进行控制的危险性。项目开工时，项目人员缺乏建筑流程的重要经验和知识，且关键的建筑方法和技术问题还没有得到解决。这样的工程本身就不可能进行系统的计划，因此，新南威尔士政府仓促启动这一项目时严重缺乏计划和蓝图构建。

（2）项目相关者的影响。该项目执行过程中受到政治因素的严重影响，从最初构想的执行到最后完工阶段的整个过程中有来自公众意见和管理层的双重干涉，这最终导致了整个工程造价的剧增。

（3）项目管理的内涵。悉尼歌剧院工程作为案例很好地向我们展示了在项目管理中质量、工期和造价三者之间关系的重要性。平衡这三方面的要求是所有项目计划的重点，也是项目实施的重点。

案例2 多恩马科特（Downmarket）
城市公园公共项目

多恩马科特（Downmarket）是一个拥有 100 万人口的城市，该市的上届政府在保持或加强城市魅力方面碌碌无为，反而财政超支。现在一切都开始有所改观，城市财政状况也渐渐恢复。

该市议会成员许多是政府的长期雇员，他们凭借年头和经历从文员或其他下层管理职位一步步升迁。例如，市政主管当年就是筑路队的领班，经过逐步升迁到现在的职位。现在他管理着大批人员，薪金也比较可观。他的管理风格专制、强势、粗暴。由于在合同承建方和供应商的支付问题上的分歧，他目前与市财政部门不和。

市财政主管新近上任，由于加紧财政控制而招致了敌意。他手下的财政办公室主任是一位年轻的会计师。这位主任与市政工程主管及一些年纪更大的市政官员有时会发生摩擦。

为使城市重新焕发生机并重现往日的美丽，新一届政府投票通过了一些市政改善工程，其中之一就是将工业废弃区域改建成风景宜人的公园、休闲景区和儿童游乐场所。

一位环境艺术家和一位风景规划师提交了一系列细节的方案，市议会选取其中一个很有吸引力的计划。该方案包括大面积田形草地、石灰石墙壁、生长充分的移植棕榈树丛、大型预先组装金属和水泥雕塑。该雕塑有两个目的：其一，作为大型地标性建筑；其二，为儿童提供冒险和攀爬设施。

这个公园的两侧要立两面石灰石墙以规定公园区域。公园入口气势恢宏，装饰性大门将面向城市主干道。

在市政工程主管的领导下，组建了一个项目委员会以指导项目工作，成员包括财政办公室主任、公园和花园负责人及一名项目主管。

在委员会的首次会议上有人提议任命一名项目经理。该建议受到市政主管的嘲笑，他认为这是在浪费资金而且没有必要。他认为，为了控制成本项目工作应该由他手下人员和他认识的合同承建商共同完成。

环境艺术家负责制造和组装大型雕塑并指挥该雕塑安放在指定地点的水泥基座上。

项目日常工作在市政主管的领导下开始。市政主管在工作中反对进行规划和进度安排，认为这些举动"对知道自己该干什么的人是官僚式的时间浪费"。

为增加政治业绩并巩固公众形象，市长和市议会都极力增强项目的公众知名度并确定了项目完工后公园开园仪式的具体日期。

公园与通往市中心的道路接壤，路人饶有兴趣地观看项目工作。草皮种植完成并定期浇水。石灰石墙壁和大型入口不时引来赞美之辞。

之后的几个星期项目都没有动静。公众很快知道了项目没有如期那样开展。接下来的事情更是引起了一片哗然。为了让装满成年棕榈树的大型卡车通过，精心建造的公园入口被部分拆除。由于雨水浸泡，地面松软。新植的草皮被往来的车辆和挖掘设备毁坏。砖面道路也受到破坏。然而后来的事情更加糟糕。

公园入口要进一步扩大才能运送大型组装雕塑。由于重量和体积大，雕塑的安装工作面临更多困难。雕塑的水泥基座建造不合格必须重新浇筑。这又花了两个星期，其间雕塑一直悬在两台起重机上。

开园日期迫近，由于起重机仍在园内，公园的入口重建工作无法进行。风景规划和其他工作也相应地推迟了。

环境艺术家与市政主管之间引发了公开的激烈争吵。这位艺术家宣布要退出合同，因为他的要求得不到满足，雕塑的水泥基座建筑不合格，基座未建成，雕塑就无法安装。

媒体得知该消息后，指责项目管理不当、成本超支、估算失误，并且未能建成雕塑基座。

市政主管设法从其他项目调拨劳动力以掩盖成本超支。至此，项目成了烫手山芋，市议员在压力下出面承受指责。

开园仪式4个月后举行。当天天气恶劣，参加者寥寥无几。

案例分析：

通过这个案例，我们可以了解到项目成功包含很多因素：计划、质量、成本、时间。这也是项目管理最核心的内容，在此城市公园项目中存在很多问题：

（1）项目管理机构。该项目没有合理的管理机构，责任和义务界定不明确。由一个没有受过培训、不善于对工作进行监督的城市工程师进行日常工作是项目最大的失败，此外，虽然有委员会进行管理，但不明确的责任界定使得项目结果很难令人满意。

（2）计划与进度安排。案例中的计划和实施都是临时安排的，没有对目标和相关的工作计划进行合理的安排，可以采用计划评估和审查技术阐明事件的顺序图，对项目进行控制和管理。

（3）成本控制。不能得到预算和实际发生的成本数据，低的劳动效率、重复工作、起重机的租用、延误的工期等都导致了成本超出预算。这都源于在项目之初没有更好的规划。

现代社会项目随处可见，其管理方法要按照项目管理的规范进行，否则就会导致失败，一个成功的项目管理是一个大的系统工程，要有明确的项目管理机构，聘用有才能的项目经理，对项目进度进行计划、管理，并对资金成本进行控制。

资料来源：拉尔夫·基林. 项目管理［M］. 王伟辉译. 北京：经济管理出版社，2005：62-64.

案例 3 如何做一名优秀的项目经理

博尔茨（Bolz）由于其在电信领域卓越的经历，被任命为联合国援建东南亚的一个电信工程的项目经理。博尔茨在面试中表现出色并给人以果断、有能力的印象。

由于个人原因，博尔茨直到工程项目开始后第六周才走马上任。在此之前已有 5 名专家顾问到达，并在工程条件不完善的情况下展开了他们的工作。

博尔茨花了两周的时间安顿下来，并租了一处宽敞的房子盛情款待了当地的显要人物和项目工程人员。

在处理公务中，博尔茨对他上任之前已完成的工作吹毛求疵，并对一些项目进行了方向性调整。他向团队成员下达了非常严格的工作标准，而且不允许对此有任何质疑。由于团队成员都是各自领域中比较有名气的专家，他们对于博尔茨的工作部署持谨慎低调态度。

随着时间的推移，博尔茨的工作方式更加专制、咄咄逼人。他不满意专家的判断，工作中反复要求修改项目报告；在技术细节或语言使用上施加影响。他的这种过度干涉愈演愈烈，导致了团队成员的不满，他对团队成员缺乏应有的专业信任。此时，8名专家全部到位并在项目中开展工作。但整个工程进度严重滞后，项目人员的士气也落到开工以来最低点。

这些专家很珍视自己的名声，也深知仓促辞职会给自己的事业带来负面影响，进而引发失望、种种不便和经济处罚。工程开工三个月后，矛盾最终浮出水面。博尔茨向上级提交了对专家们不满的报告。博尔茨在报告中指责他们造成工程进展迟缓，却将责任归咎于他个人。由于工作职位受到威胁，专家们一起提出了抗议。

8名专家顾问中的7名同时提交了辞呈，为此工程总部暂停了工程并进行了质询。博尔茨执迷不悟，坚持指责专家雇员，声称他们顶不住必要的工作压力，适应不了时兴的管理方法和美国的高效工作标准。他似乎忽视了这样一个事实：对他最有意见的3名专家都是美国公民。值得称道的是，在质询过程中没有一名专家对博尔茨本人或他的行为表示敌意。他们关注的焦点集中在博尔茨给项目工程本身带来的负面影响。

最终博尔茨的合同被终止，而项目的管理工作由现有团队成员中的一名成员接手。在讨论中，大家认为该成员有号召力且广受尊重。这名成员经过再三考虑接下这个职位。

项目工程进行了整改，时间进度和预算都有所调整。工程重新启动，在新的领导班子带领下，工程进展顺利，最终在预定的时间与预算内顺利完工。

资料来源：拉尔夫·基林. 项目管理 [M]. 王伟辉译. 北京：经济管理出版社，2005：126-127.

案例分析：

从案例中可以看出，项目经理对于项目的重要性是显而易见的，如何处理与团队成员之间的关系也是项目经理的主要职责。

因此，对于项目经理的任命需要从多方面来考虑。不仅要考虑其专业背景，还要考察其与其他成员的共事能力。由于有些项目技术性很强，团队成员都是专业领域的技术专家，采用强势、专制的管理风格就很难有效地展开领导工作。

项目经理不仅要有专业的技术能力，还要有卓越的领导力，以此来赢得项目团队其他成员的信任。

对于管理专业技术团队，有以下几点可以借鉴：

（1）与不同专业的技术成员达成相互理解、相互尊重的共识；

（2）让专业的技术人员参与到项目计划、进度制定过程中，听取他们的意见并让他们保证项目的质量和合理使用项目资源。

（3）定期进行关于项目活动、工作方法、专业技术方面的讨论，尽可能地消除冲突。

项目管理相关网站

1. http：//www.pmi.org/，项目管理学科的权威机构：美国的项目管理协会（Project Management Institute，PMI），该网站为项目管理人员提供了最新的项目管理标准。

2. http：//www.project.net.cn，此网站是传播项目管理理念，引领国内项目管理发展与应用的项目管理网站。

3. http：//www.mypm.net，项目管理者联盟，成立于2001年5月，是国内成立较早、知名度较高的项目管理专业组织。

4. http：//www.management.org.cn，中国管理传播网是一个综合性管理类网站，目前已经成为国内最有影响力的管理类网站之一，作为一个专业网站，其商务信息和知识资源为中国咨询培训业和企业界搭建了一个交流和沟通的平台。

5. http：//www.maxwideman.com，项目管理大师 R. Max Wideman 的个人网站，主要传播和推进项目管理的发展，新产品开发知识体系，推荐新产品开发的知识资源。

6. http：//www.pm.org.cn，中国项目管理研究委员会主办的网站，为项目管理工作者提供一个项目管理学习与交流的园地，推进中国项目管理的应用。

第五章　模拟听证

【基本要求】

通过本章理论基础的学习，应当掌握行政听证方面的基础理论，明白听证的功能、意义、内容以及一般原则，并且了解模拟听证与听证的区别。通过模拟听证的操作演练，学会将听证理论与规范综合运用于实际工作的能力，熟悉听证的内容、程序和要求，不断培养学生发现问题和解决问题的能力。学完本章内容后，尝试开展一次模拟听证或参加一次真实的听证会。

【问题导读】

请读者带着以下问题进行本章的学习：

- 你知道行政听证的一般程序吗？
- 听证的一般原则是什么？
- 一般模拟听证的类型有哪些？
- 体现听证本质的要点有哪些？
- 模拟听证的注意事项有哪些？

【理论基础】

第一节　听证概述

听证（Hearing）制度是现代民主的标志，是当今世界各个法治国家行政程序法的一项共同的同时也是极其重要的制度。听证制度的发展顺应了现代社会立法、执法的民主化趋势，也体现了政府管理方式的不断进步。

一、听证的概念及来源

所谓听证，是指国家有关机关在做出某项决策前，组织特定对象公开、公平地听取意见的一种活动。听证起源于英美普通法上的"自然公正原则"，该原则包括两项基本内容：一是听取利害相关人的意见；二是不能做自己案件的裁判。"自然公正原则"最初适用于司法程序，要求法官在做出判决前，必须通过公开的听证，就事实问题和法律问题，充分听取当事人的意见，这也是最初的司法听证（Judicial Hearing）。随后，自然公正原则在司法领域中的功能，逐渐为追求法治的人们所关注。这种关注首先表现在立法领域中，即议会为使立法趋于合情合理，为法律创造更好的实施条件，便请与立法有关的利害关系人、法律专家或政府官员等来陈述意见，逐渐形成了立法听证（Legislative Hearing）。司法听证和立法听证已经是源远流长，但在行政领域，直到 20 世纪初期，伴随着行政权力的不断扩张，行政性听证才开始正式运用。①

值得注意的是，在现代社会，由于立法权的行使有较雄厚的民意基础，司法权的运用也在较为发达的司法程序中受到制约，用听证制度来制约立法权与司法权的必要性都不十分显著，相对而言，随着与司法权、立法权相对立的行政权力的急速扩张，以及行政管理事务的日益复杂化，听证在主要的西方国家正逐渐演变为行政领域中的一个核心概念，既是实现良好治理的需要，也是维护公民个人权利的重要保障。通过保证各方利益主体平等参与公共决策过程，形成一项约束日益膨胀的行政机关活动的必要程序规则，以实现决策民主化、公开化、公正化、科学化乃至法制化。1946 年美国制定《联邦行政程序法》，第一次规定听证程序为行政程序的核心。它的基本精神是："以程序的公正，保证结果的公正。"

在国内的理论与实践中，听证可分为立法听证、司法听证、行政听证。国内学者一般从广义和狭义两方面对听证的内涵进行界定。一般来说，广义的听证包括司法听证、立法听证和行政听证，指有关国家在做出决定前，为使决定公正、合理，广泛听取利害关系人意见的程序。狭义的听证是指行政听证，指行政机关在制定法规、规章或做出具体决定时，广泛听取利害关系人意见的程序。② 也有学者认为，广义的听证一般是指国家机关做出决定之前，给利害关系人提供发表意见的机会，对特定事项进行质证、辩驳的程序。听证的内涵是听取当事人的意见，听证的外延则涉及立法、执法和司法三大领域。狭义的听证，是指行政机关

---

① 丁煌. 论行政听证制度的民主底蕴 [J]. 武汉大学学报（社科版），2001（1）：87.
② 张树义. 行政法学 [M]. 北京：北京大学出版社，2005：305.

为了合理、有效地制定和实施行政决定，公开举行由利害关系人参加的听证会，广泛听取各方面意见的活动，以保证行政机关的行政决定合理合法。① 我们经常所讨论的主要是指狭义的听证，即行政性听证。

中国最早引进听证制度的是深圳市。1990 年，深圳市成立了全国第一个"价格咨询委员会"，委员包括全市行业代表、专家学者、政府管理部门、人大代表和政协委员等。委员会直接参与了深圳市水价调整咨询和决策过程，这是我国听证制度的雏形。

而听证会制度真正在中国普及是在 1996 年。1996 年 3 月 17 日颁布的《中华人民共和国行政处罚法》首次以立法的形式明确规定："政府相关部门在行政处罚过程中，如果对行政相对人做出责令停产停业、吊销许可证或者执照、较大数额罚款等行政处罚决定之前，应当告知当事人有要求举行听证的权利；当事人要求听证的，行政机关应当免费为其组织听证。"《行政处罚法》将听证制度纳入行政执法程序标志着听证制度在我国的初步确立。

1998 年，《价格法》将听证制度引入了价格决策领域。由于价格问题涉及面广，直接关系到千家万户的切身利益，大大小小的听证会如雨后春笋纷纷出现。

2000 年 3 月 15 日由第九届全国人大三次会议审议通过的《中华人民共和国立法法》第 58 条明确规定："行政法规在起草过程中，应当广泛听取有关机关、组织和公民的意见，听取意见可以采取座谈会、论证会、听证会等多种形式。"这是我国首次对行政立法听证的确认，从而使我国的行政听证制度更加全面和系统，是我国法制建设史上具有里程碑意义的举措。

2003 年 8 月 27 日，十届全国人大常委会四次会议通过并公布了《中华人民共和国行政许可法》，该法的制定和施行对于规范行政许可的设定和实施、保护公民法人的合法权益、保障和监督行政机关实施行政管理具有十分重要的意义。② 按照《行政许可法》第 47 条的规定："涉及公共利益的重大行政许可事项"，即使法律法规规章没有规定，只要行政机关认为需要，就应当举行听证。这是我国民主法制建设的一大进展。但是由于我国听证制度起步较晚，尚不成熟，因此，要真正建立适合我国国情的行政听证制度，还有很多问题需要解决。③

① 杨惠基. 听证程序理论与实务 [M]. 上海：上海人民出版社，1997：1-2.
② 王周户，柯阳有. 行政听证制度的法律价值分析 [J]. 法商研究，1997 (2)：77-81.
③ 国务院法制办. 我国行政听证制度的现实分析与前景展望 [EB/OL]. [2009-11-13]. http: //www.chinalaw.gov.cn/article/dfxx/zffzyj/200911/20091100143364.shtml.

二、听证的功能及意义

1. 听证的功能

听证制度的功能是指听证制度所应发挥的功效和作用。

国外学者如简·麦特认为听证具有十大功能，包括：依法决策；了解民情民意；让公众了解政府情况；提高公共决策的质量；促进公共决策为公众所接受；改变政治权力的运作方式和资源配置方式；回应市民热点问题；拖延或回避有困难的公共决策；获得政治好处（赢得公众的选票和利益集团的支持）；寻求合作式解决问题的办法。[①]

国内的学者则把听证的功能归纳为：收集信息与集思广益的功能；实现直接民主、体现民意的功能；促进制定"良法"和满意公共政策的功能；协调社会利益的功能；宣传并帮助执行政府决策的功能。

从目前大多数实行听证制度的国家来看，听证的作用有以下四个方面：

（1）查明事实真相。所谓兼听则明、偏听则暗，听取当事人意见，可以使行政机关充分了解来自利益相关人的不同意见，发现事实真相，正确认定事实及适用法律。正式听证具有准司法的性质，采用诉讼程序中双方对抗、主持人居中主持的结构模式。听证中，主持人听取控、辩双方的陈述，询问证人，控、辩双方可对证人质证，并进行辩论。这样，控、辩双方的证据在听证中都得到充分的展现，并就其真实性和关联性进行了讨论，有利于发现事实真相，为行政机关的决定提供基础。

（2）保证裁决中立及行政结果的正当。做决定的人处于中立的地位，不偏袒任何一方，是程序公正最基本的要求。英国司法从 17 世纪以来，就有法官不得有个人动机的说法。行政程序法所规定的听证主持人制度，在一定程度上使行政法官或其他听证主持人具有法官的某些特质，如主持人由调查人员以外的人担任，适用回避制度，禁止与听证当事人单方面接触等。此外，行政程序法和其他法律还对听证主持人的任用和地位加以制度化，从而保证了主持人的独立地位，也保证了裁决的中立。

（3）保障听证当事人平等的权利。听证可以保障当事人有效参与行政决定和行政决策，实现行政决定的民主。美国教授 Jerry L. Marshaw 认为："程序的平等就是参与的平等，程序只为了参与者可预知及理性而设，而可预知及理性显然有利于保护任何当事人的自尊。"[②] 在听证中，听证当事人向行政机关提交证据，陈

---

① 彭宗超，薛澜，阚珂. 听证制度：透明决策与公共治理 [M]. 北京：清华大学出版社，2004：6.

② Jerry L. Mashaw. Due Process in the Administrative State [M]. New Haven：Yale University Press, 1985：176.

述自己的意见，对不利于自己的证据进行反驳，影响了行政决定的做出，从而有效参与了行政决定。特别在正式听证中，所有当事人有权得到听证通知，有权在律师的陪同下出席听证，向主持人陈述意见，提交证据，向证人质证，并与行政机关调查人员和其他当事人就行政决定的事实和法律问题进行辩论，其意见得以充分反映，从而平等、有效地参与了行政决定的做出。

（4）体现行政权—相对方权利的平衡。现代行政法治要求依法行政，在市场经济中政府应当进行宏观调控，遵循市场经济规则。在此基础上，行政权的作用应当弱化，将原先存在的命令式、强权式的行政法律关系转化为现代的服务型、温和型的行政法律关系。表现为行政主体和行政相对人之间的对话，互相倾听，平等协商，行政权更多地表现为一种政府的引导和指导。而行政听证的方式使得这种行政权的特质得以凸显，从而更符合现代行政的要求，体现了作为国家权力的行政权（公权）和行政相对人权利（私权）之间的一种平衡，为二者之间寻找到了一个平衡的支点。

2. 听证的意义

听证是民主政治下政府公共决策的形式，而不仅仅是一种展示。其目的在于最终能协调、平衡不同利益和主张，以使新的决策能为更多人所认同。人们在利益和主张上的分化，使得并非所有的政策都能使所有人受益，而良好的制度安排在程序公正中使利益受损的人也有可能接受和理解对自己不利的政策改变。

听证的意义在于会对民主决策有好处。社会听证制度可以保证公众的广泛参与，保护公民的合法权益，尤其是与群众利益密切相关的重大事项，更要听取有关团体、专家学者及与该决策有利害关系的当事人的意见，把决策变成集思广益、有科学根据的、有制度保证的过程，从而做出有利于人民群众的决策。

需要指出的是，听证作为公众参与公共事务的程序制度，是一个好的制度，但在我国实行的时间还比较短，其作用的更有效发挥有赖于政府决策能力、决策程序的提高和改进，也有赖于公众参与热情和能力的提高。

此外，关于听证的意义与范围问题，有以下一些应当注意的问题：

首先，不宜将听证的意义与座谈会和论证会等其他听取意见的形式等量齐观。在重要性方面，听证会制度要比座谈会和论证会重要得多。公民的听证权利正日益成为公民的基本权利，甚至可以被视为一项基本人权。在民主化、法制化程度高的国家，在一些重大问题上，公开听证制度正在与公民投票制度相结合，成为直接民主的一种重要形式。

其次，在程序方面，听证会制度要比座谈会和论证会制度严格得多。听证程序包括发布听证公告和通知；选择和邀请证人；收集证言和准备材料；决定证人作证的形式和顺序；法定人数要求；是否不公开听证；证人的权利；听证开始的公开声明；介绍证人、证人宣誓；证人的口头证词；口头作证后询问和回答；委员会成员和非委员会成员的询问；听证记录和其公开等。

最后，在结果方面，听证会制度也要比座谈会和论证会制度重要得多。许多国家的法律规定听证会记录应当成为有关法案形成的根本依据。在司法上，听证会记录也是法官判案时对有关法律精神进行判断的依据。

三、行政听证制度的内容

我国行政听证制度主要包括以下几个方面的内容：

1. 行政听证的范围

行政听证的范围意味着并不是所有的行政行为在做出之前都要听取行政相对人的意见。根据我国 2003 年颁布的《中华人民共和国行政许可法》第 47 条的规定，"涉及公共利益的重大行政许可事项"，即使法律法规规章没有规定，只要行政机关认为需要，就应当举行听证。一般来说，对于内容涉及社会普遍关注的热点事项（如水价调整、公立小学招生等公民关注的问题）或者对公民、法人或其他组织的权益有较重大影响（如垃圾焚烧站的建立、房屋拆迁方面的法规，可能不是对多数个人或组织有影响，但对于某个群体有较重大影响），都应当举行听证会。

2. 行政听证的主要主体

（1）听证组织者。在我国，听证组织者主要是行政机关组织，虽然听证当事人不得自行组织听证，但当事人有提出听证申请和参加由行政机关组织的听证的权利。

（2）听证主持人。听证主持人应该由有管辖权的行政机关中具有相对独立地位的专门人员来担当。听证主持人是指负责听证活动组织工作的调节和控制，使听证活动按法定程序合法完成的行政机关内部工作人员。在国外，听证主持人一般为委员会的主席。

（3）听证当事人。听证当事人包括"听证人"和"陈述人"。其中，听取意见的人称为听证人，包括公民、法人和其他组织。被听取意见的人称为听证陈述人，或称为"陈述人"，意在强调其任务主要是陈述、发表意见。对听证陈述人，许多地方规定不一致。国外称为证人，为避免使用"证人"的称谓不易为中国公众接受的情况（如刑事诉讼中找证人难），我国一般规定为听证陈述人。

当事人的权利包括得到通知的权利，委托代理人的权利，阅览卷宗的权利，陈述事实、举证和质证的权利以及辩论的权利等。除此以外的其他人，如为会议的进行做有关服务工作的人员不是听证参加人，不享有听证参加人的权利和义务。

对于听证人的选择，不能像有些部门一样，完全选择自己（听证陈述人）的利益代表。应该尽可能使与听证内容有关的人都参与进来，否则就失去了听证的本来意义。

（4）听证代理人。由于听证人并不一定都能自如地运用法律维护自己的合法权益，因此，应当允许其获得必要的法律帮助。在听证程序中，听证人可以委托代理人参加听证，以维护自己的合法权益。比如，在进行汽油价格调整的听证会中，广大车主可以委托相应的专家来代理自己，维护自己的合法权益。

3. 听证的程序

行政听证的程序，是由听证的方式、步骤、时限等构成的一个连续过程。行政听证程序是行政程序法的核心，行政听证的程序是否合理、正当，决定了行政程序法的质量。行政听证的主要程序有：

（1）听证的提出。行政机关在行政决定做出之前，应当告知当事人做出行政决定的事实、理由及依据，并告知当事人依法享有的权利，当事人对行政机关所认定的违法事实有异议的，有权要求行政机关组织听证。除当事人提出听证的要求外，行政机关认为必要时也可主动组织听证，从而引起听证程序的发生。

（2）听证通知。通知是指行政主体在举行听证之前，将有关听证的事项以法定程序告知有关当事人的一种行政行为，它实际上发挥着行政主体与行政相对人之间的沟通作用，是听证必不可少的程序。由于通知是行政相对人获得听证权的一种程序保障，因此通知要符合以下三点：一是应将听证的内容以及有关事项告知行政相对人；二是应将通知及时送达到受通知人；三是应以适当的方式将通知送达受通知人。

（3）质辩。质辩是听证的核心，它是指在听证主持人的主持下，由行政机关的陈述人与听证人或其代表之间就行政决策的事实和法律问题展开质证和辩论的过程。就功能而言，质辩乃是行政案件调查的一种延续，是把调查的事实和法律的适用问题交给听证人质疑，从而提高行政机关认定事件的真实性和适用法律准确性的程度。

（4）决定。听证过程必须以记录的形式保存下来，经过质证辩论后，行政机关依听证笔录做出行政决定。把听证笔录作为做出行政决定的唯一依据已经成为一种共识，如果允许行政主体可以依据听证笔录以外的材料做出行政决定，那么听证就很可能流于形式。①

目前社会上对于听证会的效果普遍不满的原因更多的是在于听证程序的不公开，戏言"听证会"为"听涨会"，其中对于听证代表的选择以及听证记录

① 张树义. 行政法学 ［M］. 北京：北京大学出版社，2005：304-305.

的公开最为不满。因此，要想使听证会不流于形式，听证程序的公开和公正是必须的。

四、听证的一般原则

听证程序之所以不同于通常意义上的"听取意见"、"兼听则明"等工作方式，就在于它是由众多特别法律原则支持的一种程序。这些原则和制度既是听证程序的必然要求，也是决定听证区别于其他程序的根本准则。尽管各国对听证原则的认识和表述不尽相同，但具有共性的原则大致有以下几个：

1. 事先告知原则

行政机关举行听证，应当告知听证当事人听证所涉及的主要事项和听证时间、地点，以确保听证当事人有效行使抗辩权，从而保证行政决定的适当性与合法性。不能及时得到通知，没有充分的准备时间，就意味着当事人没有机会取证和准备辩论；不知道听证涉及的主要问题，就无法做必要的听证准备，难以行使自卫抗辩的权利。我国《行政处罚法》第 42 条规定，行政机关做出"责令停产停业、吊销许可证或者执照、较大数额罚款等行政处罚决定前，应当告知当事人有要求举行听证的权利"；"行政机关应当在听证的七日前，通知当事人举行听证的时间、地点"。

事先告知原则是听证制度的核心内容之一。很多国家的法律原则和程序法包含这项听证原则。该原则主要解决以下几个问题：

（1）告知的对象。行政机关举行听证前，应当将听证事项及时间、地点告知当事人。由于听证的目的是听取利害相关人的意见，听证告知的对象应当比当事人更广，包括相对人和其他利害相关人。

（2）告知的时间。听证前告知的目的是便于利害相关人出席听证会或准备陈述意见和辩论，所以在告知听证权利和听证时间内，应当给听证当事人预先留出一定的准备时间，即告知与听证之间的时间不宜过短，否则会影响有关人员的准备，但也不宜太长，以避免耗费时间与精力。时间长短视当事人及关系人的住所远近及案情复杂性而定。[①]我国《行政处罚法》规定为 7 日，至于其他行政行为的听证告知时间目前尚无规定，须在行政程序法中加以明确。

（3）告知的内容。听证前告知的内容应当包括当事人要求举行听证的权利，听证的大致内容及涉及的重要事项以及听证时间、地点、听证机关等。我国《行政处罚法》对此未作详细规定，各地和各部门在有关听证的实施办法中对此进一步细化，增加了"当事人的姓名、名称、违法行为、行政处罚的理由、依据和拟

---

① 刘勉义，蒋勇.行政听证程序研究与适用 [M].北京：警官教育出版社，1997：47.

作出的行政处罚决定"等。①

（4）告知的方式。听证前的告知通常采用三种方式：一是书面直接送达；二是邮寄告知；三是公告送达。我国《行政处罚法》对此未作规定，但各地及各部门实施行政处罚法的具体办法除规定上述三种送达方式外，还包括委托送达、口头告知（但要记入笔录）等。

2. 局部性原则

听证有其适用范围，并不是所有的行政决定都要经过听证来做出，全部行政决定都要经过听证的话既不可能也不经济。听证对于法律法规内容涉及社会普遍关注的热点事项或者对公民、法人或其他组织的权益有较重大影响，都应当举行听证会。比如《价格法》第 23 条规定。制定关系群众切身利益的公用事业价格、公益性服务价格、自然垄断经营的商品价格等政府指导价、政府定价，应当建立听证会制度。

3. 公开性原则

公开是听证程序顺利进行的前提条件。听证的目的是听取对方当事人意见，怎样才能保证当事人的意见被充分如实听取呢？最重要的是在听证开始阶段就应当向当事人公开有关材料，允许他在决定做出之前为自己辩解，避免被调查人"处于黑暗之中"。② 我国《行政处罚法》第 42 条规定："除涉及国家机密、商业秘密或者个人隐私外，听证公开举行。"

具体而言，公开原则要求听证程序公开进行，举行听证会之前应发出公告，告知利害关系人听证程序举行的时间、地点、案由等情况；允许群众、记者旁听，允许记者采访报道；在听证过程中，听证当事人有权在公开举行听证的地点进行陈述和申辩，提出自己的主张和证据，反驳对方主张和证据；行政机关做出决定的事实根据必须公开并经听证当事人质证，不能以不为一方当事人所知悉的证据作为决定做出的事实根据；根据听证记录做出的行政决定的内容也必须公开。

听证程序公开化不仅可以保证行政决定更加公正、全面、客观，而且有利于加强对行政机关的社会和舆论监督，提高公民的守法意识。正如英国弗兰克斯委员会在行政裁判所和公开调查的报告中所说的，为了做到裁判上的公平，一切裁判活动必须以三个原则为指导，即公开、公正和无偏私。在这三个原则中，公开原则列为第一位。③ 当然，公开原则也不是听证程序的绝对要求，凡涉及国家机

---

① 百度法律. 上海市行政处罚听证程序试行规定［EB/OL］.［1996-08-26］. http://law.baidu.com/pages/chinalawinfo/1678/45/f50d26c16d0aaf83ca68409cd12e66dd_0.html.

② Margaret Allars. Introduction to Australian Administrative law［M］. Butterworths, 1990: 265.

③ 王名扬. 美国行政法［M］. 北京：中国法制出版社, 1993: 433.

密、商业秘密或个人隐私的事项，可以不公开听证。

4. 回避原则

回避原则来源于古老的自然公正原则。该原则主张"每个人不能作为自己案件的法官"，它不仅适用于司法职务，也适用于行政职务。我国《行政处罚法》第42条第1款第4项规定了这一原则，即"听证由行政机关指定的非本案调查人员主持，当事人认为主持人与本案有直接利害关系的，有权申请回避"。

当然，行政机关不同于司法机构，它不是专门的裁决机构，鉴于行政机关处理的问题涉及较复杂的专业知识和技术，为了提高效率，避免增加财政开支，立法不可能要求行政机关内的追诉调查职能与听证裁决职能完全分开，由独立的机构行使。因此，能够做到的只是内部职能分离，即在同一行政机关内部，执行调查追诉职能的人，不得主持听证和参加裁决。这也是很多国家听证程序的具体做法。

5. 案卷排他性原则

案卷排他性原则是指行政机关按照正式听证程序做出的决定只能以案卷为根据，不能在案卷以外，以当事人未知悉和未质证的事实为根据。目的是保障听证当事人有效行使陈述意见的权利和反驳不利于己的证据的权利。法院也只能以案卷中的记录为根据，审查行政决定合法与否。

我国《行政处罚法》第42条第1款第7项规定："听证应当制作笔录，笔录应当交当事人审核无误后签字或者盖章"。但没有规定听证笔录在决定中作为唯一依据，甚至对该笔录在处罚决定的作用也只字未提。各地各部门的听证实施办法对此作了一定补充。如《上海市行政处罚听证程序试行规定》第26条规定："听证笔录应当作为行政机关做出行政处罚决定的依据"。《劳动行政处罚听证程序规定》第16条规定："劳动行政部门不得以未经听证认定的证据作为行政处罚的依据"。

从我国目前听证制度的适用现状看，听证笔录的作用仍未被充分重视，行政机关作为程序的发动者和终结裁判者，在使用听证笔录方面仍享有较大的自由裁量权，而且未经听证的证据和事实仍然对行政决定起着相当重要的作用，这与听证程序本身中的案卷排他性原则要求还有一定差距。这条原则是保证听证制度公正有效的最后一道屏障，如果不能得到保证，那么听证会可能真的只是做做样子了。

五、听证的类型

依据不同的标准，听证有不同的分类。以听证程序的严格性与繁简为标准可以划分为正式听证和非正式听证；以时间先后为标准可以划分为事前听证、事后听证和混合听证；以利害关系人陈述意见的方式为标准可以划分为书面听证和口头听证。[①]

1. 正式听证与非正式听证

这是根据听证程序的繁简所做的一种分类。所谓正式听证，是指行政机关在制定法规和做出行政决定时，举行正式的听证会，使听证当事人得以提出证据、质证、询问证人，行政机关则基于听证记录做出决定的程序。正式听证在美国也被称为"审判型听证"、"准司法式的听证"和"基于证据的听证"、"完全的听证"、"对造型听证"等。非正式听证又称为"辩明型听证"，是指行政机关在制定法规或做出行政裁决时，只须给予当事人口头或书面陈述意见的机会，以供行政机关参考，行政机关无须基于记录做出决定的程序。

通常认为正式听证与非正式听证的区别主要在于程序环节的繁简和公众参与方式、程度的不同。正式听证的优越之处在于程序设置比较严格，由独立于争议双方的第三者，即听证主持人来主持听证，它为公众提供了充分的参与机会，也更有利于保护行政相对人的合法权益，但它需要消耗大量人力、物力，影响行政效率，一般公众也不愿为此消耗时间。因此，正式听证在各国的立法中只是作为一种例外，适用于法律明确规定的范围，大量的听证都是非正式的，如美国的行政决定是通过非正式听证程序做出的。在非正式听证中，公众参与表示意见的方式，主要通过口头或书面的方式提出，没有质证和相互辩论的权利，行政机关做决定时不受参与人意见的限制，而正式听证中行政机关当事人有权在律师陪同下出席听证会，有权提出证据，进行口头辩论，行政机关必须根据听证记录作决定。我国在1996年颁布的《行政处罚法》中首次规定了正式听证程序。

2. 事前听证、事后听证与混合听证

以听证举行的时间在做出决定之前还是之后为标准，听证可分为事前听证、事后听证和混合听证三种。

事前听证是指在行政机关做出决定之前举行听证。如果行政机关的决定一旦做出，立即会使当事人陷入危难的，必须举行事前听证。如终止福利津贴，当事人由于没有其他收入来源，必将影响其生计，因此，行政机关必须举行事前听证。事前听证既可是正式听证，也可以是非正式听证。

事后听证指行政机关在做出决定之后举行听证。事后听证可以方便行政机关迅速做出决定。利益受到不利影响的当事人，可在事后要求进行符合该决定具体情况的听证。

混合听证指行政机关对于某些行政决定或者当事人不服行政机关的决定时，

---

① 郭慧珍. 论我国的行政听证制度 [D]. 南京：东南大学硕士学位论文，2007：6.

事前举行非正式听证，决定后当事人不服时，再举行正式听证。这种情况大都适用于社会保障和福利津贴方面的听证。

3. 书面听证和口头听证

这是以当事人陈述意见的方式为标准所做的分类。书面听证是指当事人以书面形式向行政机关表明其意见。口头听证是指以口头陈述的方式向行政机关陈述意见。

在采用书面听证时，行政机关必须通知利害关系人，听取他的意见，给予的时间不能少于 10 天。在通知时，行政机关必须提供必需的资料，对决定有重要意义的事实和法律事宜，以及查阅卷宗的时间和地点。利害关系人在答复时，可对构成听证程序标的问题表明立场，申请采取补足措施并附具体文件。行政机关选择口头听证的，最少要提前 8 天命令传唤利害关系人。口头听证要审查所有有利于做出决定的事实和法律问题。听证结束后，制作听证记录，记载利害关系人的陈述。如果主持听证的机关不是有权做出最终决定的机关，则要制作调查员报告书，对行政决定提出建议，并说明该建议的事实和法律根据。

第二节　模拟听证的意义与类型

一、模拟听证概念和特征

模拟听证是对于真实听证会的模拟展现。由于现实生活中，并不是每个人都有机会参与到听证会中，因此，模拟听证不仅给听证组织者、听证主持人提供了正确理解听证、熟悉听证程序的机会，同时也给了听证当事人模拟参与决策、维护自己合法权益的一个平台。

1. 模拟听证的概念

模拟听证是指由不同的人分别扮演听证组织人、听证主持人以及听证当事人等各个角色，按照调查质证、各方辩论、各方最后陈述、主持人总结等程序进行的一种实践教学活动。在公共管理的教学中，通过举办模拟听证会，不仅有助于参与者加深对听证的认识，掌握现代行政管理的一项专门知识和技能，也有助于提高参与者对所讨论问题的认识，启发新思路。

2. 模拟听证的特征

模拟听证相比现实中真实的听证而言，具有以下几个方面的特点：

（1）模拟听证目的的"学习性"。模拟听证，主要是为了达到实践或理论教学中听证的知识和技能训练目的而设置的。它与现实中的真实听证最大不同在于：真实听证是就特定的行政管理问题而听取各方意见并做出相应决策的行政管理活动。真实听证中，参与人各方具有实际利益上的冲突和纠纷，而且应当承担最后决策所带来的权利义务关系。而模拟听证则没有这种事实上的利益相关性，其中的"听证组织人、委员会成员、主持人以及证人"等角色，都是为了一定的学习和研究目的，由参与模拟听证的人员临时充当的，具有"演员"的性质，他们在模拟听证中的行为并不会直接产生社会生活上各自的权利义务承担。

（2）参与主体身份的"虚拟性"。由于参与模拟听证的人员都是临时充当的，在身份上具有"虚拟性"。所有参与者不论其现实生活中的身份怎样，在参与模拟听证会时，他们所要做的就是扮演好各自所承担的角色，并在扮演好各自角色的过程中加深对听证的理解和操作能力。从这种意义上说，模拟听证可以说是现实中真实听证的一场"演习"和"彩排"。模拟听证的不足也正是来自于其身份的"虚拟性"，由于参与主体身份的"虚拟性"，参与者不承担相应的权利和义务，因此很难体会到真实场景下利益的冲突，这对于模拟听证的效果会打折扣。

（3）模拟听证情境的"模拟性"。模拟听证的场所、情境和人员的分工安排，都是仿照现实听证会的基本架构进行设计和加工的。这里的模拟，有两层含义：一是模仿、仿照；二是加工和设计。也就是说，它与现实中的听证设施、程序和方法基本相同但又不完全相同，它不是对现实中真实听证的简单模仿，还有"创新"的高度和意境。模拟听证中的模拟会场、案例、程序和记录等，不仅"以假逼真"，而且还要"以假胜真"。

首先，举办模拟听证的模拟会场布置、设施、设备等要提前进行精心的布置，尽可能做到与现实中的听证会场保持一致。

其次，模拟听证中所讨论的案例都是现实生活中已经发生的真实案件或者是在现实生活中真实事件原形的基础上加工、改编而成的案例，具有很强的真实性。

再次，模拟听证中的程序大都应该按照现实中的标准程序或在标准程序上进行一定的创新。

最后，模拟听证会中的各种记录都应该严格按照一定的格式进行，确保客观真实，防止随意添加记录人的个人主观想法。

（4）模拟听证的"可操作性"。相对于实际听证而言，模拟听证具有很强的"可操作性"，在现实生活中，实际的听证会，需要组织各个相关利益群体的参与，在时间、地点、人员组成等方面都需要投入大量的精力。而模拟听证则无需太多繁琐的过程，相对投入也比实际听证少了很多。

在实际生活中举行模拟听证的一般是政府行政部门和学校教学部门，政府部门的模拟听证更多的是为了提高行政执法和行政决策的能力，而学校教学部门更多是从听证的理论知识角度来进行模拟，提高学生的参与意识以及对于所模拟事件理论知识的深层次理解。

二、模拟听证的意义

针对现实生活中的种种行政决策问题，有关部门在做出决策时可能需要考虑的问题会很多，如何保证各方的利益，那么模拟听证给了大家一个进行实战的平台。不仅对于做出决策者有更好地理解听证含义的价值所在，而且对于普通百姓更好地参与到政府决策中提供了一个尝试和训练。对于模拟听证的意义可以从模拟听证的程序上来理解：

1. 前期准备阶段

首先，听证参与者通过前期的准备可以加强其对于听证的认识、熟悉听证的整个程序及其意义。其次，对于"模拟听证事件"的多角度的了解，有助于更好地理解所讨论的问题，获取新的解决问题的思路，同时锻炼听证参与者的信息搜索能力。最后，在公共管理的教学阶段添加"模拟听证"，还可以更好地发挥学生学习的主体作用。

2. 模拟听证阶段

可以深化"模拟听证"所有参与者和旁听者了解听证会的程序，了解民主决策机制，体会采取听证会等民主决策机制的必要性及其意义。对于提高参与者和旁听者的权利意识有很大的帮助。此外，如果在模拟听证中有政府公务员的参与，由于行政听证程序性很强，可操作性也就很强，通过模拟听证，既有利于深化公务员依法行政的观念，又有利于提高公务员的依法行政的能力。[1]

3. 听证结束阶段

模拟听证更重要的环节是模拟听证会结束后，对于听证记录的整理以及对于听证问题最后形成意见和决策的过程，因为如果忽略了这个过程，那么整个模拟听证的意义也就丧失了。听证会的过程是公民权利的体现，而听证会记录及结果的形成则是公民权利的保障。听证制度的初衷就是让利益各方公开博弈从而实现公平公正，意见零采纳的听证还不如不举行。政府举行听证，其听证过程和结果都应该尊重民意，不能让听证代表发现自己不过是一个摆设而已，缺乏诚意的听证劳民伤财且不说，还容易伤害市民的感情，损害政府的公信力。[2] 模拟听证虽然是虚拟的事件，也需要注意这点。

---

① 邢亮. 模拟行政听证教学初步 [J]. 甘肃行政学院学报，2007 (3)：81-82.
② 邓子庆. 听证不能只听不证 [N]. 四川日报，2009-9-3 (10).

作为一种教学手段，模拟听证可广泛应用于公共政策教学以及其他的公共政策培训项目中，成为一种高水准、生动活泼、与传统案例教学和情境模拟互补的新型教育与培训形式。通过模拟听证训练，学生对公共政策实际问题的体验更具深刻性、连贯性和沉浸感，更能充分认识到政策制定中利益冲突和协调的复杂性，可以更好地理解公共政策制定中的博弈和妥协以及政策执行中的种种制约因素，另外，可以亲身运用各种政策分析方法和技术，感受其在政策制定中的价值与作用。

三、模拟听证的类型

一般来说，进行模拟听证都是对于正式听证的事前模拟，但根据模拟案例所属的不同类别，一般可以分为模拟立法听证、模拟司法听证、模拟行政听证。

1. 模拟立法听证

模拟立法听证主要是通过模拟各级政府及部门的相关法律法规制定情况，比如常见的有：艾滋立法模拟听证、"控烟立法"模拟听证、非传统婚姻模拟立法听证、网络实名制立法模拟听证、个人所得税立法听证，等等。

2. 模拟司法听证

模拟司法听证主要是指模拟法庭。"模拟法庭"就是以模拟法院开庭审理的方式，通过学生亲身参与，将课堂上所学到的法学理论知识、司法基本技能等综合运用于实践，活学活用，以达到理论与实践相统一的教育目的，这一般是法学专业学生的必修功课，详细内容在这里不再赘述。

3. 模拟行政听证

目前所见的行政决策听证，多为价格听证，但在模拟听证过程中，不应局限于价格听证，与公众切身利益有关的或是当今社会热点问题，都可以成为模拟行政听证的选择对象，常见的有价格模拟听证、税收政策模拟听证、行政处罚模拟听证、行政复议模拟听证等。

第三节 模拟听证的准备与程序

一、模拟听证准备

模拟听证前需要充分准备，才能达到所要的效果，一般来说，主要包括以下几个方面的准备工作：

1. 模拟案例的选取

模拟案例选取应该根据模拟听证会所要探讨的核心问题有针对性地进行。一般情况下，模拟听证中所讨论的案例都是现实生活中已经发生的真实案件或者是在此基础上加工、改编而成。一般的选择标准有两个：一个是与公众切身利益相关的问题；另一个是社会争议较大的问题。在案例选取时，对选定的案件可以进行适当的技术处理，案例的难易要适度，而且要注意典型性，尽量做到具有较强的可辩性，容易形成不同的观点。

2. 模拟听证中人员角色的分工

在选取好模拟听证的案例后，之后就是要进行角色的分工。在公共管理教学中，尽量由学生志愿报名选择角色来扮演，每个同学在明确了自己的角色扮演后，要求其学习有关本角色的职业道德、行业规范以及在本次模拟听证中的功能定位，尽快地进入各自的角色，从而使得后面的模拟阶段更加真实。

根据职责、知识背景和能力要求的不同，把模拟听证的参与者划分为以下五种主要角色：模拟听证组织者、模拟听证局中人、政策分析师、相关领域专家和技术支持人员。[①]

模拟听证组织者：负责模拟听证的总体规划与设计，组织领导和控制模拟听证权过程，可以视为模拟听证的总设计师和总导演。模拟听证组织者必须熟悉模拟听证的理论和方法，具备一定的引导和控制艺术。其中，扮演听证主持人角色的同学，要明确听证主持人的职责范围，熟悉模拟听证会的程序并严格遵守听证程序的安排，始终保持中立的立场，清晰地向模拟听证会观众展现模拟听证会上各种不同的主张和观点。

模拟听证局中人：包括陈述人、听证人以及其他利益相关者的代表（或扮演者）。他们各自代表着行政决策中的相关利益群体或有关方面，在模拟听证中负责确认、表达和维护自身利益，或代表某些方面提出其关切问题。

政策分析师：应有多人（一般是专家或教师）。一部分政策分析师承担模拟听证全局的分析、综合工作，负责各方利益、观点、方案的汇集和评判，他们是模拟听证的专业观察者和评估者。此外，为了加强对抗性，也有必要给模拟听证局中人配备政策分析师，以帮助其进行模拟对抗，并把模拟听证推向深入。

相关领域专家：应根据模拟听证局中人和政策分析师的要求，提供模拟听证议题涉及各领域所需的专业知识或专业分析。他们是模拟听证的知识库，是模拟听证专业化的重要保障。

---

① 李亚.模拟价格听证初探［M］//董克用.构建公共服务型政府.北京：中国人民大学出版社，2007：251.

技术支持人员：主要提供数据收集、统计、调研、预测、方针分析等专业技术服务，特别是定量分析服务。他们从政策分析师那里领受分析任务，完成任务后反馈给政策分析师，然后提供给模拟听证的局中人使用。

除上述五种角色外，模拟听证还需要一些辅助人员，承担模拟听证全程的后勤保障、联络、记录等行政助理工作，所有这些参与者，以谈论式博弈为核心，相互支撑，各尽其能，形成了一套组织化机制，保证了模拟听证的专业性、深入性和开放性。

3. 选择和邀请证人

选择证人是举行模拟听证会前最重要的事项之一，涉及谁作证，证人发言的顺序问题等。随着公民参政议政意识的逐步提高，很多人会对听证会给予更大的关注。对那些涉及自己切身利益的事项，更会主动要求出席作证。为保证听证会的秩序和效率，模拟听证组织者要依据证人的代表性及相关背景知识对证人做出选择。

在模拟听证会召开前，听证组织者根据模拟听证的主题从模拟的角色中选择合适的证人人选。正式听证中对于证人的选择和程序有严格的规定。[①] 在进行模拟听证中，仅仅需要根据模拟听证的主题自行选择是否需要证人。扮演证人角色的同学，也要注意自身的诉讼权利和义务，使自己融入到案例所面临的利害关系中，诚实、坚定、客观地去作证。

4. 搜集证言与准备材料

虽然模拟听证是对于现实的一个虚拟，但是在对于资料的准备上，也要做到资料的详尽与准确。[②] 在模拟听证中，模拟听证的组织者负责收集的材料除了听证会流程及相关规则和注意事项等，还包括与听证主题相关的背景材料（学术研究文献、相关数据资料等）、听证委员会委员及相关证人个人简介、证人证言的汇总、草拟委员会询问证人的问题等。

5. 模拟会场的布置

对于模拟会场的布置，可以参照真实听证会的布置实行，可以考虑在墙的正

---

① 在正式听证中，会由听证组织者讨论决定是否允许公众作证。所谓公众作证，就是指凡是进入听证会大厅时登记签名的都可以作证。证人名单确定后通常由相关工作人员与其联系，并以听证委员会的名义发出正式邀请函。邀请函上会注明有关听证的一些基本信息，包括听证目的、主题、日期、时间、地点等。邀请函中也包含对证人的基本要求，如证人应提交议案说明及问题说明，对证人口头证言的时间限制等。与听证主题有明确利害关系的单位、组织和个人必须委托或派一名证人代表出席听证会，确有困难不能到会作证的，也要事先提交书面证言，对于拒绝作证的证人，委员会有权传唤证人出席。

② 实际听证中，收集证言和准备材料的工作主要由听证委员会工作人员负责。主要是在听证会举行前书面证言的搜集。未被邀请参加听证的公众可以书面形式向听证委员会提出证言，听证委员会根据多方听取意见的原则，尽可能多地收集来自不同阶层和利益代表的意见。

面标明"×××模拟听证会"的字样。一般来说，听证会的会场布置上听证人与听证陈述人面对面而坐，听证主持人位于中间，便于与听证人、听证陈述人进行面对面的沟通和协调。会议记录者则坐在他们之后，为了便于听证陈述人的陈述，听证陈述人席位应有较大的桌子，以便于他们能够堆放材料、证据或者插接便携式电脑，以连接到投影设备方便给公众展示相关证据、材料。听证会旁听席可以设在陈述人席位后面的一个半弧圈上。这样一个半弧形的会场布置不会对证人形成太大的压力，有助于证人作证，更全面、清晰、客观地展示材料，使模拟听证达到一个良好的效果（见图 5-1）。

图 5-1　青铜峡市工商局行政处罚模拟听证会现场①

此外，模拟听证会会场的电源、音响设备、电脑、显示屏等也应事先检测，以保障听证的顺利进行。

6. 模拟听证会会场纪律

所有模拟听证参与人应当遵守模拟听证会会场纪律，不同听证会的形式会有不同的纪律要求。一般情况下我们模拟的都是公开听证会，允许公民旁听。与现实中的听证会一样，下列人员不准参加旁听：

（1）不满 18 岁的未成年人；

（2）精神病人和醉酒的人；

（3）被剥夺政治权利、正在监外服刑的人和被监视居住的人；

（4）携带武器、凶器和其他危险物品的人；

（5）其他有可能妨碍会场秩序的人。

---

① 图片来源：青铜峡市工商局举办行政处罚模拟听证会 [EB/OL]．[2007-12-29]．http：//www.ngsh.gov.cn/hdxx/gzdt/200712/20071229140305_1720.shtml.

此外，旁听人员必须遵守下列纪律：

（1）不准鼓掌、喧哗、吵闹和其他妨碍模拟听证的行为；

（2）发言、陈述和辩论，须经听证主持人许可；

（3）不准吸烟和随地吐痰；

（4）手机要调成静音或关机，不得在会上接听手机；

（5）不得随意穿梭会场，如中途入场或退场等。

对违反听证会纪律，扰乱会场秩序的人，现实中可以予以训诫、责令退出听证会或者予以罚款、拘留等。而我们在公共管理教学模拟听证会中则主要是降低对该生的评分。

二、模拟听证进行

模拟听证会正式举行一般包括以下环节：

1. 发布模拟听证的公告和通知

听证公告和通知程序是听证公开原则所要求的必要程序，也是保障听证人权利的重要手段，是开始正式听证会前必不可少的程序。公告的内容包括举行听证会的日期、地点、主题和内容等。正式听证会发布公告和通知的方式多种多样，包括政府机关法定刊物、报纸、广播、电视、互联网等。由于条件所限，在举行模拟听证时，公告和通知可以用海报形式在校园内张贴，同时在校园的 BBS、学院网站以及其他互联网平台上公布相关信息，欢迎其他院校、院系的同学及社会上相关人士参加。一般情况下，听证的公告期不得少于一周，即利害相关人有权利至少于听证会举行之日前一周得到听证通知，以便做好准备。因此，在发布模拟听证的公告和通知时一定要注意发布听证公告和通知的时间期限，同时要扩大宣传，欢迎大家都去旁听，尽量做到与真实听证环节一样。

2. 开场陈述环节

模拟听证会开始时，一般由听证主持人来做开场陈述。开场陈述的内容包括：明确听证会的目的、简要介绍听证主题、说明相关规则及注意事项等。听证进行阶段主要就是按照之前准备的材料，按流程依次进行。

3. 介绍听证会委员及证人环节

开场陈述后，听证主持人依次介绍听证陈述人、听证人和证人。在这个阶段主持人要特别注意宣读听证人出席人数、证人到场人数以及观众参与情况。这是保证听证会是否能做到真正的公开公正的关键，一方面涉及的是听证法定人数的问题，即听证人听证会最低人数要求；另一方面也与证人是否能出庭作证以及公众是否真正参与相关。

4. 听证陈述人及听证人陈述环节

该环节是模拟听证的核心环节，要求听证陈述人按照规定的形式在给定的时间范围内作口头陈述，陈述的内容通常是事先提交的书面证言的简要概括。听证陈述人陈述完毕，听证人就其陈述内容提出询问以及自己的意见和建议。双方在进行质辩的时候要注意抓住核心问题来讨论，不能讲空话、套话，并提供对自己有利的证据，而不要使其变成一个争吵的听证会。

对于听证陈述人口头陈述时间及听证人的询问时间没有统一的规定，依据听证的主题以及现场参与的人数来决定。一般情况下，我们在举行模拟听证会时，规定听证陈述人口头作证的时间为 5 分钟，听证人陈述的每一个问题时间为 3 分钟。

5. 主持人小结并宣告会议结束

双方陈述和回答完毕后，记录人员将听证笔录依次传阅给各个证人进行审阅，证人核对无误后签名确认。听证会主持人就本次听证会进行简要总结，并宣告此次会议结束。

三、模拟听证结束

真实的听证会与模拟听证会一样，在听证会听证结束后，还有大量的工作需要去做，主要包括以下一些内容：

1. 听证记录与公开

模拟听证会结束后，记录人员要拟一份陈述概要，发送给参与模拟听证的相关人员。在此基础上，听证主持人应就此模拟听证会进行全面总结，制作模拟听证会报告书，在学校公开，供学生、教师以及其他研究者阅读和研究。模拟听证会报告书在内容上应包括三方面的内容：

（1）听证过程。听证的提起、听证公示、听证会陈述人的筛选方法和结果、听证会主持人和听证人的确定，听证会相关信息发布的目录和方式，以及听证会的举办日期和议程。

（2）证人观点的概述。通过对证人的书面证言和口头陈述及询问环节中的回答进行整体而全面的梳理，简要概括出各方观点和主张，切记不可遗漏或随意添加自己的主观判断。

（3）注意及签名。听证已搞清楚、可做结论的问题和尚未下结论的问题，提醒有关决策者的注意。听证会报告书由听证会主持人独立撰写、署名。

2. 讨论与点评

在公共管理教学中，在每一场模拟听证结束后，由指导教师在随后的教学中根据学生现场表现情况进行详细点评，点评内容包括：对整个模拟听证过程的讨论和点评；对案例所反映理论知识的点评；对模拟听证后所得出结果的分析；模拟听证会的不足之处。

在国家机关自己举办的模拟听证结束之后，也要对于模拟听证进行点评，但点评的重点有所变化，包括：整个模拟听证的程序是否公正、公开；模拟听证反映出的实际行政工作中的不足；工作人员对于听证的理解是否到位；实际行政工作中的问题是否得到解决，是否有了新的思路等。

3. 对模拟听证教学文件的整理和归档

在公共管理教学中，对每次模拟听证后学生各自分工负责的材料要及时进行整理、装订成册并且归档，包括模拟案例、模拟听证方案、听证记录、听证报告以及相关案卷材料，等等。对这些模拟听证材料的整理和归档不仅可以为之后的教学提供借鉴，而且可以提高学生的总结分析能力。这是模拟听证教学中最常规、最关键的一环，绝不能因为时间不够或嫌麻烦等种种原因而忽视这个环节。

在国家机关举办的模拟听证会后，也要将相应的资料进行归档整理，为决策做参考，以便今后学习和行政能力的提高，而不能认为模拟听证会是"虚假的"，其资料没有价值，仅仅把模拟听证会当作一个好玩的形式，这样就失去了模拟听证的意义了。

4. 对于学生的考核

模拟听证与现实听证有一个比较大的区别就是，听证会完毕后要对于学生进行考核，考核内容与方法一般会根据学生在"听证会"活动中查找资料的充分性、临场表现的积极性和分析水平、递交的分析报告质量，由教师给出相应的平时分数。

第四节　模拟听证的组织技巧及注意事项

一、模拟听证的组织技巧

要想组织一次成功的模拟听证，有一些需要掌握的技巧，主要包括：

1. 模拟听证主题选择的技巧

模拟听证主题的选择主要考虑以下几个方面因素：

（1）被模拟的行政管理行为是行政机关经常运用的行政活动；

（2）被模拟的行政管理行为是操作性很强的一项活动；

（3）通过模拟教学可以达到实现公共管理教学的根本目的，即深化行政机关及公务人员依法行政的观念，也可以提高行政中的实际操作能力，从而达到提高其依法行政的能力；

（4）被模拟的行政行为通常可能是对社会公共利益、公民个人利益带来较大影响的行政行为，以及一些疑难、复杂、久拖不决的行政管理问题。[①]

2. 听证主持人主持技巧

听证主持人在模拟听证会中扮演着极其重要的角色，一个好的听证主持人要非常熟悉听证流程，并为提高模拟听证会的质量，在模拟听证会前有必要就听证基础知识、听证的背景、听证程序等信息做大量资料的查阅工作。

此外，听证主持人应该注意听证陈述人发言的顺序。听证陈述人发言的顺序：一是听证陈述人对听证事项有不同意见的，先由提出法律法规及其支持方的陈述人发言，然后由反方或持有其他意见的听证陈述人依次发言。二是持有相同意见的听证陈述人按照一定的顺序发言。如果同一意见的陈述人数量较多，主持人可以要求各方推选代表发言，或者提交书面陈述材料，以保证各种不同意见的陈述人都有平等的发言机会。

3. 模拟听证资料准备技巧

在模拟听证前对于听证内容相关资料的搜集和准备是决定模拟听证质量的关键。获取相关信息的手段与途径有很多，比如网络、图书馆、国家统计年鉴、相关法律法规、历史文献资料、国外同类事件资料等，尤其是一些有数据的资料，模拟听证会上需要一些有说服力的数据而不是说教的逻辑推理和理论的演绎。除此之外，还有必要学习一些整理资料文献的技巧，如怎么鉴别挑选真实有效的资料，怎么写文献综述，怎么将资料转换为支持己方的证据或反对对方的证据，等等。而这些搜索技能和文献整理技能是公共管理日常教育中所应该教给学生的，只有资料准备充分了，在模拟听证会上的论证才能有力。

4. 陈述人陈述技巧

陈述人的现场表现也是影响模拟听证会效果的因素之一，在公共管理教学中，指导老师应在模拟听证会召开前对所有学生进行适当培训，使大家了解听证会的规则，并掌握基本的陈述技巧。

听证陈述人的培训主要包括三个部分：书面证言的撰写、简短陈述和回答问题的要领。听证陈述人培训的目的就是要通过多次演练，以使听证陈述人能够在听证中正确、清楚地表达自己的意思，达到实践教学的目的。当然，培训的内容还会包括听证会的规则和对出席听证会人的一些要求。

其中，书面证言的一般格式：

---

① 邢亮. 模拟行政听证教学初步 [J]. 甘肃行政学院学报，2007（3）：81–82.

（1）主张。以简单、明确的言辞概括自己的主张，对某个事件持同意或反对观点。

（2）理由。分条陈述，指出自己观点的原因。

（3）证据。包括证据资料的内容、来源以及使用。

（4）陈述人的姓名、身份。

书面证言应由模拟听证组织者在听证会前公开发布。

二、模拟听证会注意事项

在模拟听证会的组织过程中有以下一些注意事项：

1. 关于会场纪律的注意事项

（1）听证会参加人员应当遵守模拟听证会规则和听证秩序，服从听证工作安排。

（2）陈述人应当围绕本次模拟听证会的听证事项按先后顺序发言。补充发言阶段需要发言的，须举手示意并经主持人同意后，方可发言。

（3）陈述人发言时间每人不得超过 5 分钟，到时鸣钟即终止发言；补充发言阶段，每人发言时间不得超过 3 分钟。确需延长发言时间的，经主持人同意，可以适当延长。

（4）发言时要观点鲜明、简明扼要、不能重复；发言内容请集中在向陈述人提出质询和对方案提出意见上；最后要表明自己对听证方案的意见。

（5）参加模拟听证会的旁听人员不得鼓掌、喧哗、随意走动或者有其他影响模拟听证会正常进行的行为。

（6）模拟听证会进行期间，与会人员关闭通信工具或设置振动状态。

（7）对于违反听证会规则和听证秩序的人员，听证会主持人有权予以制止；拒不改正的，可以责令其离开会场。

（8）模拟听证会结束后请听证参加人留下，对听证笔录进行审阅并签名。

2. 关于听证会程序的注意事项

模拟听证的程序严谨和公开的意义远大于听证会本身，现在的大部分模拟听证，更多的是关注听证进行阶段，关注陈述人和听证人的讨论。而对于模拟听证的整个流程，包括听证人的公开选取等环节、会议结束后文档的整理及公开环节却予以忽视，而这正是培养学生正确认识听证的关键。严谨的模拟听证会的程序包括：

（1）模拟听证会公告，通过媒体公告，将模拟听证会的时间、地点、内容等情况事先向社会公开。

（2）模拟听证代表的选取与公示，公开模拟听证代表的选取方法，以及代表们的具体姓名、单位和联系方式。

（3）模拟听证方案的公示，至少提前 10 天公开拟听证方案，好让对于此议题有兴趣的人有充足的时间进行资料的准备。

（4）模拟听证过程的公开，通过各种不同媒体让普通民众了解模拟听证会的全过程。

（5）模拟听证结果的公开，通过各种媒介将模拟听证的结果公开，以便对相关议题进一步研究。

（6）模拟听证记录的公开，所有会议记录都应该进行整理归档，以便其他相关人员查阅。

3. 关于模拟听证会听证内容的注意事项

（1）模拟听证会召开之前所准备的文字资料（包括之前提交的证言），都应该进行归类整理并予以保存。

（2）模拟听证会的会议记录要全程录音并做文字记录。听证记录是对听证会进程所做的原始的、未经归纳、整理的记录。听证记录作为行政决策的依据，应存档保存。鉴于模拟听证会是公开举行的，听证记录也可以在网站上公布，供公众及学者查阅、研究之用。

（3）即便是模拟听证，也要在最终的听证报告中体现听证会代表的意见究竟在多大程度上影响了最终决策。在实际生活中常常是听证会上辩论得很热闹，听证会后决策静悄悄。以价格听证为例，"听证会"几乎成了"涨价"的前奏，"逢听证会必涨"几乎成了"规律"。"你说你的，我涨我的"，这样使得听证会最终必然丧失公信力，群众对听证会将一步步丧失热情。因此，模拟听证一定要在听证结束后杜绝这种现象的发生，对于听证记录进行公开。

【本章小结】

本章首先从理论上讲述了听证的概念、来源、功能、内容、类型以及一般原则，让学生明白行政听证制度是程序公正在行政领域里的重要体现，是政府管理走向民主化、法制化的一个重要表现。这部分理论知识让学生明白听证制度是保障公民合法权益的重要保障。

其次，本章还重点介绍了模拟听证的基本概念、特征、类型以及意义；并从实践的角度阐述了如何进行准备和召开模拟听证会，以及进行模拟听证的组织技巧和注意事项。

本章的内容重在实践，因为在现实生活中，学生很难有机会参与到真正的听证会，因此通过本章的学习，可以尝试设计针对公共政策、价格和社会热点问题的模拟听证会，逐步掌握模拟听证会的具体步骤、关键环节以及组织技巧，获得对于某个问题的全面认识以及对于听证制度的深刻认识。

【扩展阅读】

听证制度里程碑：戈德博格诉凯利案

20 世纪 70 年代的"戈德博格诉凯利"（Goldberg v Kelly）案，开启了美国正当程序革命的大门，也是美国听证制度发展的里程碑事件。[①]

此案发生于 1970 年，约翰·凯利（Kelly）为纽约州居民，是联邦资助项目（家庭援助计划）的领受者。根据房东提供的信息，纽约州认为凯利现有同居男友，因此不具备只针对单身母亲的福利项目的领受资格。于是，纽约州未采取听证程序即终止了凯利的福利津贴发放。

该诉讼由纽约州居民凯利提起于南纽约地区法院，诉称纽约州和纽约市执行这些计划的官员终止或打算终止这样的援助时，没有给予当事人事前的通知或听证的机会，因而剥夺了他们享有的法定正当程序权利。

地区法院判定，惟有事前听证才能满足正当程序的要求，因此，拒绝对州和市镇官员事后"公正听证"进行审查。

随后，该案被上诉至联邦最高法院，联邦最高法院在审理此案时，大致以如下路径进行：首先，联邦最高法院对此案的争议焦点做出了判断。根据美国《公共援助行政手册》（Handbook of Public Assistance Administration）的规定，州社会保障委员会进行社会服务管制时，需满足程序 351.26 条款中关于程序 A 或程序 B 的规定。根据这些条款，州政府被要求在终止福利津贴时，须至少在生效日期前七天向福利领受者送达通知书，说明其如果要终止或暂停的缘由。被送达者可以请求地方福利官员审查该通知书，同时，在地位上，该地方福利官员应比欲终止或暂停发放补助金的州政府监督员的职位更高，审查官员需迅速做出暂停或终止的决定，并将此决定以书面形式通知领受者。

被上诉人认为，该程序规定中缺乏有关领受者须亲自在审查官员面前出现、提供言词证据、交叉质问的内容，并认为通知书确已告知领受者可以接受一个终止后的"公平听证"。通过这一事后听证程序，领受者可以提供有关言词证据以及进行质问等，并可获得一份听证会的记录。但是，上诉人则主张"程序性正当

[①] 胡敏洁. 戈德博格诉凯利案述评——兼论对我国的启示［EB/OL］.［2006-04-29］. http://www.chinalawedu.com/news/21606/138/2006/4/li7227102521192460027160-0.htm.

程序"应适用于福利救助金的停止支付，因为救助金的领受是一种法定权利。

联邦最高法院认定本案的争议焦点为：针对州政府终止福利领受者的行为，是否需要提供给领受者以事前听证的机会；此外，州政府的这种行为是否违反了宪法第十四修正案的正当程序条款，剥夺了该领受者应获得的程序性正当程序保障机会。

最终，联邦最高法院判决认为：只有"事前听证"才能为福利领受者提供程序性正当程序的保障。这是因为，福利涉及为公民提供必要的食物、衣物、住房以及医疗保健等，如果在未确定公民是否具有福利领受的资格之前就停止了救济，则意味着可能剥夺一个合格的领受者等待阶段仅存的生存手段，这将是令人绝望的。而同时，法院认为正当程序的基本要求是赋予当事人听证的机会，且听证必须"在有意义的时间以有意义的手段进行"。行政机关在剥夺当事人享受福利津贴的利益之前而不是之后，必须举行包含以下要求的听证：通知、口头倾听、公平的裁判、传唤证人和交叉质证、聘请法律顾问、记录在案、以记录为依据的决定、决定说明理由。

凯利案发生之后，美国出现了大量福利听证案件。由于案件过多，甚至出现过借助紧急立法授权雇用行政法官之外的人员处理积案的事件。此案对于美国"正当程序"发展产生了深刻的影响，引发了美国"正当法律程序的革命"，正当行政程序保护原则此后普遍被运用于社会保障行政案件，也是听证制度的里程碑事件，使得听证制度成为防止行政权力扩张及滥用的有效措施。

【实践操作】

"延迟退休年龄"模拟听证会

2008 年 11 月，人力资源和社会保障部（以下简称人社部）社会保障研究所负责人称，有关部门正在酝酿等待条件成熟时延长退休年龄，有可能女职工从 2010 年开始，男职工从 2015 年开始，采取"小步渐进"方式，每 3 年延迟 1 岁，逐步将退休年龄提高到 65 岁。在 2030 年前，职工退休年龄将延迟到 65 岁。

2010 年 9 月，关于"是否应该推迟退休年龄"的话题再度引发热议。起因是在《中国的人力资源状况》白皮书的发布会上，人保部副部长王晓初表示，有专家指出，到 2035 年中国将面临两名纳税人供养一名养老金领取者的情况。

2014 年 3 月 9 日，人社部部长尹蔚民表示，人社部会在 2020 年前，将延长退休年龄的方案推出来，此方案是渐进式的退休年龄办法。

近几年来，关于这个话题每年都成为"两会"代表、委员重点讨论的内容。也有不少网站开设专栏，让公众参与讨论，引起了强烈的社会反响，与官员的言论的小心谨慎相比，网上舆论对于这个政策基本上呈现一边倒的局面，就是坚决反对"延迟退休年龄"。

请运用所学知识回答：

（1）公民直接参与民主决策有何积极意义？

（2）某主管部门计划举行一次关于"延迟退休年龄"的听证会，请你设计听证会的参加对象，并要求保证听证会能够反映不同方面的声音。

（3）根据给出的背景知识，准备相应的材料举办一次模拟听证会，请设计一个活动方案并实施。

【参考资料】

案例 1　模拟听证会（视频）

1. 广州市医药降价改革方案模拟听证会

视频地址：http：//v.youku.com/v_show/id_XOTI0NzQ0Njg=.html

2. 广州大学城保留村改造方案模拟听证会

视频地址：http：//v.youku.com/v_show/id_XMjc0OTE3NjQ=.html

案例 2　××政策听证会（教学实践）

××政策听证会的模拟是一种富有意义的探究性教学活动，政策议题的选择体现出务实性、前沿性，其教学效果通过以学生为主体的师生互动得以实现。其教学实践方式如下所述：

（一）人员分工

人员的角色分工如表 5-1 所示。

表 5-1　人员角色分工

角色分工	人数	角色定位
主持人	1 名	听证会开篇背景介绍，按程序主持听证会过程，维持听证会秩序
各方发言人	若干名	提出听证的论证要求，陈诉理由和进行论证。具体有如下三种：
● 政府方	1 名	解析政策措施背后的意图，从政府角度进行政策陈述和辩护；
● 受政策影响方	1~3 名	分为直接受影响方和间接受影响方，各方设一名代表，汇总政策利益相关者意见，提出对于政策措施的看法；
● 政策研究专家	1 名	收集政策研究界人士的意见，以政策专家身份探讨问题
旁听观众	若干名	认真听取各方论证，在自由发言阶段各抒己见
点评人	1 名	由任课教师担任，负责记录学生表现，结合教学重点进行点评

注：各方均应做好充分准备，收集资料，拟定发言稿，进行现场论证和辩论。

（二）活动程序和时间安排

1. 课前准备

由任课教师主导进行课前准备，提出政策方案框架，并引导学生进行小组划分和相关听证会准备事宜。主要程序如表 5-2 所示。

表 5-2　活动程序安排

程　序	时　间	操作者	内　容
1	会前一周	任课教师	就听证会目的、流程、特点等对学生进行细致介绍和指导
2	会前一周	任课教师	挑选拟进行模拟听证的农业政策议题，编写"基本政策方案"框架，提前一周发放给全体学生
3	会前	任课教师	视政策议题的性质不同，按照自发报名的先后顺序挑选 8~12 名学生，划分为两组（进行正、反两方的利益相关者角色扮演）编写《模拟政策设计》，每组设发言人一名；或将全体学生划分为若干组（各组根据基本政策方案框架确立己方论点，进行角色扮演）编写《模拟政策设计》，每组设发言人一名
4	会前	任课教师	从专业方向或个人兴趣贴近所讨论议题的学生中，选出听证会主持人一名
5	会前	主持人	准备模拟政策听证会背景说明材料，熟悉听证会流程

2. 模拟听证

模拟政策听证会注重角色扮演，应引导学生树立角色意识，深入了解、分析和体验所扮演角色对于政策所可能持有的立场。任课教师全程监控模拟听证会，并予以必要的支持和引导。角色扮演各方及主持人以外的其他学生，以旁听观众的身份参与听证会。除任课教师和主持人以外的全体与会人员拥有对《模拟政策设计》议案的投票权。具体程序如表 5-3 所示。

表 5-3　模拟听证程序

程序	时　间	操作者	内　　容
1	4 分钟	主持人	开篇，介绍听证会背景、主旨、程序并宣布相关规则
2	1 分钟	主持人	介绍各方代表及旁听观众
3	8 分钟	政府代表	进行政策方案陈述，介绍政策背景、措施和意图
4	5 分钟	受影响方代表	表达对于政策措施的看法，提出质疑
5	30 分钟	各方代表	就具体政策措施展开质疑、辩论和回应
6	5 分钟	政策研究专家	进行专家点评
7	20 分钟	各听证代表	就政策方案及有关具体问题进行内部讨论
8	15 分钟	各方代表	听证代表和观众参与讨论、发言、辩论
9	6 分钟	各方代表	修正己方观点，总结陈述，各 2 分钟左右
10	5 分钟	全体与会者	由主持人发起投票，除主持人外的全体同学进行投票，根据投票结果达成议案

注：听证会总时间持续约 1.5~2 个小时，主要由主持人把握，必要时任课教师予以干预。

3. 听证会总结

表 5-4　模拟听证会总结

程序	时间	操作者	内容
1	结束时	任课教师	模拟听证会结束后，由任课教师对模拟听证会进行 10 分钟左右的点评，肯定亮点，指出不足，总结经验
2	结束时	任课教师	再次强调教学重点，进一步引导学生活化相关知识
3	会后	全体学生	撰写模拟听证会经历感言
4	会后	任课教师	将学生在模拟听证会上的表现计入平时成绩

（三）考核内容与方法

根据学生在"模拟听证会"等活动中表现的积极性和分析水平，或递交的政策分析报告的质量，由授课教师给出相应的平时分数。

附录 1　听证会公告示例

关于举行《深圳经济特区无线电管理条例（草案）》立法
听证会的公告[①]

为扩大公民对立法工作的有序参与，增强我市立法工作的民主性和科学性，

---

① 深圳特区报. 关于举行《深圳经济特区无线电管理条例（草案）》立法听证会　[EB/OL].　[2008-09-03]. http://news.sina.com.cn/o/2008-09-03/071314395630s.shtml.

进一步提高立法质量，提升我市民主法制水平，根据市人大有关法规规定，市人大常委会定于 2008 年 9 月 9 日下午 2：30 在市民中心 A 区市人大常委会办公楼四楼常委会会议厅举行《深圳经济特区无线电管理条例（草案）》立法听证会，听取条例（草案）中涉及不同利益主体且争议较大的有关内容的辩论意见。请有意参加旁听的市民于 9 月 5 日下午 2：30~5：00 到市民中心 A 区西门大厅报名。

市人大常委会办公厅
2008 年 9 月 3 日

附录 2　听证会场纪律和注意事项示例

听证会场纪律和注意事项

1. 会议期间请关闭通信工具或设置振动位置。

2. 会场内请勿吸烟，请不要随意走动，请不要喧哗或进行其他妨碍听证秩序的活动。

3. 考虑到听证参加人发言时间有限，本次听证会不安排旁听人员发言和新闻记者提问。

4. 听证会参加人发言时请先举手示意，经主持人同意后发言；听证参加人发言时，其他听证参加人经主持人同意后可插话，但要尽量简短。发言时请讲普通话。

5. 听证参加人初次发言请作自我介绍，发言时间请控制在 10 分钟之内。如时间许可，经主持人同意，可再次简短发言。

6. 发言时请观点鲜明、简明扼要、不要重复。发言内容请集中在向听证方案提出意见和建议上。最后要表明自己对听证方案的意见。

7. 会后请听证参加人留下，对听证笔录进行审阅并签名。全体与会人员须将会务组制发的证件放在座位上。

附录3 听证会记录示例

模拟听证会：中学生能否带手机进校园①

【听证会主持人】同学们，大家好。在社会日益发展的今天，手机的使用已经是非常普遍了，那么作为我们中学生，能否在校园里使用手机，这关系到广大中学生的切身利益。为此，我们就以"中学生能否带手机进校园"为主题（挥手示意看投影）展开此次听证会。下面让我宣布听证会会场注意事项：

1. 听证会现场保持严肃，可作适当讨论，但不得大声喧哗。

2. 听证会期间各方代表依照程序，有序发表各自观点。

3. 听证会退场时保持安静。

接下来，请允许我为大家介绍此次听证会的听证代表，他们是政教处申请人××，教育局代表××，教育专家代表××，家长代表××，学生代表××，教师代表××，另外我们还请来了媒体记者××，保证此次听证会的公正公开。以上代表的产生都是采用民主的方式选举出来的。

下面首先有请申请人代表发言，掌声欢迎。（掌声）

政教处申请人陈述。

【主持人】听完了政教处申请人的方案，接下来我们有请教育局代表发言。

教育局代表发言。

【主持人】教育局是希望校方根据自身情况进行规定。教师是最贴近学生的，我们再来听听教师代表的意见。

教师代表发言。

【主持人】听完了教师代表的陈述，我们明确了手机确实会给课堂教学带来影响。我们再来听听家长代表有何看法呢？

家长代表发言。

【主持人】家长们的想法很实在，我们请学生代表来说说他们的想法吧。

学生代表发言。

【主持人】学生们也是说出了自己的心声，希望使用手机，对这一问题，教

---

① 元培学院. 模拟听证会案例：中学生能否带手机进校园［EB/OL］.［2013-04-21］. http://www.pkuschool.edu.cn/yp/yp_rw/contents/3054/9006.html.

育专家们又是怎么看呢？有请教育专家代表。

教育专家发言。

【主持人】媒体记者们会怎么看待这个问题呢？有请媒体记者发言。

媒体记者发言。

【主持人作总结发言】各方代表的发言都很精彩，相信在这次听证中，各种观点也是越辩越明的，同学们也清楚了中学生用手机弊大于利，大家一定要严于律己，认真遵守政教处的规定，不带手机进校园。

记录员全程记录（记录员1名）

【政教处申请人陈述】

1. 使用手机会妨碍学校的教育教学秩序。

2. 影响校园治安。手机是贵重物品，若有不良行为的学生会发生偷盗现象。据反映，我校有个别班级出现钱、钱包被盗，手机若不随身携带，也会被盗。

3. 手机为考试作弊提供了条件。

4. 手机不良信息会影响学生学习，玷污学生心灵。

所以我代表政教处提出中学生不允许带手机进校园的规定。

【家长代表】

1. 短信聊天，影响休息，贻误学业。孩子用手机谈论学习的内容少，用于同学之间联系或发短信的多。

2. 当学生外出游玩或在其他地方遇到危险时可以及时向家长、老师或警察求助。

3. 额外增加父母负担。

总的来说，还是不用手机好。

【教育专家】

1. 影响生理健康。青少年在使用手机时，大脑中吸收的辐射比成年人要高。同时青少年的免疫系统也比成人脆弱，手机辐射会对青少年脑部神经造成损害，引起头痛、记忆力减退和睡眠失调。

2. 影响心理健康。中学生用手机，一是觉得好玩，可以相互发一些笑话、好玩的信息；二是能满足自己的虚荣心。

3. 影响学习成绩。青少年学生在课上和学习时间听见手机铃声势必会分散听课注意力，影响学习成绩；电话和短信的铃声也会干扰正常的学习环境，影响教师讲课和学生学习。在高中阶段，学生的自我约束能力、管制能力都不是很强，所以中学生还是少用手机为好，如果要给孩子带手机，家长们也要做好正确的引导。

【教师代表】

1. 短信干扰课堂教学，上课秩序会受到影响。

2. 会助长学生攀比风。因为手机更新换代十分迅速，外形、功能都日新月异，有些学生开始盲目追逐，并炫耀自己的家境、父母地位。这样会让学生把父母当成靠山，不思进取。所以不同意学生带手机，因为没有必要。学生如果有急事，可以使用 IC 卡、200 卡等替代手机。

【学生代表】

1. 使用手机可以加强信息交流，增强人与人之间的情感交流；

2. 使用手机可以用于上网查询资料，帮助学习；

3. 上学、放学途中遇到突发事情，可以及时与家长联系；

4. 可以玩智力游戏，开发智力，调节大脑等。

所以我们希望在校园里使用手机。

【教育局代表】虽然全市还没有在中学生使用手机的问题上做出统一限制，但要求各校从保证教育教学质量出发，依据具体情况制定校规。

【媒体记者】使用手机已成普遍趋势，硬性禁止，没有适用的法规，显然不可取。不能"禁"，但也绝不意味着"放"，关键在于引导学生合理使用。